9787010 059020

U0561761

周镇宏作品集 II

科学小品

KEXUE XIAOPIN

人民出版社

目 录

I 一分钟科学

写在前面 3
"喂，计算机，写封信" 5
来，拍张 20 年后的照片 6
听"古人"演说 7
打一枪，救死又扶伤 8
"扫荡空白" 9
以噪音治噪音 10
电话簿"退休" 11
"腿眼"监视 12
"十手怪" 13
文明卫士 14
莫斯科饭店有多重 15
截瘫病人任行走 16
激光测林 17
"魔眼"护银鹰 18
泡沫擒盗 19
声炸弹 20
机器人长"肉" 21
"铁警察" 22
奇妙缩微术 23
"柳枝接骨" 24
生物"淘金" 26

空中"千里眼"	28
"对牛弹琴"又何妨	30
"电脑小说"	32
计算机"画家"	34
捕风发电	35
"复印"电视剧照	37
"奇"装"异"服	38
吃在明天	40
妙哉！交通工具新生代	41
美馔佳肴"垃圾宴"	43
"光子产业"	45
太空"制高点"	47
有性繁殖在"天宫"	49
永垂不朽"太空葬"	51
太空食物	53
抢救受伤的"太空鸟"	54
月球——我们的"跳板"	56
旅游新曙光	58
"电视报纸"	59
电池家族添新秀	60
纸趣	62
动物"宇航员"	63
"温室效应"	64
生物之"钟"	66
导体还是绝缘体	68
塑料"自杀"	70
瞒天过海伪装术	72
电脑与"π"	74
冷冻动物园	76
"宇宙日历"记春秋	77
四个月亮	79

热冰烫手	81
"深海族"的"食物链"	82
营养与犯罪	83
谁是"肇事者"	85
蛋中蛋之谜	87
秀色可餐	88
从森林浴到散香家具	89
花枯鱼死的秘密	90
动物的雅兴	91
彩电"克星"	92
黄金立新功	93
萤火虫与尖端科技	94
"大脑年轮"与"无字冰书"	96
生物发光奇观	97
"特种部队"	98
"年""年"不同	100
小宇宙·大宇宙·新宇宙	101
颜色"语言"	102
从"黄牌"和"绿灯"谈起	103
"防火树"与"灭火树"	105
鸟·人·磁场	106
氧，并非多多益善	107
鸵鸟冤案	108
磁单极，你在哪里	109
科学封囊	111
动脑不动手的"实验"	113
一把碎纸片	115
中微子——"窃能贼"	116
电脑的"苹果缘"	117
"L"是何人	119
喜迎飞来客	120

一条小鱼的启示	121
绝妙的推理	122
目击报告	123
马队"拔河"	124
风筝,不仅仅是玩物	125
"电子游戏病"	126
"电脑算命"骗伎	127
中学生与太空实验	129
美丽女神垂青谁	130

Ⅱ "名实"辩趣

写在前面	133
"普洱茶"原产非普洱	135
"哈蜜瓜"故乡非哈蜜	137
"狮子之城"无狮子	139
海底哪有"海底椰"	140
"宣纸"不是宣城产	141
"白银州"中无白银	143
"冰岛"到处热气腾	145
"绿洲"四季白雪封	147
"赤道国"中须御寒	148
"太平洋"上不太平	150
"死谷"不是死亡谷	151
"利姆峡湾"非峡湾	152
"海平面"上面不平	153
"水星"没有水	155
"恒星"不永恒	156
"黑海"不黑	158
"红海"不红	161
"无花果"花繁不胜数	164

"向日葵"向温不向阳……………………………… 166
"荔枝奴"不是荔枝之"奴"…………………………… 168
"绿色食品"未必绿颜色……………………………… 170
"法国梧桐"非梧桐…………………………………… 172
"冷血动物"血不冷…………………………………… 173
"松江鲈鱼"非鲈鱼…………………………………… 174
"海马"名马不是马…………………………………… 175
墨鱼鲸鱼不是鱼……………………………………… 176
"对虾"少成雌雄对…………………………………… 178
"相思鸟"们不相思…………………………………… 179
"跳蚤"根本不会跳…………………………………… 180
"百脚"何来百只脚…………………………………… 181
"钢化玻璃"不含钢…………………………………… 182
"哈士蟆油"不是油…………………………………… 183
"樟脑丸"中无樟脑…………………………………… 184
"甘油"虽甘却非油…………………………………… 185
"糖精"味甜不含糖…………………………………… 187
"糯米纸"不是糯米制………………………………… 188
"果子晶"徒有果子名………………………………… 189
"铅笔"芯没有铅掺和………………………………… 190
"不锈钢"难保不生锈………………………………… 191
"多胎药"不司"多胎"职……………………………… 193
"自然铜"与铜不沾边………………………………… 195
"龙骨"哪是"龙之骨"………………………………… 196
"直升机"不是直升飞机……………………………… 197
"黑匣子"不呈黑颜色………………………………… 198
"火石"非石…………………………………………… 200
"石棉"非棉…………………………………………… 201
"石蜡"非蜡…………………………………………… 202
"北京时间"不是北京地方时………………………… 203
"太阳黑子"亮胜弧光灯……………………………… 204

"拉丁学名"与拉丁美洲无关 ……………………………… 207
"詹天佑钩"与詹天佑何干 ……………………………… 208
"阿拉伯数字"不属阿拉伯籍 …………………………… 209
"无理数"中道理成章 …………………………………… 210
"模糊数学"不模糊 ……………………………………… 212
"稀有金属"不稀有 ……………………………………… 214
"氢键"并非化学键 ……………………………………… 215
"稀土"不稀也不土 ……………………………………… 216
"真空"不真空 …………………………………………… 218
"虚数"不虚幻 …………………………………………… 220
"马力"不是力 …………………………………………… 223
"无功"功卓著 …………………………………………… 224

Ⅲ　"常识"误区

写在前面 …………………………………………………… 229
"万物生长靠太阳"吗 …………………………………… 230
"UFO"就是飞碟吗 ……………………………………… 232
"月到中秋分外明"吗 …………………………………… 233
月球会影响人的情绪吗 …………………………………… 235
地球自转一周是24小时吗 ………………………………… 236
夏季地球离太阳较近吗 …………………………………… 237
赤道是最热的地方吗 ……………………………………… 238
天空是蓝的吗 ……………………………………………… 239
海和洋是一回事吗 ………………………………………… 240
海水是蓝色的吗 …………………………………………… 241
火山喷出的都是岩浆吗 …………………………………… 242
雪都是白的吗 ……………………………………………… 243
冰都是冷的吗 ……………………………………………… 245
台风有害无益吗 …………………………………………… 246
气象、天气、气候是同码事吗 …………………………… 247

"元旦"一定是1月1日吗	248
"星期"与"礼拜"一样吗	250
"闰六月"夏天就会较长吗	251
农历就是"阴历"吗	252
节气是阴历的吗	253
一个月只有两个节气吗	254
四季的时间一样长吗	255
每分钟都是60秒吗	256
每一天都存在过吗	257
物质只有三态吗	258
电风扇能使空气变凉吗	259
水蒸汽看得见吗	260
推铅球的最佳角度是45°吗	261
显像管会爆炸伤人吗	262
金属会"疲劳"吗	263
香与臭"势不两立"吗	264
"J粒子"即"丁粒子"吗	265
"六〇六"经过"六〇六次试验"吗	266
摄氏温标是摄尔修首创的吗	268
富尔顿真是汽船的发明人吗	270
史蒂芬孙真是蒸汽机车的发明人吗	272
伽利略在斜塔上做过落体实验吗	274
少年瓦特真的从开水壶的蒸汽想到了蒸汽机吗	276
诺贝尔真的反对研制杀人武器吗	278
生肖只有十二属吗	280
外国没有十二生肖吗	281
"泰山"是"山"吗	282
压力锅是"高压锅"吗	283
泡浸过的衣物较易洗吗	284
化纤织物无须防霉蛀吗	285
本国邮票只能在本国使用吗	286

"草木无情"吗 …………………………………… 287
"含羞草"真的怕"羞"吗 …………………… 288
花都长在枝上吗 ………………………………… 289
珊瑚是植物吗 …………………………………… 290
文竹是观叶植物吗 ……………………………… 291
微生物都是微小的吗 …………………………… 292
动物没有思维吗 ………………………………… 293
血都是红色的吗 ………………………………… 295
鱼儿都离不开水吗 ……………………………… 296
"始祖鸟"是鸟类的祖先吗 …………………… 297
仙鹤是长寿动物吗 ……………………………… 299
孔雀开屏是为了"比美"吗 …………………… 300
寒号鸟是鸟吗 …………………………………… 301
熊猫吃素不吃荤吗 ……………………………… 302

Ⅳ 科苑风铃

"赛先生",拜托了 …………………………… 305
打个洞眼灌聪明 ………………………………… 309
电子游戏与"蛋壳文化" ……………………… 310
同是天涯"试管人" …………………………… 312
科技"变色龙" ………………………………… 315
太空夏令营 ……………………………………… 317
人体的极限 ……………………………………… 320
漫话地球"星伤" ……………………………… 322
厨房革命 ………………………………………… 324
"特异"钟表 …………………………………… 327
蔬菜家族新一代 ………………………………… 330
人造食品假乱真 ………………………………… 332
"迷你"科技 …………………………………… 335

香味，妙哉 ……………………………………………… 338
三道屏障，层层设防 ……………………………………… 340
科学执法 …………………………………………………… 342

I 一分钟科学

《一分钟科学》是《广东省中小学课外丛书》其中之一,广东科技出版社 1996 年 9 月出版,获上海市第六届中小学生优秀课外读物一等奖。

写在前面

文无定法定格，更无长短之规。

世界上最长的科幻作品——德国墨维出版社出版的《培里罗丹》，1961年推出第1集，迄今已"续"了1300多集，仍未"结尾"！成千上万的"铁杆读者"还在伸长脖子等待"下回分解"。

世界上最短的科幻作品——美国小说家弗里蒂克·布朗所写的《来客》，全文只有一句话："地球上最后一个人独自坐在房间里，忽然响起了敲门声……"这篇"一句话科幻小说"曾被无数报刊竞相刊载，流传全球，令不同国度、不同肤色的读者津津乐道，遐想万端……

可见，长篇巨制，短章小作，尽可各领风骚。

我不是职业作家，写些或长或短的篇什，纯属"副业"。作为物理学工作者，我必须潜心于"格物致知"不敢懈怠；而作为中国科普作家协会和广东省作家协会的一员，读者时时在我心中。于是，"爬格子"成了我繁重本职工作之余的一种"喘息"。"喘息"有"长呼"有"短叹"，从笔尖流出来的自然有长文也有短章。

这本《一分钟科学》，就是我茶余饭后忙里偷闲"短叹"的产物。

书中短章，均属我作品群中不起眼的"小不点"。

但我喜欢这些"小不点"。

它们是我漫步于科学大海滩上信手拣起的一只只小贝壳。

它们是我流连于科苑万花丛中随意采摘的一朵朵小花蕾。

它们都姓"科"，携带着科学的灵气。

感谢编辑同志的厚爱、鼓励和美意，使我得以把这些"小贝壳"、"小花蕾"冠以《一分钟科学》的书名，聊充一格奉献给青少年朋友。

《一分钟科学》不是艰涩难啃味同嚼蜡令人头皮发麻的"天书"。读者不妨将其当作一种"科"味"精神快餐"。

一分钟，稍纵即逝。

但一分钟不容忽略。

一分钟，全世界至少有 250 万封信被投入邮筒，至少有 5000 个婴儿诞生，至少有 3000 人死亡，至少有 2000 人犯罪被捕，至少有 5 万个鸡蛋被人吃掉……

一分钟，汽车能行驶 2 千米，飞机能飞行 50 千米，导弹能飞越千山万水，大型计算机能完成几百亿次运算……

还有——

一分钟，你可从《一分钟科学》中汲取一份科学营养！

分分秒秒，寸阴是金。愿青少年朋友们的每一分钟都充实而有意义。

"喂，计算机，写封信"

在"环宇"科技跨国公司办公室里，总经理斯密特正在伏案批阅函件电文。

突然，他扭头吩咐道："喂，计算机，写封信！"接着他就向计算机口授便函："亲爱的西格蒙董事长……"

就在斯密特口授的同时，计算机几乎同步地在荧屏上用文字显示出他所述说的内容，并且拼写正确，标点无误。紧接着斯密特说了一声："打印！"于是，一纸"计算机信函"便印了出来。在这整个过程中，斯密特没有进行任何操作。

这种"会听写的计算机"已由美国马萨诸塞州克兹威尔实用智能公司推出。这种计算机拥有8个语言识别系统，其中4个是语言程序，用以理解人们对它讲的话及句子结构；3个是声学程序，用以识别不同的人讲话的腔调、语言习惯和语音特征；最后一个是人工智能系统，用于有效地联结上述各程序。

当然，这种计算机还有不尽如人意之处。那就是口授者说话时停顿和断句要恰当，否则它就会出差错。比如 I scream（我大笑）和 Ice ream（冰激凌），如停顿不当，计算机就无法区分。

来，拍张20年后的照片

看了标题，你不要以为这是天方夜谭。假如你有幸站在可出神入化的电脑摄影绘像机面前，只需几十秒钟，你20年后的容貌就会跃然纸上。

这种功能神奇的摄影绘像装置已由美国纽约"面孔修饰公司"的科技人员研制成功并投入使用。科学家们事先把人的老化进程的有关资料和数据编成程序，输入电脑系统，供电脑预测之用；给顾客摄影绘像时，先拍一张反映其目前容貌的普通照片，然后通过数字化系统将此照片影像译成计算机语言输入电脑，电脑就会根据顾客的预测年龄资料，对相应的容貌变化信息进行处理，最后在屏幕上显示顾客的未来容貌，同时印出一张照片。

这种新技术的出现，令那些改名匿姓、逍遥法外多年的逃犯惶惶不可终日——因为警方手中有他们的"近照"，而对于人们寻找失散多年的亲人，则是一大福音。据美刊《科学世界》报道，一位名叫伯尔桑的女科学家，根据一位家长提供的旧照片，为其10年前失散的小儿子拍了一张"近照"，交给警方寻找这个现已长大成人的失踪小孩。

另据外刊《选萃》透露，纽约警察当局已成功地利用这种新技术拍出的"近照"，找到了一位名叫埃丹·巴兹的失踪男孩。

听"古人"演说

1986年12月中旬,日本举办印象派画展。那天,主持人几句开场白之后,突然语惊四座:"现在请法国印象派大师雷诺阿讲述印象派宗旨!"……在场的人个个目瞪口呆:雷诺阿不是早在1919年就离开人世了吗?

可是,扬声器却分明传出了雷诺阿的朗朗声音。一位学生时代听过雷诺阿讲课的93岁老画家连声叫道:"是他的声音,是他的声音!"

你别以为这是在播放雷诺阿生前的谈话录音,绝对不是。"他"讲的好多新名词术语,是他生前所没有的。这是日本声学研究所首创的"人声分析技术"使然。

研究人员发现,人声的许多重要特征都是由口腔、鼻腔的结构形状及声带振动引起的共鸣所决定的。用X射线测量分析死人的残骸骨骼,或仅仅对死者遗像的脸部和颈部进行测量推测,均可得知其口腔、鼻腔及声道的有关数据,从而可用计算机进行模拟。科学家在复现雷诺阿的声音时,先输入人声,进行摄谱法分析,然后依据雷诺阿的声道数据,对声道不同部位的不同共鸣效果进行模拟,再对输入的内容进行音谱修正,最后就得到带有雷诺阿语言特点的声音。

打一枪，救死又扶伤

周镇宏 科学小品

青年作家小张到战事不断的边防前线采访。为了使报告文学《战地救护》写得更有真情实感，他跟随救护队亲临战场，体验生活。

那天，战斗打得很激烈，伤员甚多。救护队一到战地，队长小黄立即命令："射击抢救！"只见队员们个个掏出手枪，瞄准伤员就打，见谁受了伤，就给谁打一枪。这场面把小张弄得目瞪口呆，他一个箭步扑向小黄："你疯啦？怎么打自己的伤员？"小黄一把推开小张："救人要紧，回去再跟你慢慢说！"话音刚落，小黄又举起手枪，"嗒嗒嗒……"对着附近的伤员连连射击……

战斗结束后，作家小张才恍然大悟：向伤员开枪射击是一种高技术急救措施，救护队员使用的手枪原来是"医用急救枪"！这种救死扶伤"神机枪"射出的是含有止血药和其他急救药物的"药弹"，药弹可在50米内射入人体并迅即溶化，使药物快速扩散到伤员身体各部位，从而发挥急救作用。在炮火连天的战场，有时候救护人员无法靠近伤员，有时候伤员太多照应不过来，或者不可能立即施行手术，为了不延误抢救时间，就可用这种"神枪"射出"救命弹"。

"医用急救枪"已由美国科学家推出并投入使用。

"扫荡空白"

B部队的指挥所里，一排排的仪器令人眼花缭乱。"9、8、7、6、5、4、3、2、1……"一只训练有素的手启动了一个神秘的开关；顷刻间，几千千米外一架敌机上的机组人员突然神魂颠倒，晕头转向，谁也弄不清自己在哪儿，该干什么；几秒钟后，飞机一头栽了下来，机毁人亡……

这不是科学幻想。B部队使用的是一种非爆高技术武器——特低频电波束。

人们对电波并不陌生。一般的电波对人体没有伤害，对高技术仪器系统也没什么威胁。但由电波频率武器发射的特低频电波束，却能严重破坏和扰乱敌人的大脑功能，使人头脑迷糊，神经错乱，大脑出现可怕的"空白"。这种无形的电波束，甚至能摧毁计算机的芯片，使价值连城的高技术通信设施和武器装备一下子变成一堆废物。军事家们把这种现象称之为"扫荡空白"。

读者也许还记得，《参考消息》曾透露，美国当局多次指责前苏联早在70年代末就对美国驻苏使馆试用过第一代特低频电波束武器，致使美国使馆人员的健康受到严重伤害，造成许多人早逝。但前苏联方面矢口否认。

专家们声称，这种武器一旦进入大规模实用阶段，军事电脑系统就无异于一堵不堪一击的纸墙。

以噪音治噪音

在噪音污染严重的阿斯兰市，要求消除噪音公害的呼声日高。一天，该市《市民报》在头版头条位置发出一则消息：明天下午，著名声学专家哈森将在全市最热闹的三角广场划出一片寂静无声的"特区"，步入"特区"的人将领略到"闹中取静"、身居"世外桃源"的奇趣。

翌日下午，许多人将信将疑来到三角广场，只见久闻大名的哈森教授在广场一角安装了一台仪器，仪器旁还有一只大喇叭。经过一番调试之后，大喇叭播放出令人心烦的声音。这时，哈森用粉笔在广场中间圈出一块地方，对围观的人说："这地方就是闹中取静的声音特区，请大家依次走进去体验一下。"

奇迹！凡是体验过的人都说那是一片万籁俱寂的小世界，尽管四周一片喧哗，但只要一踏入哈森圈出的范围，就顿感宁静无声！

哈森教授为什么有如此神通？原来他采用了"以噪音攻噪音"的新技术。学过物理学的人都知道，两束满足一定条件的波相遇时会出现干涉现象。两束频率相同、振幅相同、相位相反的声波在相遇区域相互作用的结果，会使空气振动停止，声音消失。据此，科学家们发明了"反噪音"技术，利用仪器产生出与噪音频率相同、振幅相同而相位相反的"反噪音"，从而抵消和抑制噪音。哈森正是通过对三角广场噪音情况的测量，用放在广场一角的仪器发射"反噪音"，从而制造出"闹中取静"佳境的。

反噪音技术虽然已崭露头角，但就目前的技术水平而言，能够制造的安静区域只有几个立方米，因此，要付诸实用还有赖于科学家们的继续努力。

电话簿"退休"

飞机在巴黎徐徐降落。小张一踏上这片陌生的国土,第一件事就是打电话给一位熟人和一个机构。他走进一个公共电话亭,一看,没有电话簿可查号码;到第二、第三个电话亭,也不见电话簿的踪影……他正火急火燎,就有一位小姐来到他面前:"先生,我能为您做点什么吗?"小张刚说要查号码找不到电话簿,那小姐一听就笑:"不要紧,这里有比电话簿更方便的东西。"只见她拿起话筒,按下一个小终端的电键,拨下一个号码,然后叫小张从键盘上打入要找的人的名字,仅几秒钟,电话亭的小屏幕上就显出一个电话号码……那小姐还告诉小张,如果您打入的是"心脏病"几个字和您现在的位置地址,屏幕上立即会显示离您最近的几位心脏病医生的信息……

原来,法国的电话簿已"一刀切"全部"退休",取代的是"电子姓名地址录"。每一电话用户均可免费选用一种数据库终端,接通约 1000 个专用数据库,其中包括容纳全法国 2500 万个电话号码的"电子姓名地址录"。这种地址录不仅使用方便,而且任何单位或个人的电话号码有更动时,可以随时修订。它与传统的电话簿相比,真可谓"青胜于蓝"。

"腿眼"监视

周镇宏 科学小品

美国阿拉斯加州司机吉姆酒后开车肇事，被判囚禁半年。可是自宣判那天开始，他天天在自己家里生活，吃饭、睡觉、与女儿嬉戏打闹……一如既往。"囚禁"何从谈起？

然而，吉姆确实是在服刑。因为监狱当局对他采用了"电脑监视，家中服刑"的新招。监管人员在他左小腿上"拷"上了一个长约20厘米的圆筒形仪器——"腿眼"。正是它时刻监视着吉姆的行动，并随时把情况报告监狱。它每15秒钟发出一次报告信号，信号由装在吉姆家里的受信器接收后转达给监狱和电脑监视中心。狱方规定，吉姆必须在其居室附近不超过50米的范围内活动，否则就是犯规。如果他越雷池一步，监狱的电脑监视中心就会发出警报声，屏幕上同时显出"吉姆离开控制区"字样。接着监管人员就会采取相应措施。

当今，不少西方国家的监狱人满为患。因此一些律师和刑事专家提出设想：将来的监狱只收重禁犯，而其他轻罪犯人可在家中服刑，监狱则通过"腿眼"之类的电子仪器对这些犯人进行监视。如获批准，犯人可在被"遥控"之中从事某些工作，挣钱偿还他们犯罪所造成的损失。

这种"腿眼"还可用来看护小孩。在游乐场、旅游地、展览会等公共场所，为人父母者只要把"腿眼"藏在小孩衣袋里或绑在其腰带上，自己手执受信器，一旦小孩离开一定距离，受信器就会发出警报。

"十手怪"

美国"万里香"果林场种植有几十公顷柑橘树。过去，每到收获柑橘的季节，果林场都得雇用许多人帮助采摘。现在却不同往昔，果实累累的柑橘园里没有人声喧哗，也不见一个摘果的临工，只有几个不声不响但能"十手摘果"的怪物在穿梭往来。

这些怪物是果林场的主人租来摘柑橘的机器人。这种机器人是美国佛罗里达州立大学工程师大卫·肖普和罗伊·哈勒尔发明。它有10只由计算机控制的手臂，能够10手同时动作，摘果迅速准确，工作效率高得惊人；即使柑橘树枝被风刮得左摇右晃，它也能正常工作。

有趣的是，这种机器人采摘柑橘的原则不是根据柑橘的大小，而是靠识别柑橘的颜色来判别其成熟与否。假若有人恶作剧，将几个桔黄色的网球挂在柑橘树的枝头上，机器人也会将网球当作柑橘采摘下来。不过，这并不影响机器人成为果园主宠爱的"摘果能手"。目前，美国几家大种植园都已开始使用机器人摘水果了。

文明卫士

天云岩游览区惨遭乱涂乱画之害:"××到此一游"触目皆是,"即兴漫画"不堪入眼,"公厕文学"令人作呕……管理当局为此伤透脑筋,每年耗资几十万元去对付乱涂乱画,但仍无济于事。

一天,一位中年游客来到总经理办公室,提出愿意"承包"解决乱涂乱画之害,每年只需几万元。总经理立即拍板同意。于是,这位游客带来一批代号为"Shield"的涂料,叫人喷洒在可能遭到涂画的墙壁和建筑物表面。神奇的是,凡是喷洒了这种涂料的地方,以后就再也看不到涂画的痕迹了。

原来,这位中年游客是一家研究所的化学家,"Shield"涂料是他发明的一种新产品。这种涂料是无毒无色的有机聚合物水溶液,具有延缓干燥,化解涂画的奇特功能。当有人在喷有这种涂料的墙面上涂画时,"Shield"的化学成分就会阻止涂画物质(例如墨汁、油漆等)的干燥和附着,然后将其化解消除。即使黏性很强的油漆涂画,也别想留下痕迹。

这种"Shield"涂料,堪称"文明卫士"。

莫斯科饭店有多重

前苏联要在莫斯科饭店下面修建一条地铁隧道。为了确保隧道足够坚固，设计时必须考虑莫斯科饭店这一庞然大物的重量。可是这家饭店建于30年代，有关的建筑设计资料早已遗失，如果用人慢慢测量和计算它的重量，不仅时间不允许，而且得出的结果也难保准确。怎么办？

正当有关人员一筹莫展之际，宇宙射线专家朗科尼自告奋勇，声称"称"出莫斯科饭店的重量乃"小菜一碟"。他叫人先在饭店地基下挖了一条试验性地道，然后把一台仪器搬进地道里，第二天就言之凿凿地向当局报告：莫斯科饭店的总重量为45000吨，其每平方厘米的地基面积承受11牛顿的压力。

朗科尼何来这般神通？原来是宇宙射线帮他的忙。来自太空的宇宙射线，从四面八方射向地球，其中一些能像射线穿透人体一样穿透地球，另一些却被建筑物和土壤挡住。在莫斯科饭店下的地道安装一台宇宙射线探测仪，就可测知有多大比率的宇宙射线被该巨型建筑所挡住或所"缓冲"，从而根据有关理论公式计算出这座用大理石和花岗岩建造的饭店的重量。用宇宙射线测量建筑物重量的这种高技术方法，已有多例成功的应用。

截瘫病人任行走

英国格拉斯哥市截瘫病人尤瑞斯，最近告别了病床和轮椅，奇迹般地走上了街头。除了多执一条拐杖之外，不特别留意者看不出他与常人有何区别。是谁妙手回春？是一套"截瘫人助行器"。

这种能帮助截瘫人行走的电子装置，由一个9伏电池产生微弱电流，通过装在腿上的缓冲垫刺激腿部肌肉，电流的大小由一个可戴在腰带上的微处理机控制器自动调节。另外，病人的腿上还得装一个塑料支架，以便当电流刺激肌肉使腿挪动时能支撑腿和膝关节。该支架中配有一个小型应变仪，用于测量病人行走时的各种力学数据。腰带上的微处理机得到有关的数据，便能适时调节电流，通过缓冲垫去刺激肌肉，使腿不由自主地挪步。这样，截瘫病人就可借助拐杖行走了。

这种装置的出现，无疑是截瘫病人的一大福音。但科学家声明，它并非对每个人都有效，最可能受益的是那些脊椎神经虽然受损但未令全部截断的年轻人。

激光测林

大坪岭林业局接到上级紧急通知,要他们立即组织力量,以最快的速度测出一大片茂密森林的木材量,并规定不准沿用"抽样测量加估算"的老方法,以保证数据的可信度和精确度。

这下子可把林业局的头儿急得团团转:过去测量森林的木材量,都是派出一个测量队,抽样测量5%至10%的树木。然后推算出一个大概的估计数字交差。即使是这样,要完成一大片森林的测量调查,要花费很多人力、物力和时间。现在时间紧,任务急,测量要求高,又不准沿用老办法,如何是好呢?

激光专家罗勃特闻讯前来救急解难。他采用的是自己发明的"激光测林"新方法:将激光装置安装在飞行高度约为180米的单引擎飞机的下部,激光束射中树梢,反射到地面,然后像雷达波一样返回飞机。飞机上的微电脑记录下激光往返所需的时间,而后将数据输入大型计算机,由它绘出树木轮廓图,从轮廓图即可测出树木高度和顶部直径。知道了这两个参数,经过计算机按一定的程序进行处理和计算,就可得知整片森林的木材量。罗勃特用这种高科技方法,省时省力省费用地完成了森林木材测量任务。

"魔眼"护银鹰

1980年,前苏联一架军用飞机正在空中飞行,突然间,飞行员感到机头发生了猛烈爆炸,迫降后发现机体表面有一个直径30厘米的洞,洞内有只秃鹫尸骸。波士顿机场有架飞机起飞刚几分钟,就与一只飞鸟相撞,结果机毁人亡……据统计,类似这样的事故,全世界每年平均发生十几起。

飞鸟"击落"飞机,初想似乎难以思议:论个头,飞鸟与飞机简直不能同日而语,论"体质",飞鸟不过是血肉之躯,飞机却是"铁身钢骨",岂不正是"鸡蛋碰石头"吗?可事实上,一只飞鸟对飞机的威胁并不亚于一发炮弹。有人曾经估算过,一只重量为450克的鸟,若与速度为960千米/小时的飞机对撞,其产生的撞击力可达22万牛顿,如果一只7.2千克的大鸟迎面撞在这架飞机上,撞击力可高达130万牛顿,这无异于受到一颗炮弹的轰击!假若"鸟弹"击中的又是飞机的要害部位,后果就更是不堪设想了。

如何防止飞机与鸟相撞,是一个令人头痛的问题。最近,"全日本航空公司"采用了一种"魔眼驱鸟"新方法,有效地防止了飞机与鸟相撞。这种方法最初是一位日本昆虫学家发明的。这位昆虫学家发现,鸟不吃有大眼斑的蝴蝶,而且对这种蝴蝶的"魔眼"有几分惧怕。于是,他先是将一些画着"魔眼"的气球放在稻田和果园里,结果大多数鸟类敬而远之,不敢光顾;后来他又将"魔眼"画在旗帜上,挂到城市建筑物和寺庙等处防止鸟做巢,也收到良好效果。这样一来,此君成了著名的"驱鸟专家"。当全日本航空公司向他请教时,他就建议在飞机上画"魔眼"驱鸟。该公司依计行事,经过一段时间的实践和试验,果真有效,于是下令推广。今天,全日本航空公司的客机,已无一例外地画上了"魔眼"。

泡沫擒盗

夜深人静，万籁俱寂。一条汉子弄开了"美达"公司财务室大门，蹑手蹑脚摸到保险柜前。突然响起一阵类似水龙头喷水那样的声音，那汉子还未弄清是怎么回事，就已陷入一个泡沫的"海洋"。他想逃遁，可是脚下湿滑，一抬脚就滑倒在地；他想爬走，可是地面就像抹了厚厚一层油，任他手扒脚蹬，也只能在原地"打滑"。不一会儿，强烈的刺激气味就呛得他昏了过去……

这种新型防盗系统使用了科学家新推出的人工合成化学液体。这种化学液体如同浓缩胶液，贮藏在自动控制的喷射器中。喷射器安装在室内的适当位置上。当盗贼潜入室内时，自动控制中心立即就会发现，并启动各个喷射容器，将化学液体喷出。喷出的液体会立即膨胀，形成一个泡沫的"海洋"，其体积可比原来膨胀 500 倍，一分钟内即可充满 1000 立方米的空间。这样，盗贼就插翅难逃了。

这种膨胀泡沫可以持续 6 个小时，因此接到自动控制中心报警的人们，有足够的时间赶来擒贼。

声炸弹

德国警方接到一个十万火急的报告：几名恐怖分子劫持了一架德国的客机逃往索马里，预计在摩加迪沙机场降落。

在索马里当局的配合下，三名德国特种部队队员火速赶到摩加迪沙机场，悄悄接近那架被劫持的飞机，突然以闪电般的速度打开飞机舱门，扔进一枚炸弹，随之而来的就是"轰隆"一声巨响……人们正在为机舱内的旅客担心，只见几名劫机犯手戴手铐，垂头丧气地被押下飞机，而步出舱门的旅客却个个安然无恙……

原来，特种部队队员投入机舱的炸弹，是一种没有弹片的高技术武器——"声炸弹"。它爆炸时能产生强烈的声波振荡，把人震昏使其失去反抗能力，而又不伤及要害。

据报道，伦敦当局也曾使用过这种声炸弹，逮捕了占领伊朗驻英使馆的一些闹事之徒，使事件迅速得以解决。

机器人长"肉"

在人们的印象中，机器人都是些"钢筋铁骨"，浑身上下硬邦邦的"铁汉"。但最近日本东京技术研究所铁屋坂居教授却宣称：经过"人工肌肉模型"试验，他们已成功地研制出一种可以自由伸缩的"人造肌肉"，把它应用到机器人制造业，就可以生产出"有血有肉"的活生生的机器人。假若这种具有"血肉之躯"的机器人混迹于人群之中，将会真假难分，以假乱真！

坂居教授领导的科研小组是从一种"含水高分子凝胶"材料中制取人造肌肉的。这种凝胶实际上是一种聚乙烯醇和聚丙烯酸的复合膜。它与人体肌肉的能力大致相当，其伸缩性能比现有任何一种人工合成的"肌肉材料"都好。因此，它很可能首先被用于制造更适合于人体的假肢、人工内脏器官，以及代替各种神经和感觉器官功能的系统，然后被用于制造"像人体一样柔软"而且工作时不发出噪音的机器人。

"铁警察"

最近，美国德州艾迪逊市警察部门新来了一位"警员"。"他"身高1.65米，仪容英俊端庄。最为引人注目之处，是这位"警员"的肚脐所在位置，居然镶着一面电视屏幕。原来，"他"竟是一个机器人！

目前，美国已有几个城市利用"机器人警察"进行日常警务活动和交通管制。这些用电脑和金属武装起来的"铁警察"勇猛无比，常常受命执行危险性较大的工作。比如，当发生劫持人质事件时，"铁警察"便被派去与劫持者交涉，警方不必担心会丢掉一条人命。平时，"铁警察"们还会到酒吧等公共场所做宣传工作。它们模拟醉汉做一些翻滚动作，以此警告人们不要酒后开车。据说，许多讨厌警察的人，却很乐意听从这些"铁警察"的劝告。因为警察常常板着脸孔，盛气凌人，而"机器人警察"却态度温和，语气客观，人们容易接受其劝告。

在交通工具方面，人们预测将会出现"空中吊船"和"喷气飞车"，使警察能直升天空，在密集的人群或发生突发事件处的上空执行任务。还有，未来的警车上将配设各种电脑装置，可随时检索各种有关资料。

下个世纪，警察的工作范围和职能将大为扩大。专家们称未来的警察是看管社会的"超级警察"。"铁警察"将会随着社会发展的需要而不断扩大它的功能。

奇妙缩微术

当你走进图书馆,看到的就是满屋的书架和满架的书刊。随着科学文化的日益发展,出版物急剧增加,出现了所谓信息"爆炸"的局面。如果把所有出版物全部积存起来,越积越多,靠无止境地扩建图书馆,不是上策。是否有何更好的办法来解决这一日益突出的矛盾呢?

影片《沉默的人》里有一个镜头:一份乐谱布满一个个音符,随着镜头的推近,结果出现一份份写满文字的情报。一个音符里面藏一份情报,应用新兴的"缩微技术"完全可以办到。这种技术无疑具有广阔的发展前景,会迅速进入人们的文化生活之中。

所谓缩微技术,就是采用现代化的缩微胶卷摄影机拍摄各种书刊资料,把内容拍摄在缩微胶卷上。一张邮票大小的底片,可存储大16开、厚500页的图书内容;用64开大小的胶片可以复制2000页厚一本书的全部内容。激光的微缩本领更是大得惊人。如果采用激光打点的新技术,一小盒缩微胶卷就可记录1000万册图书的全部内容;用4盒胶卷就能将美国国会图书馆的5000多万册图书全部缩摄在内。

有人也许会问:那么多的资料集中缩在一张胶片上,怎么阅读呢?科学家已研制出一种袖珍放大阅读器。它由屏幕、镜头、光源三部分组成,好像一本书那样,体积小,重量轻。人们坐在沙发上,便可通过屏幕,舒适、清楚地阅读缩微胶卷上的材料。

图书情报资料缩微化已成为一种发展趋势。美国早在50年代就采用缩微技术。现在世界上已有大量缩微资料出版社建成开业。我国近些年也已开始采用缩微技术。上海书店已能把一部4900多页,3.25千克重的《辞海》,缩摄成80余张底片。

缩微技术不仅是储藏档案资料、传递情报的有效工具,还可以与计算机配套,用光学方法代替打印,使计算机的输出速度提高几十倍。

"柳枝接骨"

古代神话相传,哪吒不畏强暴打死了东海龙王的三太子,闯下大祸。四海龙王要捉拿其父李靖。哪吒为了救父亲,拔剑自杀。哪吒的师傅太乙真人得知后,到荷花池里摘了荷叶、荷枝,又挖了几节嫩藕,摆成人体的样子,然后大叫一声:"哪吒,还不快起来!"只见荷叶、荷枝、嫩藕立即变成活脱脱的哪吒。在民间也广泛流传着"柳枝接骨"的故事。相传古代名医华佗用柳枝为骨折病人接骨。这些神话和传说,寄托了人类长期以来所憧憬的用生物器官代替人体组织的幻想。

随着科技的进步,现在人们正逐渐把神话和幻想变成现实。人体某些器官损坏后,可像换机器零件那样换上人工器官,以延长人们的寿命。而要制造人体"零件",就需要有可植入人体的材料。生物材料学为适应这种需要应运而生了。

生物材料学是研究和制造人体脏器的特殊的科学。植入人体的生物材料必须是:不会引起炎症和排异反应;不会在其表面产生凝血;不会致癌;在化学性质上不活泼;不丧失抗拉强度和弹性等物理机械性能;同时又能在消毒与加工过程中不易产生变性和变态。这些条件是苛刻的而又是必不可少的。

目前植入人体的生物材料有:金属材料、陶瓷材料和高分子材料。值得重视的是医用高分子材料,它占有相当重要的地位,没有高分子材料的迅速发展,人工脏器就不可能有进一步的发展和完善。目前科学家还在研究生物相容性材料及生物活性材料,在薄膜上培育活细胞。

随着生物材料学的不断发展,人工脏器如雨后春笋般涌现。近些年,相继出现了人工心脏、人工起搏器及人造喉、眼球、膀胱、睾丸、阴茎、肾、肝脏、胰脏等。

人类不仅要有健康的体魄,而且要求有美的容貌。近几十年来,生物材料学的发展,使整容技术不断提高。目前对于外伤或病态鼻、耳变形、乳房发育不全等可用高分子材料埋入人体内加以填充修补。例如用油状聚二甲基硅氧烷，再加入一些无毒油类，注入要填补的部位，作为人工脂肪起到整容作用。如用硫化的硅橡胶加固化剂注入一定部位后，能很快凝固成为软固体，充当人工软骨，注入鼻部，可使鼻梁挺直；注入发育不全的乳房，可令乳房增大。

可以相信，人们将完全可以利用现代科学技术研制出与人体组织非常接近的材料，制造出适应人体的各种人工脏器，使人类健康长寿。而生物材料学在完成这个功德无量的重要使命上将立下卓著的功勋。

生物"淘金"

飞机上天，火箭登月，得益于鸟类对人们的启示。潜艇入水，汽船逐波，有鱼类一份功劳。日光灯问世，冷光源诞生，得感谢萤火虫催生助产。鸽眼雷达、电光鹰眼模仿鸽眼、鹰眼的功能。蜜蜂的定向飞行教人造出偏光导航仪。蜘蛛丝衍化为合成纤维；神经元机制变成计算机神经网络……

生物对人类的启迪实在是太多了！

现在，就连冶金专家的眼光也转向千姿百态的生物。一门新兴学科生物冶金学正在崛起。

众所周知，海带是出色的"采碘能手"。海洋中碘的总储量约有930亿吨，但每升海水含碘量只有0.06毫克。这样低的浓度给人们提炼碘带来了不少困难。而海带能吸收碘。一般干海带含碘量比海水中碘的浓度高10万倍，故从海带中提取碘效果相当显著。

享有"金玉之黍"美称的玉米能够聚金。早在几十年前，欧洲两位科学家把生长在捷克斯洛伐克沃斯兰城郊的玉米粒烧成灰，结果发现每吨灰里约有10克黄金。据分析，玉米的根部能把土壤中微量的黄金聚集到体内。

植物如此。动物呢？

蜜蜂是一位"冶金专家"。它在采集花蜜时，能把植物从土壤中吸收的矿物质吸到蜂蜜中，使蜂蜜里含有钽、铜、钛等多种金属，可供提取。难怪人们说蜜蜂里有一家"冶金公司"。

在生物能"采金"的启迪下，冶金界为了解决冶金工程的难题，开辟冶金新途径，自然把眼光转向生物，生物冶金学也就应运而生了。

所谓生物冶金，就是根据生物的启示去寻找矿藏，或者借助生物的采金本领，把那些分散在土壤里、海水里的金属收集起来，然后再从它们身上把这些金属提取出来。

生物冶金学的研究已经取得了许多奇迹般的进展和成果。现在，科学家们正在设想，通过建立"生物冶金厂"，提炼对人体至关重要的稀有元素。他们提出在工厂附近的农场里，种植一些能采集各种稀有元素的植物，饲养一些特殊的家禽、昆虫、细菌。一旦需要，"生物冶金厂"便能从这些动植物中提炼稀有元素，这些"养殖场"便成为一座神奇的稀有元素宝库。这是多么诱人的前景啊！

空中"千里眼"

周镇宏　科学小品

在古代神话里，常绘声绘色地描写神仙有一双"千里眼"，可遥看千里之外。这仅仅是一种幻想吗？不！如今它已成为事实了。不信？先看两个事实：

1969年，美国军事情报局向全世界精确报道了前苏联的军事部署和导弹基地等情况。这使以保密森严自诩的苏军头目们目瞪口呆。

1980年，苏军入侵阿富汗时，美情报机关立即发布消息：苏联动用了什么部队，坦克、人数多少……

美国是怎样迅速准确得到这些情报的呢？原来靠的是被称为"空中千里眼"的现代科学新技术——遥感技术。

遥感技术是60年代兴起的一门综合性的探测技术。它利用飞机、卫星等，从千里之外的高空，观察地球的景物，用各种电磁波谱的信息来探测地面乃至地下深处的秘密，通过电子光学、红外线、微波、激光、计算机等来处理所得到的信息。据科学研究表明，任何物体，只要其温度超过绝对零度：－273.16℃，就能发射或吸收电磁波。人们根据这一原理，制造出各种摄影机、扫描仪、雷达等遥感仪器，安装在人造天体上，送入空间，就能使其接收和记录目标物发射的电磁波信息，并传送给地面接收站，再经过信息处理，得出图像或模拟数字，然后由判读人员将其解译出来。

遥感技术有四大特点：

一是"遥"。能在数万千米的高空，观测地球的各种变化，拍摄到极清晰的照片。无论是人迹罕见的热带森林，还是渺无人烟的戈壁沙漠，它都能一览无余。

二是"感"。它能利用仪器去感知和识别人眼无法探测的物体，延伸了人的感觉器官，开阔了眼界。

三是"快"。它不仅能及时反映事物的现象，而且能对比分析环境的动态变化，从而赢得预测时间。

四是"广"。其应用十分广泛，目前已应用于军事、地质、海洋、环保等四五十个领域。

遥感技术的发展虽刚崭露头角，但它对人类生活将产生重大影响，将在人类改造自然的斗争中立下奇功伟绩。

"对牛弹琴"又何妨

周镇宏 科学小品

"对牛弹琴"这个成语，常被用于比喻对蠢人、傻瓜讲深奥的道理，对外行人讲内行话；也常用于讽刺人说话找错对象，徒费唇舌。按现代科学的观点看来，这种理解是片面的和保守的。"对牛弹琴"在科学探索方面蕴藏着积极的意义。可以说，"对牛弹琴"是对现代新兴的边缘科学——生物声学进行早期探索的事例之一。

"对牛弹琴"的故事可见于后汉人牟融的著作《牟子》或南朝僧佑所编的《弘明集》。它说的是古代音乐家公明仪，在树阴下向低头吃草的牛弹奏高雅的乐曲，而牛置若罔闻，毫不理会，照样低头吃草。但当公明仪转辅拨弦，弹出几种"未成曲调"的琴音时，牛奇迹般地转过身，抬起头，竖起耳，专心地听起琴声来。牛为什么不听高雅的乐曲而爱听"未成曲调"的琴音呢？原来，公明仪随便弹出的几种琴音，有的像蚊虻的嗡嗡声，有的像小牛犊寻找母牛时发出的叫唤声，这些"语言"，低头吃草的牛能够"听懂"。

俗话说："人有人言，兽有兽语"。近山识鸟音。生物也有自己特殊的"语言"。生物声学就是专门研究各种动物的特殊"语言"的一门新学科。

研究生物"语言"，为我所用，是生物声学所追求的主要目标之一。近些年来，生物声学的研究在理论上、应用上都取得了丰硕成果。

生物声学是防治病虫害的有力武器。生物声学工作者发现，有些昆虫一听到某种频率的声音。就会紧张不安，惶惶不可终日，甚至神经失常，寿命缩短。因此。以此为依据在昆虫聚居的地方播放干扰声，可使有害昆虫产卵量减少，抑制其繁殖。

生物声学开辟了灭蚊新途径。科学家们发现雌蚊与雄蚊的"语言"各不相同，雄蚊能听懂雌蚊的"语言"，而且随声追逐；雌蚊却听不懂雄蚊的"语言"，对之无动于衷。据此，如果把雌蚊的"甜言蜜语"录下来，然后模拟这种声音，拿到蚊子密集处播放，就能把成群的雄蚊引诱过来，一举歼灭，大大降低蚊虫繁殖率。这种灭蚊新途径在沼泽地带和多蚊地区，尤为有效。

　　运用生物声学的研究成果，能保护农作物少遭虫害。例如，生物声学专家发现，蝙蝠的语言是频率为 9 万赫兹的超声波，一些危害棉花、玉米、果树等作物的夜蛾对这种超声波十分害怕，一听到就知道蝙蝠光临，大祸将至，必须赶紧逃命。根据这一规律，在棉田和果园里安装一种特殊设备，播放模拟蝙蝠的超声波，就能使危害作物的夜蛾不敢轻举妄动，从而提高作物产量。

　　生物声学还是一门年轻的学科，还在不断发展着、完善着。随着研究的不断深入和拓展，它将会更好更多地造福人类，在科学百花园中大放异彩。

"电脑小说"

周镇宏 科学小品

报载：加拿大十几名对文学一窍不通的电脑专家联合"创作"了世界上第一部"电脑小说"，取得巨大成功，发行量达4500万册，看来这种用新法炮制的小说有利可图，美国某出版公司便把那十几位加拿大电脑专家中的大部分人重金收买过去。于是一部接一部的"电脑小说"在美国横空出世，给美国小说界带来了一阵不大不小的骚动……

众所周知，小说创作是一种十分艰难的劳动，但炮制"电脑小说"却甚为容易。"作家"们无须绞尽脑汁去构思情节、刻画人物，只要搜罗到足够的信息就行了。比如，要写一部反映煤矿工人生活的小说，只要把收集到的各种与煤矿工人直接或间接有关的信息全部输入电脑，电脑就能按"作家"们给它的程序指令，对杂乱无章的信息分门别类加以处理，编制出一条"情节链"。这条"情节链"就是小说的故事梗概，"作家"们只需再补充某些细节，一部"电脑小说"就算"制造"出来了。

据说，此类"电脑小说"很能吸引一些读者，但小说界对它非议颇多。有人说这是对小说以致文学这一神圣领域的亵渎；有人说这是电脑专家对作家的公然挑衅。但也有人持赞赏态度。"电脑小说"算不算小说？它是否有文学价值？

要正确认识这个问题，恐怕得首先理解使用电脑的意义。人类所使用的任何工具，都是人体自身的延伸。望远镜是眼的延伸，扩音器是嘴的延伸，汽车是腿的延伸，电脑则是人脑的延伸。人借助电脑处理各种复杂的信息，能够极大地减轻脑力劳动，加快处理信息的速度。只要输入电脑的信息是客观的、全面的、系统的，那么电脑就能够整理出有价值的文献。"电脑小说"也正是这样诞生的。小说无非是反映社会生活的一种艺术形式。只要"电脑小说"符合这种形式，并能在一定程度上反映社会生活，那么，应该承认它就是小说，承认它独立的文学价值。

当然,"电脑小说"的出现毕竟是对作家的挑战。这种挑战有两方面的意义:一是迫使作家学会使用电脑进行创作,在"电脑小说"的基础上再发挥作家的创造力,可以减轻部分脑力劳动。二是迫使蹩脚的作家退出文学殿堂。对于文学大师来说,不管使不使用电脑,他们的不朽名著都是"电脑小说"所望尘莫及的。

计算机"画家"

几百年前,当欧洲文艺复兴的曙光刚刚升起的时候,意大利画坛出现一场有趣的争论:绘画大师的桂冠应归谁?许多人推崇达·芬奇,因为"他用最美的线条和色彩描绘世界"。但达·芬奇却不同意此说,他认为与其说自己用最美的线条和色彩描绘世界,倒不如说是用整个心灵感受世界。

达·芬奇似有先见之明。从现代科技的角度来看,"最美的线条和色彩"绝非是艺术家的"专利"。不信?请听一位画家的自述:

"有一天,我去拜访友人B先生,一进门就见他屋里挂着一幅《墨竹图》,问他出自哪位名家之手,他竟哈哈大笑:'此画正是敝人之作,准备送去参加评奖哩!'我无法相信这是真的:B是计算机专业毕业的'画盲','士别'仅一年,怎么可能创作出如此艺术佳品呢?B看出我的心思,转身从抽屉里拿出两件计算机软件,上标有'计算机国画画家系统'和'计算机书法系统'的字样。B告诉我,即使是对书画创作技法一窍不通的人,有了计算机和软件系统当助手,也能进行多种流派、多种风格的书画创作。还可以通过绘图系统的变换、加工和处理,将一幅传统的艺术作品变成一幅别致新颖、人工所不及的现代派艺术新作。它临摹别人的名作,可以达到以假乱真的程度。它还能集名家之所长,创作出独具风格的书画佳作……B的一席话说得我目瞪口呆。天哪!要是允许计算机制造的作品跻身书苑画坛,甚至参加评奖,我辈将如何活下去呢?达·芬奇、郑板桥的在天之灵该有何感叹?"

这位画家的担心是有道理的。如果就"线条和色彩"而言,计算机的确是"完美无缺",甚至比最优秀的画家还功高一筹。然而,计算机作画充其量只能达到"形"美,却难以做到"神"美。因为,计算机是无法用心灵去感受世界的。在这方面,画家们大可不必自卑自贱。面对计算机"用最美的线条和色彩去描绘世界",达·芬奇、郑板桥等艺术大师的在天之灵,一定会奋臂疾呼:"艺术家们,让我们用整个心灵去感受世界吧!"

捕风发电

当你感受雷电的威力之余，你可曾想到，雷电的母亲，竟然会是自然界中无处不在的风？

200多年前，美国物理学家富兰克林成功用"风筝实验""捉"住了天电之后，科学界一直认为，雷电是流动的空气相互摩擦产生的。但今天的科学对雷电的形成又有新认识：空气摩擦不是雷电的唯一成因；风力推动雨滴穿过云层，也会产生巨大的电能。风既然可以使水滴和云团带电，是否也可以使某些设备带上电呢？这一设想吸引了科学家们一直在进行"捕风"发电的研究。美国、丹麦、日本已建造了一些大型捕风发电装置。

在科学家们提出的各种捕风发电方案中，最大胆而又最具可行性的，首推"巨栅发电"。沿海地区大风不断。"巨栅发电"方案就是在海边建造一排高塔，高塔之间装上巨型栅栏，栅栏的网格都是空心金属管，管壁上布满微小孔洞。太阳能蒸发器把海水变成水蒸汽。水蒸汽在管内上升，逐渐凝成水珠。风吹过巨栅时，与管壁摩擦，会使金属管内的正电荷趋向管壁外表面，同时管内的水珠从微孔中喷出。喷出的水雾带走了管壁表面多余的正电荷，使管内出现大量多余的负电荷，从而使巨栅相对地产生很高的负电位。如用导线把巨栅、用电设备连接起来，就有负电荷从巨栅流过用电设备，完成做功，向外输送电流。如在沿海建起几百个这样的巨栅，其发电量将相当可观！

前苏联科学家更是"异想天开"，提出了利用人造龙卷风发电的设想。他们揭开了龙卷风的奥秘：龙卷风产生之前先形成气旋，气旋遇到江流、湖泊或云层时，就把水吸走，变成旋流即龙卷风。龙卷风的物理实质类似于一个"喷射口"，这个"喷口"燃烧的是普通的水。当龙卷风的旋涡直径为200米时，其旋流功率达到3万兆瓦，相当于10座大型电站的功率。目前，科学家已开始进行人造龙卷风发电可能性的研究，其技术进展及成败仍是个未知数，他们宣称，如果此举成功，"能源危机"四个字将逐渐消失！

风是地球上取不尽用不竭的资源,世界上风能的总量约有 1000 亿千瓦时,人类有理由进行多种途径的探索和集中现有的技术优势来利用这巨大的能源为自己服务。

"复印"电视剧照

有人喜欢拍摄电视剧照,可是费了好多心机,拍出来的照片总是不理想;有人从荧屏上看到一套款式新颖的时装,刚想仔细品评,可是稍纵即逝;有人喜爱电视节目中风景优美的山水画面,可是来不及欣赏便成过眼烟云。人们常常感叹:要是能够及时把荧屏上出现的画面"复印"下来多好啊!

社会的需要召唤着科学家去发明,去创造。最近,日本松下电器公司已经推出一种功能奇特的新产品——彩色复印电视机。这种电视机具有"摄像"功能,当你从荧屏上选定所需的画面时,只需按动电视机上的"复印键",几秒钟内,电视机下部的扁平孔道便会自动吐出一张张纸片,纸片上印着的彩色图样与屏幕上所见的画面毫无两样。这样,人们就可根据自己的爱好和选择,十分方便地得到成套自己喜爱的山青水绿的风景照片,美味佳肴的配料方法,电视教育的考试题目,难得的演员剧照等珍贵的镜头图片……

这种电视机之所以能够复印画面,是因为它里边的装置能将电视台发送的电波信号转换成超音波振动,使装有青、红、黄、黑四色微子墨水的喷口产生动作,从而向旋转着的卷纸筒纸面喷射四色墨水,把屏幕上的彩色画面逼真地印在纸上。

"奇"装"异"服

"衣、食、住、行"是人类四大基本需要，而衣服穿戴则居四大需要之首。美国著名服装专家、第一批登月服装的设计者库兹内茨最近对记者发表谈话说："服装业即将发生令人瞠目结舌的巨变。"这一预言正在逐渐为事实所验证。随着科学技术的发展，各种具有特殊功能的"奇装异服"将为人类的生活和健康建立奇功，成为明天服装市场的宠儿。

阳春三月，在广州只需穿两件单衣，而北国却还天寒地冻，如果你从广州去哈尔滨，往返路上不断穿衣脱衣，随身携带的毛衣、棉袄足可装满一只大旅行袋，麻烦不言而喻。因此人们早就幻想着有一种"自动调温服"。现在，幻想已经变成现实了，"自动调温服"已经制成。这种衣服利用自动控温技术来调节温度，当穿者感到冷时，它能自动升温，而当主人感到热时，又能自动降温。其调温方法可以有三种：一是在织物内插进一层高技术胶片，只让适宜人体的气温通过，既可御寒，又能防热；二是模仿血液循环，在织物内设置无数的"纤维管道"，天热时管道通冷气，天冷时通暖气，以制造人体所需的温度；三是使织物具有"记忆力"，能根据主人预先确定的程序指令，随时调节温度。这些方法在原理上都是可行的。美国农业部的科研人员又研制出有"记忆力"的自动调温纺织品。他们用一种称为PEGS的化学药品处理一般纤维，纤维便在外界温度升高时吸收并储存热能，使人不觉得热；而当温度下降时又能释放热能，使人不感到冷。据说，用这种纤维制成的衣服，不久将投入市场。有幸穿上这种衣服者将享受到"四季一件衣"、"穿件单衣走南北"的乐趣。

外出遇雨被淋成"落汤鸡"，也是一件令人扫兴的事。但你大可不必再发老天的牢骚。现在，科学家已经为你发明了"晴雨两用服装"。这种服装用膨润性纤维作为原料，晴天时像普通衣服一样透气，穿着舒适；遇到下雨时，纤维沾水立即膨胀变粗，把衣服纱线之间的空隙胀满，再加上雨水的表面张力的作用，水珠便透不进去，衣服顷刻间成了"雨衣"。有了这种"晴雨两用衣服"，你外出时，就再也不用担忧老天不作美了。

吃在明天

"民以食为天"。吃喝从来就是人类的一大问题。然而，世界人口正在急剧增长，耕地、湖泊、牧场面积却在不断缩小，据预测，如果食品生产没有出现奇迹，到了21世纪，人类将面临着全球性的食品短缺危机。

果真到了那一天，我们该如何是好？人们寄厚望于明天的科学技术。

有一位科幻作家在他的小说中提到，21世纪的人们，每天只要吞食几颗"软丸"和"膏状蛋白"，就能保持精力旺盛。难道21世纪的人类就只能吃药丸子度日了吗？

恰恰相反。未来学家预言，奇迹般的生物工程技术，将使21世纪普通家庭的餐桌上，摆满现今一般人难以享受的山珍海味、美食佳肴。

这是完全可能的。目前生物工程技术已经取得了令人惊叹的突破。培养非驴非马的巨畜巨禽、繁育良种、速成养殖。种瓜得豆、植物自行供肥等，已众所周知了。工厂化大量生产蛋白质，合成人工食品已成现实。有些生物学家还设想，将来可以从任意生物体中挖出一小块来，放在一种特殊的培养槽里加以培养，使其无限繁殖生长下去。用这种组织培养技术，可以大量生产多种珍禽异兽。

化学家们也在努力探求蹊径。光合作用机理的研究方兴未艾。绿色植物的光合作用是吸收太阳能的一种有效方式，一旦人工模拟光合作用成功，人们便可以利用太阳能在工厂制造粮食、瓜果。

妙哉！交通工具新生代

车、船、飞机是"交通部队"中最为重要的三支"方面军"。日新月异的现代化科学技术正在促使这三支"方面军"旧貌换新颜。车、船、飞机的新一代，更加奇异多姿——

日本推出的"家庭旅游变形汽车"，可伸可缩，要宽要窄听任主人调节；平时驾驶室里只能坐两个人，必要时一按键钮，驾驶室立即伸长变宽，可乘坐多人。

为了解决大都市和旅游胜地寸土寸金有车无处停放的难题，日本丰田汽车公司最近成功地研制出一种"便携式提箱型袖珍汽车"，其全车总重量只有20千克，要用车时打开提箱，组装起来即可行驶；到目的地后把它拆开放进提箱，不必寻找停车场。

为满足现代人自己驾驶飞行器，腾云驾雾游四方的"刺激"需求，美国一位工程师不久前还设计制造出一种专供个人旅游用的"脚踏飞船"。这种飞船下端的推进器动力部分由驾驶人用脚踏来操纵，它类似于自行车，总重量不足70千克，飞行时速却可达16公里。澳大利亚一家飞机公司更是别出心裁，干脆为旅游者生产"手提式飞机"。这种飞机采用极度结实的塑料制成，仅用一只手就能提携。它使用了二冲程三缸发动机，每100公里只耗汽油5升。可以想象，这种手提式飞机一旦普及，会给广大旅游者和家庭带来多么大的乐趣。

"鱼儿离不开水，火车离不开轨。"——这已是半老皇历。现今的"磁浮列车"没有轮子，也没有地铁列车所见的牵引电动机。这种列车行驶时，依靠装在车厢底部的许多强力永久磁铁，把车身推离车轨约30毫米高，并依靠线性电动机的磁场拉向前进。由于这种列车不存在车与车轨的摩擦作用，因此车速极高，而且行车时噪音很小，是一种理想的现代化交通工具。目前正在发展磁浮列车的，除了德国之外，还有美、英、日和瑞典等国家。

为了提高远程客运列车的运营效益，科学家们还在研究一种时速超过500公里的凌空飞行的"喷气火车"。这种火车外形宛如一杆标枪，车头为驾驶舱，车尾为动力舱，中间一长段为旅客舱，三部分浑然一体。喷气火车的动力由涡轮风扇发动机提供，其燃料不是煤油，而是液氢。液氢的热值差不多为等体积煤油的3倍，而重量仅为后者的三分之一左右，这很有助于减轻火车的总重，改善行驶性能。喷气火车不是行驶在普通的地面双轨上，而是疾驰于凌空高架的单轨专线上，因而可不受地理环境影响，从城市、江河、平原上空穿越而过，可选择最佳路径。喷气火车具有完善的空调系统，车内温度宜人。客舱里既有闭路彩色电视录像，也有电视台的直播节目，旅客通过座椅扶手上的按钮就可选择欣赏。车上还有光导传真电话，可供旅客与千里之外的亲友通话。专家们认为，喷气火车是干线列车升级换代的产物，是新世纪洲际列车的先锋，就目前的技术水平来看，它的出现无疑将成为现实。

美馔佳肴"垃圾宴"

不久前，美国华盛顿某高级饭店承办过一次盛大宴会。赴宴者多是社会名流、达官显贵。宴席上的佳肴美馔，五光十色，琳琅满目。正当客人们饱享了佳肴美馔，酒宴阑珊之际，设宴的主人——一位德高望重的科学家站起来宣布："诸位，今天大家品尝的佳肴美馔，全部是用垃圾提炼合成的……"话音刚落，宴会厅立即传出阵阵呕吐声……

让达官贵人们赴"垃圾宴"，听起来未免不雅；闻垃圾而呕吐，在目前也不为怪。但在高科技面前，垃圾与佳肴美馔之间，其实也没有不可逾越的鸿沟。人工合成制取蛋白质，已不是新编天方夜谭了。一些含有纤维素的东西，如废纸、碎布、杂草、树叶等，经过高技术加工和特殊处理，完全可以制成高蛋白食物。英国一位生化学家就已设计出一套设备，能把某些杂物制成高蛋白食品，一年制作的蛋白，可供5万人食用一个月。

被人们端上餐桌的，还有"石油蛋白"。

早在80多年前，日本科学家三好博士就发现长在葡萄上的真菌能吃石蜡，但当时未引起科学界的足够重视和注意。过了约20年，德国科学家又发现，真菌不但能吃石蜡，还能吃石油、石油副产品和许多微生物。真菌中的**酵母菌**就是吃石油的能手。石油的副产品中有一种叫正烷烃的物质，人不能吃，其他动物也望而却步，而酵母菌却吃得津津有味，且吃后就能转化为"石油蛋白"。

"石油蛋白"中含有人体需要的脂肪、糖类、矿物质和多种维生素，但要人类来吃酵母菌以摄取营养成分，实在是强人所难，心理上很难接受。为了使人类心甘情愿地接受这些"不可想象的食物"，当今的科学家已找到了解决难题的办法。他们对"石油蛋白"进行特别处理后，掺入调味作料，制成"肉松"、"牛排"、"火腿"等食品。

用酵母菌等微生物来产生"石油蛋白"等食物，是一种可观的食物来源。

据专家推算，在今后几年中，光子产品的销售额将每年递增50％，在90年代里，"光子产业"的市场规模将超过电子产业！

谁在"光子产业"取得领先地位，谁就掌握了未来的主动权！

太空"制高点"

未来学家预言:"下一次工业革命,将发生在茫茫太空!"

这不是神话。人类目前正在向一个全新的经济领域进军,其目标就是开发取之不尽的太空资源,发展前程无限的太空工业。国外许多具有远见卓识的企业家,近年来已开始把眼光转向广阔无边的太空。美国已有350家公司申请参加太空开发,30家银行和风险资本公司决定投资太空工业;几家实力雄厚的大企业已正式与宇航局签约,租用宇宙飞船到太空进行生产尖端产品的实验。

具有发达商业头脑的外国企业家,为什么乐意把巨额资金扔向那缥缈遥远的太空呢?

答案是:太空资源对他们的引诱力实在太大了!

美国于1986年初把10几克太空产品——聚苯乙烯乳胶丸投入市场,竟获得20多万美元收益!

前苏联1987年夏天第二次收获在"礼炮-7"太空站育出的"太空棉花",如愿出卖,价值连城!

难怪有人惊呼:"当今世界谁拥有1克太空产品,谁就是富翁!"

太空的微重力是一种很有价值的新资源。重力在材料的加工和制造过程中会影响其成分和结构,使产品达不到理想要求;而在太空,重力只是地球上的百万分之一,物质能够得到很好的结合,从而制造出地球上无法制造的高级合金材料。

太空中有廉价的太阳能。在太空轨道上,没有大气对太阳光的反射和吸收,没有四季和昼夜的变化,太阳能装置可以做得很大,而且长期使用,利用太阳能的效率要比地球上高好多倍。

太空的高真空环境,没有空气和灰尘,可以进行高纯度、高质量的冶炼、焊接和物质分离。

太空矿藏更是诱人。据初步查明，仅月球上就有50多种矿物，矿物中所含的元素，正是地球上用量最大的矿物元素。

最重要的还在于，太空是一个各国必争的战略"制高点"。"星球大战"计划、"尤里卡"计划，都是太空争夺的立体战模式。

有性繁殖在"天宫"

今天,科学家和未来学家们已经在设计太空城市和太空居民区的蓝图。但人类真要在太空中站稳脚跟,长住久居,还面临着一个关键的问题:生命能否在太空中繁殖?人和其他动物能否在神奇的太空生态环境中生儿育女,传宗接代?

这可是一个关系到人类是太空的主人还是太空的客人的大问题。为了寻求答案,空间遗传学的专家们在反复论证的同时,进行了许许多多的实验。

美国科学家曾经把一群蜜蜂送上宇宙飞船,让它们去遨游太空。宇航员每天拍摄蜜蜂活动的录像。一周后回来,经过马利兰州鲍特斯瓦市蜜蜂实验室的昆虫学家分析电视录像,结果发现,在这期间蜂王居然产下了几个卵!

经历过太空生活的动物卵和蛋会发生变异吗?科学家曾把几十只鹌鹑蛋带到太空去旅行了一番,然后回到地面加以孵化,新出世的小鹌鹑和原来地面上的略微有差异,但不太明显。他们还让一批醋蝇到太空环境中产卵繁殖,发现出生的后代虽有些变异,但却完全能够成活生长。美国宇航员在一次太空飞行前,特意带上50颗鱼卵。结果令人震惊:在持续59天的太空航行中。授精的鱼卵孵出了幼小的鱼苗,并能在特制的水池中欢快地游动。

那么,动物能否在太空环境里直接交配呢?为了进行这项实验,前苏联于1979年9月25日专门发射了生物卫星"宇宙—1129号",在太空上进行繁殖哺乳动物的试验。宇宙—1129号卫星上安装着一个玻璃笼子,并用透明的隔板将笼子隔成两个部分,起飞时,一边放入6只雌鼠,另一边放入2只雄鼠,让它们"男女分居"。卫星进入轨道3天后,地面上的遥控装置把玻璃笼子里的隔板抽掉,于是雌鼠与雄鼠在人造卫星上成亲合欢。雌鼠在失重的太空环境中居然也能受孕怀胎。等到母鼠快分娩时,卫星回到地面,母鼠顺利地生出了一代"太空小鼠"。这次实验使人们看到哺乳动物在太空环境中受孕和胚胎发育的可能性。

动物实验虽然带来了振奋人心的结果和信息，但人们并不满足于已有的发现，有关的研究还在不断地深入和扩展。科学家们还将在"太空生物实验中心"组织起"动物家庭"，使它一代代地遗传、繁衍下去，以不断观察，测定它们的变异情况。

永垂不朽"太空葬"

翘首望太空，缥缈无边际。那里，难道会成为人们身后的最终归宿？

完全可能。美国已出现了一家世人瞩目的公司——豪斯顿太空事业股份有限公司，你可别望文生义，以为它是一个开发外空尖端科学技术的机构，其实，这是一家殡葬公司，它的业务十分奇特，就是承办"太空葬"。经美国政府批准，该公司已经正式挂牌营业。

所谓太空葬，就是把死者用新方法焚化，装入专门制作的骨灰盒，然后存放于人造"坟墓卫星"之中，利用火箭送到离地面3000千米多的环球轨道上，让其不断地绕地球旋转。这些骨灰可在冥冥太空中漫游6300万年之久！有幸"享受"这种殡葬者，真可谓"永垂不朽"了。太空殡葬公司还信誓旦旦地保证说，6300万年之后，他们将使"坟墓卫星"脱离地球轨道，冲出太阳系。带着亡灵到宇宙深处去"开开眼界"。这些保证是否"空头支票"，实在说不清，谁也无法监督殡葬商们在6300万年之后兑现诺言。

别出心裁的"太空葬"最先是美国佛罗里达州的殡葬商提出的。他们看到航天飞机获得商业使用价值后，便突发奇想，开辟了这条"生财之道"。有人算过一笔账，若按殡葬商们目前规定的价格，每盒骨灰"葬"费5000美元，一颗"坟墓卫星"可"葬"5000盒，每年发射10颗"坟墓卫星"，除去各种费用，该公司每年可获得纯利约9000万美元，这简直可与那些跨国银行媲美！

作为死者的亲属，愿意支付5000美元的丧葬费而让亲人的骨灰远离家乡故土，飞上遥远缥缈的太空吗？不少人还是很愿意的。殡葬商的广告上说："太空葬是殡葬史上的又一次革命。葬在太空的亡灵离上帝较近，是真正的'在天之灵'。"而更为吸引死者亲属的是，"坟墓卫星"的外壳涂有一层高度反光物质，在星疏月明之夜，死者亲属可用高倍率的望远镜看到亲人的"在天之灵"——熠熠发光的"坟墓卫星"的身影，借以抒发追思哀悼之情。因此，尽管丧葬费昂贵一些，好多人也在所不惜。

统观古今中外，人们死后的最终归宿无非是土葬、火葬、水葬等，太空葬可算是最"时髦"、最"摩登"的殡葬方式了。但未来学家们却预言，今天看来似乎还很神奇的太空葬，在不久的将来将会大众化、普及化。这是完全可能的。今天，人类正在步入"宇宙时代"，航天登月已不是新鲜事，"太空工厂"、"太空城市"之类的出现也为期不远了。到下一个世纪，地球上的居民或许能大批地移居太空，亿万年来一直沉闷寂寞的太空将荡漾着人类的欢声笑语。人类不仅要在太空安居乐业，而且要在那里生儿育女、繁衍后代。到了那时，对于那些生在太空，住在太空的太空居民来说，死后葬在太空不是很方便、很自然的事情吗？

太空食物

今天，人类已经步入"宇宙时代"。宇航员遨游太空已近300多人次。在超脱"尘凡"的太空生活中，宇航员们到底吃些什么食物呢？目前宇航员吃的"太空食物"制作标准有三条：

一是含高钙。太空中没有地球引力，在"失重"环境里，人的骨头、关节没有受到压力，会引起骨质连续脱钙，脱钙量约为全身总钙的5％。因此，宇航人员在飞船中吃的食物，必须有较高的含钙量，以保持体内钙量的平衡。尽管如此，许多宇航员经过几个月的太空生活后，骨头还是明显变细变脆了。

二是耐腐。随着航天技术的不断进步和发展，人类在太空中生活天数的记录不断刷新，目前的最高纪录已达200多天。因此，太空食物一般必须经过脱水处理和其他技术处理，以保证在太空环境下存放七八个月而不腐烂变质。

三是可口。太空生活虽说令人神往，但远离故土，久别亲人，宇航员难免产生孤独、寂寞、恐惧等心理障碍，导致食欲不振。因而太空食物必须能够刺激宇航员的食欲。

太空食物的这三条标准，只能保证宇航员的营养，至于宇航员吃得是否惬意和痛快，则另当别论。据计算，要把1吨物质送上天，弹体设备的重量需要四五十吨。航天设计师们为了减轻飞船的负荷重量，就别出心裁，用食料来制造飞船上的天花板、板壁和其他用具等，飞船进入轨道后，宇航员便以"建筑材料"为生，一边拆，一边吃，把上天后再也用不着的用品、板块统统吃光，最后带着必不可少的部分返回地球。

亲爱的读者，太空生活是引人入胜的。到下个世纪，也许你能登上航天飞船去做太空旅行，亲身领略超脱"尘凡"的航天生活，亲口品尝别具一格的太空食物。

抢救受伤的"太空鸟"

周镇宏 科学小品

一颗卫星，价值连城，从制造到发射上天，投入的技术力量和资金财物令人瞠目结舌。如果在太空中执行任务的卫星出了毛病，能否派出修理师，到茫茫太空中去抢救卫星呢？

这个问题是引人关注的。

1980年情人节，美国把一颗太阳探测卫星送上了轨道。该卫星带着7台探测仪器，犹如7只"眼睛"，担负着观测太阳活动的任务。按原计划，这颗卫星将在太空中一直运行到1986年，长期观测和记录太阳的活动情况。

但"天有不测风云"，1980年11月，这只长着7只"眼睛"的"太空鸟"突然受伤：其关键电路的保险丝熔断，造成姿态控制系统失灵。这样一来，卫星不能精确保持对太阳定向的姿态，7只"眼睛"中有3只失去了功能；更为严重的是，该卫星起先是在545千米的高度上运行，由于姿态控制失灵，其运行高度逐渐下降，如不采取抢救措施，它将会在1984年底坠入大气层而烧毁，这颗造价7700万美元的卫星将在太空做无效游弋之后化为灰烬。这不能不说是一大憾事。因此，美国宇航局决定派出航天飞机和宇航修理师，到轨道上去抢救这只受伤的"太空鸟"，让它起死回生，继续对太阳进行观测。

1984年4月6日，美国航天飞机"挑战者"号开创了太空修理的新纪元，飞上太空，抢救太阳探测卫星。原计划在"挑战者"号进入轨道的第二天，飞到距离卫星92米处，由宇航员纳尔逊背着喷气背包漂向卫星，与卫星连接一起，借助背包的喷气装置使卫星防止旋转，由航天飞机的机械手将卫星抓入货舱，进行修理。但纳尔逊与卫星对接未能成功，急忙中用双手抓住了卫星的一块太阳电池板，企图以此达到阻止卫星旋转的目的。谁知事与愿违，这一来反而使卫星进入一种既摆且转的复杂的三轴运动。后来，地面工程人员先后向卫星上的电脑发送了两套程序，命令备用系统中的三根电磁

"扭矩棒"阻止了卫星的摆动，使卫星进入简单、稳定而缓慢的转动，然后由机械手抓住卫星。

在航天飞机货舱内，修理师为太阳探测卫星更换了姿态控制组件和日冕观察仪及偏振计的主电子盒，并给软X射线多色仪加上了一个保护罩。在这过程中有许多拔插头和拧螺帽的动作。这些动作在地面上进行是毫不困难的，但在无重力的太空中却很不容易。当你拔插头时，就好像在地面上向上拔插在泡沫塑料做得很轻的箱体上的插头一样，插头与箱体的摩擦力大于泡沫塑料箱的重量，所以只会拉动泡沫塑料箱而拔不出插头来。同样，如果你用地面上常用的扳手在失重的空间悬浮着去拧螺帽，结果只会引起卫星相对你旋转而拧不动螺帽。为了克服这些困难，适应这种失重造成的特殊修理环境，宇航修理师上天之前，多次在水中悬浮的情况下模拟太空失重条件，进行修理操作模拟演习，终于熟练掌握了太空修理的特殊操作技术。

宇航修理师的回春妙手，治好了太阳探测卫星这只"太空鸟"的创伤，使它获得了新生，重新飞出航天飞机的货舱，返回自己的轨道，继续观测太阳的活动。

这次抢救太阳探测卫星，总共耗资几百万美元，但比发射一颗新卫星，却要划算得多，而更重要的是，太空修理的成功，有力地证明了航天飞机在太空的活动能力，鼓舞着美国宇航局作出新的太空修理计划。负责太空抢救工作的萨波林纳声称："我们将永远结束废弃卫星的时代！"美国宇航局已经打算在轨道上回收或修理空间望远镜、空间实验室和一些侦察卫星，往后，还打算对未来的空间材料加工卫星在轨道上进行维修。可以预期，太空修理这种起死回生术，将会给整个航天活动注入新的活力，展现新的前景。

月球——我们的"跳板"

周镇宏 科学小品

"嫦娥奔月"、"吴刚伐桂"、"玉兔捣药"之类的神话故事，反映了古人对月宫的向往和憧憬。今天，人类的巨足不仅踏上了月面"仙境"，而且要在那里"大兴土木"了！未来学家们断言：下一次工业革命将发生在茫茫太空，月球将成为人类进军太空，开发太空工业的天然"跳板"。现在，科学家们已经在设计未来月球基地了。在科学家的蓝图中，月球基地的奠基地点位于坐标上东经33°44′，北纬1°14′处，正好落在"阿波罗"11号宇宙飞船登月降落点附近。

为什么要选择月球作为进军太空的"跳板"呢？其中大有道理。人类要建立太空城和太空工业基地，除了必须发射各种航天器以外，还必须把千万吨建筑材料送上太空。目前把1千克重的物质送上宇宙轨道站平均得花几千美元，运载火箭简直就是燃烧着钞票上天的，光是财政开支就足以令人瞠目了，何况还有技术上的种种困难呢？怎么办？人们首先想到了月球。科学家们分析了登月宇航员带回来的月球岩石和土壤，发现地球上所常用的铁、铝、钛等十几种金属，月球上几乎都有，建造太空城和太空工厂所需的材料，百分之九十五也可在月球上得到。此外，月面的真空和弱引力场，对建筑材料的混合、密实和加工具有得天独厚的优势。而更为重要的是，月球的引力只有地球引力的六分之一，而且又没有空气层的障碍，从月球表面将材料运送上太空甚为省力。因此，如能建立月球基地，就可开采月球矿物和原料。利用太阳能进行加热、冶炼并制成各种飞行器和建筑构件，然后把它们直接送到太空中各个目的地，用于"组装"太空城和太空工厂，既省事又省钱。这样诱人的前景，怎能不叫科学家们动心呢？

按照科学家们的设计蓝图，月球基地大致分为三个部分。第一部分叫"开采处理单元"，负责挖掘、冶炼、加工各种月球原材料；第二部分是"组装车间"，负责把"开采处理单元"送来的零件装配成部件或机器；第三部分叫"汇总车间"，担任"总体工程师"的任务。基地内还设有仓库和职工宿舍，在基地周围则是由一个个大型透明管建成的"月球田"，生产供给基地上所需的各种食物。

当然，真要建起月球基地还有种种困难。比如，怎样防御陨石轰击和太空辐射，怎样抵抗"月震"，怎样解决温度急剧变化给"月球职工"带来的生活难题等。然而，人类终将会战胜所有困难，月球基地迟早会屹立在月球上，成为人类进军太空的前哨和跳板。

说来有趣，当科学家刚刚在图纸上标定月球基地的坐标位置时，美国得克萨斯州的拉玛银行就迫不及待地提出申请，要求在月球上开设"拉玛银行月球分行"。这一申请很快就得到批准。现在，拉玛银行正在为月球分行的开业实施筹备，并已开始办理开户预约业务。看来，金融家和企业家对月球基地不仅十分乐观，而且已经把它视为来日大展宏图的用武之地了。

旅游新曙光

扑入大自然的怀抱，饱览山水名胜，本来就是人生的一大享受和乐趣。电子技术和计算机科学的崛起，使旅游活动焕发出新的魅力，未来的旅游令人神往。

未来的旅行社和航空公司将全部电脑化和自动化，它能根据您个人的兴趣，利用电子计算机为您安排、规划旅游活动。计算机可以告诉您应该到什么地方去、怎么去、到什么地方之后应该做什么事。即使您对沿途和目的地的情况一无所知，那也不要紧。储存在计算机内的各地旅游价目表能够适合个人的爱好、要求和经济能力。当然，那时的游客总是按照自己的兴趣和爱好行事的。电子计算机只不过是个得力的助手和参谋，而不是左右游客意志的主宰。

目前，国外已有一种专为游客充当义务导游的"电视地图"，每当车上的旅游者迷路时，只要按下键钮，车内表板上的小型电视便会立即出现"电视地图"。图上显示出车子的所在方位，同时发出声音："前面就是××大街……"。"电视地图"下方有一控制杆，当开车人移动控制杆的方向时，电视屏幕上的图像随之变化。假若他想把车向右转，把控制杆的方向移向右，屏幕上便立即出现车子将要去的大街右侧的景物，包括建筑物、商店、公园等。如果您想观赏风景、市容、名胜古迹而又不愿下车的话，完全可以躺在车上"卧游"，"电视地图"会显示附近的风景、山水等画面，让您饱享眼福。

假若有人嫌躺在车上"卧游"还不方便，那么，计算机导游还可使您身居室内，却能饱览天下美景。在美国佛罗里达州，有一个名叫"迪斯尼世界"的人类未来实验中心，它最引人注目的项目就是计算机导游。顾客如果想"游山玩水"，游览名胜古迹，只要按动电视屏房的导游计算机，就可以想看哪里就能看到哪里，甚至可以和公园的负责人、讲解员直接交谈。原来，这套装置将声音、文字、影像等各种资料合为一体了。该中心的负责人宣称，他们将逐步把全世界的风景名胜资料都收集起来，使游客能"身居斗室，环游世界。"

"电视报纸"

未来学家预言，在20世纪末，人类将迎来崭新的"电视新时代"。到那时，荧光屏将成为"电视报纸"。

"电视报纸"实际上是一种在电视荧光屏上显示出来可供人们阅读的文字和图像资料，其内容和"出报时间"不受电视台的限制和约束，读者可以用电视随时阅读国内外发行的各种报刊杂志，了解到每日的新闻、交通、物价和飞机航班时刻等。只要主人在电视机上按几个电钮，几秒钟内，上述各种信息就会奇迹般地出现在荧屏上。如果晚上你想早点休息，但又想知道晚间新闻的内容。那么，当你睡觉时，便指令电视机印刷夜间发布的新闻稿件，届时电视机会开启带有油墨喷射系统的附加装置，到了第二天早晨，你就可以从电视里取出印好的新闻稿。

为了使读者清晰可见地阅读，"电视报纸"的内容被排列成"页"，每页有24排，每排约40个字。字的颜色可在红、橙、黄、绿、青、蓝、紫七色中任选。

"电视报纸"的出现对报界和出版业将无疑是一个严重的挑战。为了在竞争中生存和取胜，未来的报界和出版界势必另辟蹊径，寻求"新招"。

电池家族添新秀

在英文里,"电池"与"细胞"是同一个词,都是"cell"。可以说,电池之于科学技术,就如细胞之与生物体,"个子"虽小,地位和作用却不可小视。电池一直是科学技术的"宠儿",备受人们青睐。科学技术日新月异,科学家们仍致力于新电池的开发,各种功能奇特的电池应运而生。下面介绍电池家族几个"新生儿"。

——生物电池。在池塘或沼泽的稀泥中,生存着一种细菌,这种细菌在进行光合作用时能放出电子。日本鸟取大学工学部的科技人员,巧妙地利用了这种细菌的光合作用,制成了"生物电池"。他们把管理细菌光合作用的器官"色素细胞"提取出来,放入水槽中,再加入维生素C和色素。水槽的两端装有氧化锡和铂电极。当水槽内的色素细胞受到太阳光的照射时,细胞的叶绿素就开始进行光合作用并放出电子,从而产生电流。这种生物电池比硅半导体太阳能电池优越。后者只能利用照射太阳光能量的百分之三十,而生物电池却能百分之百地利用。

——"准内燃机"电池。这是一种能代替内燃机的新式微型燃料电池,最近已由美国伊州国立阿干尼实验所研制成功。这种电池,小小一块,就可发出相当于66马力的功率,还能把多种低成本燃料的能量有效地转化为电能。这种电池实质上是一种电化学装置,可广泛应用于汽车、火车、工厂、小型飞机以至卫星。它的原型就像一块小小的黑色瓦通纸,其黑色薄壁由多层陶瓷组成。

——人工心脏电池。用人工心脏来拯救心脏病患者的生命是现代科学奇迹。人工心脏就靠一种特殊的微型电池来起搏。这种电池由于要植入人的胸腔内,所以要求它体积小、重量轻、寿命长、性能稳定、不漏介质、对人体绝对无毒。为达此目的,医学家和化学家通力合作,设计制造了各种人工心脏电池。最初的电池必须每两年就换一次,增加了病人的痛苦和风险。后来,科学家又试图用锂制品，但锂遇水就反应生成可燃的氢气。因此，要想用锂制成电池，电介质必须是非水溶性的。经过反复试验，最终研制出非金属碘作为固体电介质。于是锂—碘电池出现了。它可以在人体内正常工作10年以上，这对于那些靠人工心脏维持生命的人来说，真是造福不浅！

关于如何避免废弃电池对环境的污染是科学家们感兴趣的问题。现在，这种无污染不含有毒物质水银的电池已经问世。法国奇异公司和比利时一家公司共同开发了一种可取代水银的有机化合物，用它制成的电池称为"绿色权力"电池。它比标准的碱性电池功率更大，造价也不昂贵。

纸趣

一般的纸确实平凡无奇，但在科学技术高度发达的今天，纸的家族新秀迭出，纸的功能日新月异，说来也颇有意思。

高技术纸张的研制和开发，是当今不少科学家感兴趣的课题，一旦先进的科学技术进入造纸厂，纸张就将旧貌换新颜。现在处于实验阶段的"磁性纸"就颇为奇特。它类似人们常见的录音磁带，不仅可以写字，而且可以录音和放音。假如你的恋人在远方，你又不满足于文字传情的话，只需要对着磁性纸诉说衷情。然后像寄普通信件那样把磁性纸寄去，你的恋人收信后将信纸放入收录机内放音，就可以闻声如见人，备感亲切。正在研制的各种"医用生化试纸"，能取代医疗仪器设备给病人作化验，病人的血样或大小便与它一接触，不出1分钟，纸上便显出各种色彩，医生根据色彩图谱进行判断，立即就可把化验结果告诉病人。有的生化试纸已经进入实用阶段。

经过特殊工艺处理的纸，还可制成多姿多彩的纸制品。国外一家工厂推出的"纸质折叠椅"，每张总重量只有264克，却能承受150千克的压力，十分适合旅游和外出活动使用。一些旅游胜地的"纸别墅"，也深受游客喜爱。至于"纸雨衣"、"纸内裤"、"纸尿布"等纸制品，更已风行国外市场。

特别值得一提的是，飞机也有纸制的。1986年12月14日至23日，美国飞行员拉坦和耶格尔，驾驶纸飞机"旅行者"号，连续飞行9昼夜，全程40407千米，创造了航空史上不着陆不加油的环球飞行奇迹。这架飞机的机身大部分由纸制成，总重量只有900千克，相当于一辆小汽车的一半重量，但它装载的汽油却可达3132千克，比飞机本身重2倍多。纸制飞机轻机重载的成功，被专家们视为"世界航空事业迈向未来的一步"。

动物"宇航员"

在人类向宇宙进军的征程中，实验动物也建立了不朽功勋。

早在20世纪50年代，狗、猴子、猩猩、果蝇等动物，已成为开发宇宙的尖兵。当时，人们用火箭将它们发射到几十千米直至400多千米的高空，测试高空大气、宇宙尘埃和流星及宇宙辐射等对动物机体的影响，观测在超重和失重等条件下动物的行为和表现，积累了大量的材料。从中，人们得出结论：人至少可以在太空中作短暂的停留。

1957年，人造地球卫星载着小狗"莱依卡"上天，小狗在地球轨道上安全飞行了近一个星期。"动物无法在失重状态下生存"的论点，在事实面前不攻自破了。1961年3月，两艘载狗的无人飞船先后发射成功，各系统运行正常，回收安全可靠。至此，载人航天的条件已安全成熟。同年4月，第一艘载人宇宙飞船终于发射成功，宇航员进入太空，开创了载人航天的新纪元。

在这以后，实验动物的航天试验仍在继续进行。为了实现长期载人航天，一批又一批的动物航天员被送入太空，不断进行着科学探索。

"温室效应"

据国外报刊报道，最近，全世界各国科学家不约而同地惊呼："温室效应"将危及人类和地球的生存！

近些年，科学家们发现了一个不容置疑的事实：地球上的年平均气温不断上升，部分冰川开始融化，全球海平面正在升高。据目前的发展趋势预测，再过60年，地球气温将上升3～4℃，从而融化北极的沿冰，使海平面升高4.6～7.6米。如果真是如此，到了那时，某些沿海城市和沿海地区将遭遇泱泱大水，亿万居民将饱受海浸之难……

这是一幅令人恐怖的图景，但绝不是无中生有，危言耸听。专家们作出这种预测所依据的科学原理，称之为"温室效应"。

众所周知，人类祖祖辈辈栖息的地球表面罩着一层大气层。大气层犹如一层"玻璃"，一方面让阳光贯穿而过，哺育着地球上的万物生灵，另一方面又不让地面辐射出来的热量随意向地外空间扩散，阻止地球散热冷却。因为大气层中的二氧化碳既能吸收储存热量，又能把地面的长波辐射热反射回地球，对地球起着"保暖"的作用。但是，如果大气中的二氧化碳太多，保暖增温作用太大，就会引起地球温度升高，从而使冰川融化，海平面升高，导致世界性的海浸，给人类和地球带来灾难。这就是令科学家们忧心忡忡的"温室效应"。而产生"温室效应"的主角，正是大气中日益增多的二氧化碳。

20世纪中叶以来，由于世界人口恶性增长、工业飞速发展、石油等化学物质大量燃烧以及森林不断毁灭等原因，使大气中的二氧化碳的含量急剧增加。据科学家计算，假若大气中二氧化碳的含量增加一倍，地球的温度就会上升4℃。从而导致不堪设想的恶果。

当然，人类是绝不愿意坐以待"热"，自食恶果的。掌握了先进科学技术的人类，将会运用大自然"相互制约"的规律，来抑制或削弱二氧化碳咄咄逼人的"温室效应"。许多科学家已经呼吁，人类目前必须从两个方面去努力：一是减少和控制二氧化碳的生成量，使大气中二氧化碳的含量不再增加；二是保护和扩大森林等绿色植物的覆盖，让森林和植物"吃"掉更多的二氧化碳。据悉，我国科学界也已高度重视对"温室效应"的研究和防范，组织专门力量，研究对策，迎接自然界"温室效应"的挑战。

生物之"钟"

夜幕降临之际，猫头鹰磔磔呼鸣，夜老鼠出洞活动；黎明到来前夕，公鸡啼叫报晓，百灵鸟啼唱不绝；潮汐变化之前，蟹已有感觉；何时准备过冬，熊也心中有数……为什么生物会有着与自然界相一致的生命节律呢？

科学研究表明，生物体内存在着奇异的"钟"——生物钟。动物的生物钟不仅能调节其内分泌器官和神经系统的活动，决定其活动规律，而且能随环境、季节等自然条件的变化自动调节自己的节奏。在健康、正常的动物体内，各部分组织之间的"时钟"是协调统一的。

人是自然界中最高级的生物。人类体内也有生物钟，也存在生命节律。据心理学和生理学的研究，人的情绪、智力、体力等都呈周期性规律：情绪周期为28天，智力周期为33天，体力周期为23天。更为有趣的是，妇女月经的正常周期，恰好与月亮公转的周期一致。细想起来，人类有着这些生命节律是不奇怪的。人类生活在大自然中，太阳系有规律的运行、地球的自转和公转、自然气候的周期性变化等等"自然节律"，必将会在人类进化过程中对人体产生巨大影响。美国科学家曾做过实验，让一组月经失调的妇女每月在模拟月光下睡四个晚上，一段时间后，她们的月经周期便恢复到29.5天的常态，恰与月亮公转的周期一致。

生物医学家们曾对许多人的生理活动周期变化规律做过大量的统计、观察、分析和研究，认为人类的生物钟可以划分为两大类型——"猫头鹰型和百灵鸟型"。有前一种生物钟的人，一到夜间，脑细胞兴奋活跃，工作精力充沛，思维异常敏锐，办事效率甚高，甚至记忆力也比白天强，直到午夜后，生物钟才会"敲响"休息的"钟声"，因此这类人习惯于晚睡晚起。与此相反，有后一种生物钟者，清晨和白天的精力、思维、效率都优于晚上，未近午夜，体内的生物钟便"请求"休息。这类人习惯于早睡早起。可见，有不同类型生物钟的人，其生活节律是不同的。人们常说的"早睡早起身体好"，看来也未必具有普遍性。

　　了解自己具有哪种类型的生物钟，对于把握支配自己的"黄金时间"和合理节息大有益处。"猫头鹰型"者应利用夜间干最费神、最有创造性的工作，白天做些简单劳动。如属于"百灵鸟型"，则应做相反的安排。

　　目前，关于"生物钟"的研究方兴未艾。一门独立的学科——"生物钟学"已经应运而生。可以预期，这方面的研究一旦取得突破性进展，人类将进一步揭开生命的奥秘。

导体还是绝缘体

自从1868年世界上第一块塑料赛璐珞问世以来，塑料广泛应用于各种绝缘设备上。因此，人们给它下了一个定义：塑料是绝缘体。

然而，这个定义终于被科学家打破了。今天，会导电的塑料已经在塑料王国中崛起，创建了卓绝的功勋。

最早出现的导电塑料是聚乙炔。说来有趣，它的发现竟然始于一次错误的实验操作。那是在80年代日本东京技术学院的一次化学实验中，一位研究生误解了老师的话，过多地把某种化学物质加入乙炔气体，结果没有得到预期的黑色粉末，却弄出一种银光闪闪的颇像金属的塑料薄膜。事过五年，美国的麦克迪阿密教授访问日本，对这种银色塑料膜惊叹不已，于是有意对其进行掺碘实验，观察其性能。结果奇迹出现了——与电"无缘"的塑料，在掺杂后导电率一下子增大了3000亿倍！就这样，具有金属般导电性能的塑料问世了。

塑料经过掺杂处理后为什么就能导电呢？原来，固体物质中的电子只能在物质的能带之内运动。导电过程类似接力赛跑，能带好比跑道，电子好比运动员。金属中的能带没有被电子充满，电子可以"接力跑"，因此能导电。而普通塑料的能带中充满着电子，电子拥挤不堪，无法定向运动，所以是绝缘体。对塑料进行掺杂处理，相当于从能带中除掉一部分电子，使其余的电子得以"接力跑"，因而获得了导电的性能。

导电塑料集金属和塑料的优点于一身，具有质轻、导电、可加工成任意形状等特点，应用前景广阔。用它制成的新型光电元件，灵敏而精密；用它来保护敏感的电子设备，可使其免受电磁干扰；用它做衣服衬里，能生热御寒；用它做房间的隔板，能自动调温。它还能对付电子、化工、精密仪器等工业部门中的静电公害。日本还研制出一种含有碳铝合金型导电纤维和导电高分子聚合物的新地板塑料，可搬迁、可组装、可黏接、可用于浇注和预制。

导电塑料制造的新电池，其工作原理有点像海绵吸水。放电时，电极排斥电子；重新充电时，电极又吸附电子。如此循环往返，电极不会与"溶液"发生任何化学反应而溶解，因而充放电快，寿命长。用它开汽车，可大大提高加速度和爬高性能。甚至还可用它作为电子计算机的电源。

  导电塑料还可成为"变色龙"。美国罗德艾兰大学华裔科学家朱成阳发明了变色塑料。用导电塑料板上外加不同的电压，原来无色的塑料可变成绿色、蓝色或紫色。这种电致变色塑料可用于许多新的领域。如将它夹在玻璃中间，并在玻璃上印刷导电栅网，可制成超薄型电视机。用它作为广告牌，能吸引更多的大众注目。用它代替玻璃做建筑材料，有助于控制室内的温度。

  总之，导电塑料与普通塑料相比，真可谓"青出于蓝而胜于蓝"。

  作为导电塑料的同盟军，磁性塑料也正在向我们悄悄走过来。最近，美国科学家在探索能充当磁铁的聚合物时，研制出了第一块塑料"吸铁石"。这是一种真正的有机磁性体，当温度低于 5K 时，它呈铁磁性；当它被完全磁化后，其磁化强度与铁材料不相上下。一旦这种材料能在室温下使用，其前景将是令人神往的。

塑料"自杀"

塑料作为一种新材料刚刚问世的时候，迎接它的是人们的一片喝彩和颂扬之声。几十年来，塑料备受人类的宠爱，工农商学兵，衣食住行用……无处不见塑料制品的风姿美态。仅我国，目前塑料制品的年产量就达200多万吨。作为木材和金属的"同盟军"，塑料在现代生产和生活中与人类已结下了不解之缘。

然而，随着时间的推移，人们慢慢地发现，塑料给人类带来的并不全是福音，与它结伴而行的是污染和公害。如何销毁废弃的软瓶、牙刷、玩具、包装袋、薄膜等等塑料制品，是使人们大伤脑筋的难题。这些"塑料垃圾"几乎是不能消灭的，因为一般塑料都是高分子有机化合物，能够缓冲冷热酸碱，抵抗阳光、空气和水的分解，不参与自然界的物质循环。把"塑料垃圾"留着吧，日积月累如何是好？烧了吧，它能产生出氯化物、氟化物、氢氰酸、丙烯青等有毒气体。埋了吧，又破坏土壤结构，污染生态环境。在伤透脑筋之余，人们自然会想：要是塑料制品能在完成其"历史使命"之后，无污染地自行销毁，那该多好啊！

社会需要从来就是发明创造的催化剂。现在，塑料家族的新一代已经面世，国外一些科研单位已经研制出寿命只有几个星期或几个月的新型塑料。科学家们给这些塑料编好"程序"，让其在预定时间或在一定条件下无污染地分化解体。其原理之一，是在塑料聚合物中增加许多脆弱的化学键，当遇到阳光照射或遇到某种特殊溶液时，脆弱化学键首先破碎断裂，从而使塑料制品在短时间内自行消灭。美国科学家还开辟了一条"塑料＋玉米"的新路，研制出可让微生物"吃"掉的塑料。多次实验表明，掺有玉米淀粉的塑料，能在自然环境的作用下很快腐烂。这种塑料在废弃后随便丢到垃圾堆里，微生物就能像腐蚀枯枝落叶那样，很快地破坏其组织结构，把它的化学键一个个吞噬掉，同时产生两种无害副产品：二氧化碳和水。

塑料家族新一代的出现，不仅有助于消除日益增长的"塑料垃圾"公害，而且有助于开发适用于人体和其他生物体内的分解性医用材料。可以预期，新一代的塑料，将会比它们的"父辈"更加备受人类的垂青，为人类立下丰功伟绩。

瞒天过海伪装术

周镇宏 科学小品

有个考察队员在森林里不慎被地上横着的粗大树木绊倒，不料"树木"竟然翻身爬动——原来是一条大蟒蛇！

在那光秃秃的树枝上，一朵五彩缤纷的花朵突然绽开，当人们走上前去抚摸它时，美丽的花瓣突然变成两翼，箭般向天空飞去。当飞翔的"花鸟"将要遇到老鹰袭击，它旋即落到树上又变成了"花"。

北极圈内的白狐、日本北部的高山兔和我国新疆阿尔泰山区的雷鸟，都有一套四季变色的"伪装服"。例如，雷鸟在白雪皑皑时银装素裹，在春暖花开时披上淡黄色的绚丽春装，至盛夏酷暑则一身栗褐色，而当秋风萧瑟时节，它又穿上与环境相协调的暗棕色羽裳。

自然界中千姿百态的动物，在其漫长的进化过程和生存竞争中，大多都形成了一套隐蔽自身、迷惑天敌的欺骗本领——伪装术。它们的伪装技巧之高超，几乎令人难以置信，使人类也得拜动物为师。现代战场上，穿着特制服装的士兵蹲伏在树林边，看上去活像一丛灌木，而他身边的机枪，却似一簇略呈异色的树叶，这样的伪装术，不就是借助于动物的变色技巧吗？

近几十年来，人类在掌握高度发达的科技基础上，创建了一门扑朔迷离的新科学——伪装学。

伪装学遵循物理学的原理和心理学的法则。伪装，大都是一种视觉上的假象，它一般由图案设计和颜色选择这两部分组成，其中光线和光学效应扮演着重要角色。而受伪装所愚弄被欺骗的一方，则是心理学法则在起作用：假如某物某人看上去不是想象中的模样，那么它仿佛就不存在。

伪装学专家综合了多年的研究和实践成果，总结出三条伪装规律。

其一，为了隐藏一物体，必须使该物以与背景同样的方式来反射、散射和吸收光线。反之就会被认出。

其二，为了隐蔽某物体，向敌人展现的必须是一个不熟悉的形象。例如，人们总认为一辆卡车或一幢建筑物的外形是盒形的，如果把它们的边缘弄得圆一些，或者把轮廓弄得模糊一些，造出一种人们不太熟悉的形象，那谁也无法辨认它是什么了。

其三，物体颜色和它周围环境的对比越是强烈，就越引起注意。反之，没有对比，眼睛就很难注意到它。飞机的机腹涂成淡白色，与天空的云块混为一体，就不易被地面监视哨发现，也是基于这一考虑。

电脑与"π"

圆周率 π 是多少？如果仅粗略地回答，小学生也知道是 3.14；但如果要精确地回答，这个世界上恐怕永远没有人能交卷。

在一般的工程技术和日常计算中，应用到 π 值时大多只取 3.14，天文学家和地球物理学家使用 π 值，也只要取到小数点后六位即 3.141592 就足够了。但科学家们对 π 值的研究却从未因此而停止过。德国著名数学家卢道夫曾花了多年心血计算 π 值。他的墓碑上刻着：π＝3.14159265358979323846264338327950288。这是他求得的当时世界上最精确的 π 值。

有人做过这样的估算，如果一个人要用笔算算出 π 的 50 万位小数，恐怕花上毕生的时间也难办到。但现在有了电子计算机，要计算出上百万、上千万、甚至数亿位的 π 值，也不是太难的事情。

1986 年，法国两位女数学家用高速电子计算机，花了 5 个月的时间，把 π 值算到了小数点后 100 万位，并印成一本 200 多页的书。这也许是世界上一部有相当价值但又最为枯燥乏味的书了。

后来，这个记录被日本一群数学家们所突破。他们借助计算机连续工作，得出了一个小数点后 1600 万位的 π 值，此后，日本东京大学的计算机专家金田康政又刷新纪录，他用日立超级计算机计算出 π 的 5.3687 亿位近似值。而哥伦比亚大学的格雷戈里和戴维·查德诺斯用两种不同的运算系统，在 IBM－3090 计算机上计算出的 π 值，已达 10.1 亿位。这是当今 π 值位数的"世界之最"！

科学家们这种追求 π 值位数的工作，在科学上有什么意义呢？

π 是一个无限不循环的小数。中国早在南北朝时，祖冲之计算出的七分之二十二的约率和一百一十三分之三百五十五的密率，历来被公认为最近似且简便。虽说在任何实际问题的计算中，都不需要精确到千万位、数亿位小数的 π 值，但 π 值位数的世界纪录的不断刷新，却可以使人看到电子计算机

"神机妙算"的奇迹,可以测试电脑的精确度,发现硬件、软件或记忆系统中的故障。而更重要的是,π值计算到几亿位还没有出现循环迹象这一事实,有力地证明了一个古老的命题:π是无理数。

冷冻动物园

科学家向我们提供了几个令人吃惊的数字：从1600年到1900年的300年间，绝种的鸟兽有75种，1900年后增加到平均每年灭绝一种，而近几年来却一天就灭绝一种；今天至少还有800种动物，怀着依依不舍的心情即将与人类永别。

物种的灭绝固然是不可避免的，但现代科学技术特别是生物技术的发展，为保护物种开辟了一条新的途径：将珍稀和濒临灭绝的动物的精液、卵巢、肺、肾、皮肤等组织经体外传代培养成纤维细胞或上皮状细胞——细胞株，然后置于$-196℃$的超低温液氮中冻存，使其新陈代谢基本停止，不再继续生长、衰老。从理论上讲，这种超低温冷冻细胞的寿命几乎是无限的，不管什么时候把细胞株从液氮中取出，都可继续它的生命历程。

据报载，美国圣地亚哥已有一个冷冻动物园，在$-196℃$的条件下冷藏了世界上的各种动物的精子、卵子及试管胚胎。预计到21世纪初，动物园将可取出这批冷冻着的生命体，繁殖出一批活生生的动物。

我国也已建成第一个冷冻动物园。它位于昆明西郊海拔2100米的玉案山。这个动物园用液氮柜和液氮罐作为冷库，冻存了珍稀动物细胞株70多种。

冷冻动物园的出现，为今后繁殖已灭绝的动物提供了最基本的"材料储备"，也为研究动物分类、物种起源、系统演化和遗传育种等重大科学问题提供了实验材料。科学家们希望，随着发育生物学和遗传工程技术的发展，有朝一日细胞分化的奥秘揭露之后，人类就可应用冷冻动物园的储备，再造那时已在地球上灭绝的某些动物。今天的冷冻动物园是人类留给子孙后代的一笔无价可估的财富。

"宇宙日历"记春秋

朋友，当您仰望长空，看到日月经天，星辰闪烁，您是否想过：亘古宇宙，生于何时？

根据"大爆炸宇宙学说"，宇宙大约诞生于 150 亿年之前。最初的"宇宙之卵"是由一个高温高密度的"原始物质"构成的极不稳定的微小世界，后来以爆炸性的速度猛烈膨胀、扩大，在"大爆炸"中诞生了各种元素和支配它们运动的力，于是，"幼年宇宙"诞生了。此后，各种星球体系逐渐形成，"幼年宇宙"随之进化成为"成年宇宙"。如今，宇宙已经走过约 150 亿年的历程。

那么，作为人类"摇篮"的地球，与宇宙相比"资格"到底有多老？人类历史与宇宙演化史相比，又是多长的一段时间呢？

以亿万年为时间单位不容易比较，感谢科学家为我们编制出简单明了的"宇宙日历"。他们把宇宙 150 亿年的漫长演化史"压缩成"一"年"，把宇宙演化的各个过程和各个阶段按比例进行"折算"，一张一目了然的"宇宙日历"就摆在我们的面前：

1 月 1 日："宇宙之卵"大爆炸，宇宙诞生；

5 月 1 日：银河系诞生；

9 月 9 日：太阳系诞生；

9 月 14 日：地球形成；

12 月 26 日：地球上开始有哺乳动物；

12 月 31 日晚上 10 点 30 分：原始人出现；

11 点 46 分：北京猿人使用火；

11 点 59 分 59 秒：欧洲文艺复兴正式开始；

12 点整：进入现代人类社会。

您看，如果把宇宙的整个演化史当作一"年"，那么地球是在 9 月 14 日

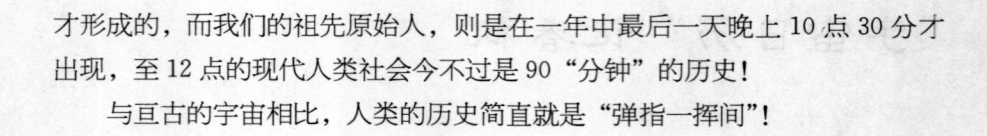

才形成的,而我们的祖先原始人,则是在一年中最后一天晚上 10 点 30 分才出现,至 12 点的现代人类社会今不过是 90 "分钟"的历史!

与亘古的宇宙相比,人类的历史简直就是"弹指一挥间"!

四个月亮

时逢中秋，一月当空，浩洁如银。古往今来，在人们所写的诗文里，说到月亮，总形容为"一轮明月……"岁月悠悠，太空茫茫，难道月亮从来真的只有一个吗？

科学家们说，地球上空曾经有4个月亮，而且今后将会出现新的"月亮"。

这话有根据吗？有。著名天文学家赫尔比格就曾论证过。他说，地球在数十亿年的历程中曾"捕获"过4颗卫星，即4个月亮。这4个月亮恰好与地球的4个地质年代相符合，同地球上的4次大变动相联系。前三颗月亮由于在运行中与地球靠得太近，最后都坠落在地球上，在坠落到地球赤道附近前发生大爆炸。这三颗月亮坠落处，后来形成了三大洋。这三次坠落都使地球受到难以想象的灾变。世界各地的神话传说，都栩栩如生地反映了这几次大灾变。人们从中可找到对赫尔比格理论的印证材料。

"4个月亮"之说提出后，英国学者贝拉米和艾伦曾发表了他们的专著，论证了这"4个月亮"之说的正确性。美籍法国物理学家莫里斯夏特兰还用数学方法为它找到了论据。按照赫尔比格的理论，我们今天看到的月亮，是地球的第4颗卫星。

当然，这"第4颗月亮"是"天之骄子"，与人类至亲至爱。它不仅美化了我们这个宇宙环境，哺育了人类的文化艺术，今天它更要为人类进军太空效劳。科学家已将月球视为人类上天的"跳板"。人类要建立太空城和太空工业基地，要把各种航天器和千万吨建筑材料送上天，如果靠运载火箭运送，代价实在太昂贵了。科学家分析登月宇航员带回来的月球土壤和岩石后发现，地球上常用的铁、铝、钛等10几种金属，月球上几乎都有——建造太空城和太空工厂所需的材料，百分之九十五可以在月球上得到！而月球的引力只有地球引力的六分之一，又没有空气层的障碍，从月球表面将材料运往太空甚为省力。因此，科学家已在酝酿建立月球基地，以便在那里就地取材，利用月球原料和太阳能制造各种飞行器和建筑材料，然后运往太空"组装"太空城和太空工厂。这既省事，又省钱。看来，这个月亮现在还是个引发地球人奇思妙想的神秘之星呢！

有的科学家预言说，茫茫太空，说不定什么时候，还会出现新的月亮。宇宙的演化，天体的运动，也许还能给地球以捕获新卫星的机会。即使宇宙之神不给地球这种机会，人类也可以自己发射"人造月亮"。

这方面的研究和试验正在紧锣密鼓地进行。据外刊报道美国计划研制的未来月亮，重量为450吨，上面装有12面直径为300米的巨型反射镜，镜面由金属板制成，光洁度极高，从地球上望去，亮度约为真月亮的10倍。据科学家设想，"人造月亮"上天后，将与地球同步运行，在地球上直径为360千米的区域内大放光明——这已是一件可以翘首以待的事情了。

热冰烫手

说起冰，生活在北方的人老幼皆知。寒冬腊月，气温降至0℃以下，水就结成了冰。用玻璃杯装一杯水，放入冰箱去冷冻，一会儿就结成了"人造冰"。古往今来，在人们的心目中，"冰"是与"冷"结伴的："冰冷"、"冰凉"、"冰寒"、"冷冰冰"、"冰天雪地"、"滴水成冰"……难道冰真的都是冷的吗？如果有人说，有的冰不但不冷，而且很热，你会以为他在说笑话吗？

热的冰确实是存在的。

科学家已经发现，在广阔无垠的宇宙中，存在着11种冰，分别被命名为一号冰、二号冰、三号冰……十一号冰。我们常见常说的冰，只是冰的大家庭中的一位成员，名叫"一号冰"。其他一些成员，与"老大""一号冰"可大不相同。比如，排行第七的"七号冰"，虽有冰之名，却不冰冷，而是热得滚烫。它的温度可达90℃，与沸水的温度相近。如果你用手去抓一块"七号冰"，手上肯定会被烫出水泡，令你灼痛难忍。

当然，这种烫手的"七号冰"在地球上是不可能自然地、稳定存在的。如果你想试一试它的热度，只能到实验室里去领略。它的人工制造须2400万个大气压的高压。科学家把开有小孔的金属板夹在两块金刚钻中间，从小孔注入水，再把它放进高压实验装置之中，当压力达到要求时，就可得到热得烫手的"七号冰"。

值得一提的还有，60年代末在前苏联境内的永冻区发现了一种"外冷内热"的"可燃冰"。它是一种和水结合在一起的固体化合物，在低温和高压下呈稳定状态。"可燃冰"可作为一种尚待开发的新能源，当冰体融化时，它所释放的气体体积相当于原来固体化合物体积的几百倍。因此，科学家认为，"可燃冰"的开发和利用，对于解决日益紧张的能源问题，是一道新的曙光，因为据估计，可燃冰的蕴藏量比目前地球上的煤炭、石油、天然气蕴藏量还要大几百倍。

"深海族"的"食物链"

最近，生物学家在太平洋加拉帕戈斯群岛附近深达 2400 多米的海洋下面，发现了许多独特的海洋生物。这些动物在完全没有阳光、漆黑一团的海底下繁衍生息，形成一个个兴旺的生物群落。

美国化学和地质学家曾到这地区进行实地考察，拍摄了海底照片。他们在照片中惊奇地发现，海床上布满了许多蛤类动物，还有螃蟹、管形虫、贻贝等。

这个异乎寻常的发现，使科学家们大为振奋。一般太阳只能透进 270 多米深的海水，再超过这个深度，就是全无阳光的黑暗世界了。在这样深的海底，没有海洋植物，也就不可能有以植物为食物的海洋动物的存在。那么这些黑暗深渊中的蛤类是靠什么生存的呢？

他们提取了海水样品进行化验，结果表明，海水含有丰富的硫化氢物质。海水内含有硫化氢便具备了生命的必需物质。因为多种细菌的繁殖生长，正是靠吞噬这种物质而维持的。海底管形虫、螃蟹和贻贝等动物又以吞噬这些细菌来维持生命，这些吞噬细菌的小动物又成为海洋食肉动物的美味佳肴，这样，一种完全新型的食物链便形成了。这是生物学家过去完全没有考虑到的。

深海生物的发现证明，生命并不一定依靠阳光。科学界对地球生命的起源和生物进化的理论将有一个新的认识。

营养与犯罪

对犯罪原因的探究，长期以来几乎成了社会学家、心理学家们的"世袭领地"，自然科学家很少涉足这个领域。但近些年情况发生了很大的变化，一些化学家、医学家、营养学家对犯罪根源的研究表现出极大的兴趣。他们发挥自己的研究优势，另辟蹊径，提出了犯罪根源新说。

美国一些从事这方面研究的科学家认为，犯罪与人体内的化学物质有关。他们发现，化学物质血清素对防止或引起犯罪有很大影响。血清素在人的大脑中负责细胞间的抑制信息的输送。它本身很难由仪器直接测量，但它的副产品5－HIAA（5－羟基靛基质醋酸）可以在骨髓中测得。多次测量表明：那些有攻击性侵害行为的人的5－HIAA含量水平较低，那些从小就好斗的人的5－HIAA含量比常人低得更为明显。据说，美国的某些部队，已开始对士兵的5－HIAA含量水平进行测量分析，并以此作为决定士兵去留的依据之一。现在，专家们正在致力于5－HIAA这种物质的人工制造和人工"植入"研究，一旦获得成功，就可利用移植器把它注入罪犯体内，以调整犯人的精神状态，达到控制犯人的侵犯行为的目的。这种方法，目前正在美国监狱有限的范围内试用。

脑化学专家还发现，一个人的犯罪行为与饮食也有关系。有些人在饮食中过多摄入某种物质，或长期缺少某种物质的摄入，都会出现过敏、好斗和其他怪异举动，诱发犯罪行为。这听起来有些难以置信，但有实验为证。美国加利福尼亚州大学斯蒂芬·舍恩特勒教授在14个少年教养所内，用果汁代替软饮料和含糖量丰富的快餐作为犯罪少年的食物。结果，袭击、打架和偷窃之类的反社会行为减少了近一半。但是当他改变了犯罪少年的饮食结构之后，他们的犯罪行为又增加了。威廉·沃尔什也对几十名有暴力行为的研究对象使用新食谱，一个月后，管理人员反映说，这些人从实行新食谱以后情绪变得稳定多了，没有人再犯新罪。

科学家们对犯罪根源的这些新见解和新发现，吸引了许多营养学家投入"灭罪餐"的研制。据说，国外一些监狱，已经试验用"灭罪餐"对犯人进行"食物治疗"。例如，将一种能降低性欲而又无明显副作用的药物掺入"灭罪餐"，用于治疗强奸犯，据说效果相当显著。至于这种做法是否人道和合理合法，目前还有争论。

谁是"肇事者"

1905年冬,在莫斯科至西伯利亚的铁路线上的鄂洛多克车站,38名铁路职工身着盛装,手捧花束,列队站在铁路两旁,欢迎路过此地的哥萨克将军。随着一声汽笛,将军乘坐的专列到来了,可是,列车并没有像人们期望的那样慢行进站,而是按原速呼啸着冲进夹道欢迎的"人巷"。就在这一刹那间,好像有一股突如其来的魔力,在所有夹道欢迎的人们背后猛推一下,38位职员一同向前倾倒……惨案发生了:34人丧生,4人残废。

惨案过后,死难者家属及社会舆论强烈要求查明事故,严惩肇事者。可是调查结果令人困惑:列车司机没有违章,车站人员又全属受害者,去哪里找肇事的罪犯呢?后来,法院官员在判决书上批了这么一句话:"每个人都是上帝的绵羊,迟早要回到上帝跟前!"这个疑团未解的案子就这样作为悬案被挂搁起来。肇事者在哪里?

如果你懂得"伯努利原理"的话,就不难"侦破"上述的疑案。

你注意过小沟里的水流吗?水在较宽的地方流得较慢,可是它对沟壁的压力却较大;而当水流到较窄的地方,水流的速度就加快,而这时对沟壁的压力就会减小。伯努利原理概括许许多多这样的现象,它指出:流体(包括液体和气体)在同一直线上流动时,速度越大,压力就越小;反之,速度越小,压力就越大。根据这个原理,上述案件就真相大白了。

列车惨案之所以发生,是由于列车快速经过车站时,带动周围的空气流动;离列车越近处,空气流速越大;离列车越远处,空气流速越小。而夹道欢迎的"人墙"则把周围的空气分割成两部分。由伯努利原理可知,"人墙"前面,靠近列车的空气流速很大,对人压力小;而"人墙"背后的空气流速很小,就有一个很大指向列车的压力。据计算,这两个压力之差可达几十千

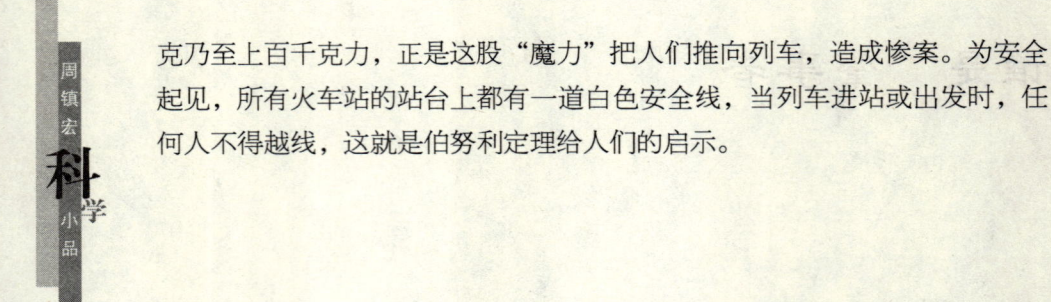

克乃至上百千克力,正是这股"魔力"把人们推向列车,造成惨案。为安全起见,所有火车站的站台上都有一道白色安全线,当列车进站或出发时,任何人不得越线,这就是伯努利定理给人们的启示。

蛋中蛋之谜

蛋中有蛋，岂不怪哉！然而这毕竟是事实。1986年10月26日，广东省四会县招待所职工欧秀英养的一只母鸡，生了一个重125克的大蛋。当天将蛋打开，发现蛋中还有一个带硬壳的小蛋。这真人真事毋庸置疑。

那么，这神秘的蛋中蛋有何缘由呢？要了解这个蛋中奥妙，还得从母鸡下蛋的原理讲起。

原来，鸡蛋是在母鸡的生殖器官内形成的。而母鸡的生殖器官则由两部分组成：一部分是像葡萄串那样的卵巢，是产生蛋黄的地方；另一部分是弯曲的输卵管，是分泌蛋白、蛋膜和蛋壳的地方。蛋黄先在卵巢中形成并成熟，然后就进入输卵管。这时输卵管受到刺激，先分泌出蛋白，将蛋黄包裹住，接着卵蠕动到输卵管的狭窄部位，这个狭窄部位又分泌出蛋膜，将蛋白包围住。最后，卵进入子宫，在那里子宫又分泌出蛋壳将它包裹住。这样，母鸡生出来的就是一个正常的蛋了。

奇怪的蛋中蛋是母鸡产蛋时生理发生异常的现象。当蛋黄按照正常的方式进入输卵管，一直到最后在子宫里形成蛋壳以后，这时，母鸡突然受到外界的刺激，如被狗、猫等追赶恐吓，或者由于某种疾病，使母鸡的生理发生变化。已经形成的蛋在子宫内发生反方向蠕动，重新把蛋推到输卵管的上部。过了一小段时间，当母鸡生理恢复正常后，这个蛋又重新开始向下蠕动。在向下蠕动的过程中，同样又刺激了输卵管，又一次分泌出蛋白、蛋膜和蛋壳，将原来的蛋包裹起来。这样，母鸡生出来的蛋便是蛋中蛋了。

蛋中蛋的特点是只有一个蛋黄，个头特别粗大。如上面所说的那个蛋中蛋足有125克重，而正常的蛋重仅60克左右。由于蛋体超重、超大，母鸡下蛋时很困难。往往把蛋的表面勒出一条凹腰来。

有些地方的群众由于缺乏科学知识，发现母鸡下了蛋中蛋便议论纷纷，巫婆趁机说是母鸡生"怪胎"、"不吉利"等等。这纯属迷信谎言，切勿上当。

秀色可餐

俗语云："秀色可餐"。高明的厨师总是把食品菜肴制作烹调得色彩鲜艳，令人望而生津，食欲大振。

食品菜肴的颜色大致来自两个方面：一是天然色素，即作为食品的动植物本身所固有的颜色，如熟虾的绛红，猪肝的赭红，西红柿的鲜红、韭菜的碧绿，茄瓜的紫色等；二是以煤焦油为原料，采用化学方法制成的人工合成色素（又称煤焦色素或苯胺色素），如用于酒、汽水、冰棍、糕点、糖果调色的胭脂红、苋菜红、日落黄、柠檬黄和靛蓝等。虽然天然色素营养价值颇高，对人体无害，可是要用技术方法提取它，成本甚高。而人工合成色素则大多有一定的毒性，对人体有这样那样的副作用，千万不可滥用乱用。因此，开发彩色果蔬就已成为近些年来科学家们的研究课题。

如今，彩色果蔬已经被人们摆上餐桌。美国康乃尔大学研究中心的科研人员，利用基因工程技术把胡萝卜素移入花椰菜，使无色的花椰菜变成美丽的橙黄色。这种橙黄色花椰菜，不仅具有普通花椰菜低热量、高食用纤维、富含维生素C和钾、铁等矿物质的优点，还有色彩艳丽、逗人喜爱的长处。花椰菜是甘蓝科植物。含有天然抗癌物质，移入胡萝卜素后，由于胡萝卜素在人体中能转变成维生素A，因而橙黄色花椰菜较之一般花椰菜更具抗癌作用。

当然，彩色果蔬不止橙黄色花椰菜一种。美国罗切斯特和托利多等地的农业研究所也在开发彩色果蔬方面取得突破。他们已经成功地把白萝卜变成白皮红心，使萝卜内的红色从外到心逐渐加深。这种萝卜纵切成条片状摆在碟子上，看上去赏心悦目。南瓜本来皮皱肉黄，经过基因工程技术的改造，也能变得表皮光滑，瓜肉黄中带红，而且清甜可口，可与水果媲美。大白菜在"调色术"面前也变得色彩缤纷。基因工程技术可谓杰作层出不穷。

从森林浴到散香家具

早在一个世纪前，德国曾风行"森林浴"疗法。患有某些疾病的人，较长时间地住在森林中，呼吸多种树木花草散发出来的芳香气味，得到了良好的疗效。后来，科学家们经过研究认为，"森林浴"之所以能治疗某些疾病，是利用植物散发出来的香气中的有机化合物灭菌驱虫，消炎消毒，兴奋人的中枢神经，从而提神醒脑，减轻疲劳。

到了70年代，日本秋田大学医疗中心的医学家长谷川直义进行了一项别出心裁的治疗试验。他找来30名病人，让他们闻多种芳香剂的气味。一段时间后，病人普遍反映精神愉快，注意力提高，疾病有所好转，尤其是对神经过敏、紧张失眠、烦躁不安、脑胀头痛等症状，疗效更为显著。这一试验表明，香味确实能起到某些药物的作用，可用于治疗某些疾病，特别是治疗神经系统的疾病。

由于香味普遍为人们所喜爱，又有益人体健康，因而散香家具应运而生。日本科研人员研制成一种能够散发香味的钢材，并用于大规模制作家具。这种香型钢材是由不锈钢及其他金属粉末冶炼制成的。在压制成型后，采用高温烧结，并在高温状态下真空浸渍香料，使金属内部的孔隙储藏香料。

花枯鱼死的秘密

邻居老张既是"电视迷",又有赏花观鱼的雅兴。前些时候,他新添了几件家具,室内摆设随之做了调整,花瓶、金鱼缸都换了位置。但始料不及的是,他发现花瓶里的鲜花比过去枯萎得快了,鱼缸中的金鱼也比过去容易死亡了。原因何在呢?他不得不请了几位"花友"、"鱼友"前来"会诊"。

原来,花枯鱼死与电视机有关。老张的花瓶、金鱼缸离电视机太近了。在电视机的显像管中,高能量的电子束轰击荧光屏,会产生 X 射线,其强度与屏幕电压的平方成正比。30 厘米以上的黑白显像管的屏幕电压通常在 30～70 千伏之间,由此而产生的 X 射线具有一定的辐射强度。虽说经过电视机上特种玻璃的阻挡和过滤,电视机工作时能够扩散出的射线剂量已经相当微弱,但对一些较小的生物体,仍能产生一定的危害。老张那些鲜嫩的花枯萎较快,娇气的金鱼容易死亡,或许还存在其他原因,但与花瓶、鱼缸紧挨着电视机有很大关系。

如果有人因此而担心电视机发出的射线危害人体,那却是过虑了。国际上有关组织规定,在离电视机 5 厘米处,X 射线的剂量不允许超过 0.13 微库仑/(千克·小时),这样微弱的剂量对人体的作用是微不足道的。

动物的雅兴

人类发明了电视，但欣赏电视节目却不是人类的"专利"。不少动物也有看电视的雅兴。

信不信由你。家鼠对电视就颇感兴趣。据报道，江苏盐城一户姓徐的职工家庭，就多次出现电视机前人鼠同乐的场面。一天晚上，徐老汉正在看电视，偶然发现身后碗橱顶上有一只家鼠睁大眼睛注视着荧光屏。过了几天，徐家老小若干人又亲眼目睹家鼠趴在碗橱顶上看电视。左邻右舍闻之，都纷纷来开开眼界。

无独有偶，猴子也爱看电视。英国一家动物园的管理人员，为了给刚捕来放在笼子里的猴子"解愁"。想出一个别出心裁的办法：搬来一部彩色电视机供猴子们"专用"，让猴子看节目解闷。他们发现，猴子特别爱看那些激烈的球赛、击剑赛、拳击赛和武打片。当荧屏上出现茂盛的森林和树上挂满累累野果的画面时，猴子们高兴得大叫起来。有一次，彩色电视机出了毛病，临时用一部黑白电视机替换，节目刚开始，大小猴子便又跳又叫，表示"抗议"。

更令人惊讶的是，电视还能治好猩猩的病。大猩猩"露露"刚运到日本一家动物园不久，就得了一种奇怪的病。它总是烦躁不安，暴怒起来甚至乱拔自己身上的毛，如同人患了神经错乱症一样。动物园为了治好它的病费尽苦心。有一次，"露露"偶然看到电视节目，一看就入了迷，很快地安静下来。后来管理人员发现，"露露"对动物片甚为偏爱，当播放有关动物的节目时，它总是看得聚精会神，那表情就像天真的孩子在看儿童节目一样。它对体育节目也很感兴趣，看得津津有味。经过连续三个月的看电视，"露露"的病居然给治好了。它变得安宁快活，再也不乱拔自己身上的毛了。

家鼠、猴子、猩猩等动物爱看电视节目，这实在有些稀奇。它们是否也有类似人的一些思维能力和欣赏能力呢？这只好留待科学家们去探究了。

彩电"克星"

老王家中的彩色电视机用了两年多，收看效果一直很好，从未出过毛病。可是最近，他一打开电视机就心烦。屏幕上图像色彩失真，图像背景上浮现出许多斑斑点点。任你怎样调都不行。老王是个"足球迷"，眼看过几天又有足球赛节目了，于是急忙去请一位懂行的朋友来家里修彩电。那位朋友在电视机旁看了看，连电视机的后盖都没打开，立即诊出"病症"：一块磁铁紧挨着电视机而置！

原来，老王的小孩正在念小学，平常喜欢像爱迪生那样在家里做小实验，也不知他到哪里弄了一块磁铁回来，玩够了就丢在电视机旁。殊不知，这块磁铁成了彩色电视机的"克星"。

彩色电视机的显像管中装有单枪三束电子枪，它们发射的电子束可以分别击中屏幕上红、绿、蓝三种荧光小点，使屏幕上显现出彩色图像。荧光屏旁装置有特殊钢材制成的栅网，它对外来磁场的干扰很敏感，如果永久磁铁或其中带有磁场的电器如收录机等与彩电放在一起，彩电中的栅网就很容易被磁化，从而使电子束打在屏幕上的点发生偏移，导致图像色彩失真和出现斑点等现象。因此，磁性物质不宜和彩电摆在一起，以免彩电受"克"。

黄金立新功

黄金在现代科技和工业上的应用，已远远超过制造首饰和货币，尤其是在尖端科学部门，它成了必不可少的材料。

黄金抗氧化、拒腐蚀的本领特别强。1971年，美国"航行者"宇宙飞船为了寻找地球外的智慧生物，把一张喷金唱片送上太空。唱片中录有包括汉语"你好"在内的60种语言的问候语，和27首世界名曲，这张唱片由于喷了金，将经受住几十亿年太空环境的考验，保持嘹亮的音色，成为世界上寿命最长的唱片。

黄金的延展性在金属中首屈一指。一颗绿豆大小的黄金可以拉成1.4千米长，只有蜘蛛丝的1/5大小的金丝，还可以展成0.6平方米，叠加20层也比不上蝉翼厚的金箔。在尖端的电子仪器和电子计算机中，金丝成了集成电路的导线，金箔充当印刷电路的底板。

黄金还有"烈火见真金"的特性。在现代电器装置里，十分需要不怕火的真金。在自动控制的电器开关上，为了防止电路频繁通断时发生电火花烧坏触点的材料，开关的电触点都镀有一层纯金，使触点经得住电火花的打击，延长工作寿命。

金箔对红外线的反射率高达98%。这一特性在红外线探测仪和反导弹技术上具有重要意义。如果在实验大楼的窗户玻璃上喷上一层厚薄适当的金膜，则能将绝大部分灼热的红外线挡于户外，相当于一道30厘米厚的隔热墙，起到良好的控温作用，节约空调所耗的电量。

萤火虫与尖端科技

周镇宏 科学小品

近几年，小小的萤火虫突然身价百倍，大受垂青。美国成立了捕萤协会，掀起了捕捉萤火虫的热潮。日本甚至投资巨款，兴办"萤火虫工厂"，人工饲养萤火虫。人们为什么对萤火虫如此感兴趣呢？

原来，萤火虫体所含物质对现代科技具有无可估量的价值，对它的研究很可能引起尖端科技的重大突破！

萤火虫是人类征服癌症的得力帮手。据科学家们研究，萤火虫之所以会发光，是因为它的尾部含有多种化学物质：荧光素、荧光素酶和三磷酸腺苷。三磷酸腺苷物质简称ATP，存在于所有生命体内的每个活细胞之中。ATP只要与荧光素酶相遇，就会反应发光；细胞越健康，发光度就越强烈。据此原理，科学家们正在探索用荧光素酶测定生命体ATP质的技术去诊断癌症。方法是，从萤火虫体内提取荧光素酶，把它与癌细胞结合起来，根据ATP物质的发光强度探知癌细胞生长和活跃的程度，从而诊断出癌细胞扩散的情况，为治疗提供依据。

对萤火虫深入研究取得的另一重大成果是，利用萤火虫所含的荧光素酶寻找宇宙生命的踪迹。宇宙飞船只要带上荧光素酶，就可探测知茫茫太空中是否有生物存在。因为在生物体内，只要有一千兆分之一克的ATP物质，遇到荧光素酶就能发出微弱的闪光，从而为飞船上的精密仪器所测知。美国一所宇航中心的"萤火虫计划"，正是利用这一原理寻找空间生命，在十五英里高的高空发现了花粉、孢子和霉菌。

科学家对萤火虫的研究方兴未艾，萤火虫正在现代科学技术的许多方面大显身手：

收集萤火虫分泌出的毒液，可用于驱逐甚至毒死凶恶的鲨鱼，保证潜水员深水作业的安全；

用荧光素酶可测知水域被微生物所污染的程度；用萤火虫的"重像眼"

可做成别具一格、成像质量极佳、具有特殊用途的照相机镜头。

　　现代科学技术一日千里。尖端科学正在酝酿着新的突破。萤火虫将会继续大放异彩，造福人类！

"大脑年轮"与"无字冰书"

"年轮"一词作为植物学一个术语,本来专指出现在树干横切面上的一条环状线,标志树木生长季节的结束和当年增加的体积。但自从科学家发现鱼、龟等动物也有年轮之后,这个术语就不再是植物学家的"专用语言"了。

其实,有年轮的又何止是动植物呢?

不久前,日本东京医科大学教授甬田忠宣布,他发现了人脑同树木、鱼、龟等生物同样,也有自己的"年轮"。他曾对国内外一些人员进行过音波刻纹试验,当音波的频率和人的年龄相等时,人们便会作出反应。这种反应可以在荧光屏上显示出来。利用这种方法,可以十分准确地"诊断"出人的真实年龄。

在南极大陆进行科学考察的科学家还发现,那里的冰也是一种有"年轮"的物质。他们在冰层上挖深洞,在洞里灌满不冻墨水,然后用喷灯加热,结果奇迹出现了:冰的纵切面上显出一根一根清晰的痕迹,这就是冰的"年轮"。

原来,南极洲因为气候寒冷,降下的雪终年不化,积雪一年比一年厚。到了夏季,雪的晶体在太阳的直射下,要比冬季太阳照不到时排得紧密。这样,一年下的雪,一层紧,一层松,当中就留下一条明显的"分界线"。科学家们根据冰层的"年轮",能推算出形成一定厚度的冰层的实际年代,了解气候变迁的完整历史,并使大陆上一些已经有了文字记载的历史也得到可靠的印证和解释。这种冰的年轮,不就是一部"无字冰书"吗?

生物发光奇观

萤火虫能发光，妇幼皆知。然而，大千世界，能发光的生物又何止萤火虫呢？

在非洲的基尔森林，有一种会发光的"灯泡鸟"。学名叫"萤鸟"。一到晚上就闪闪发光，当地居民常把这种鸟捉养在鸟笼里，用以照明。

古巴有一种奇特植物的花，每当夜幕降临，会闪现出一种鲜明的光亮，就像千万只萤火虫在田野上翩翩起舞，雅称"夜皇后"。据研究，这种花之所以会发光，是因为在它的花瓣和花蕊上富集着大量的磷，每当受到温暖的海风吹拂时，磷便会发出一明一暗的光彩。

某些细菌也能发光。早在1900年，法国生物学家杜布依斯，就把发光细菌装在容器里，制成一盏盏细菌灯，把巴黎国际展览会的大厅照得雪亮通明。发光细菌种类颇多，其发光机制与萤火虫发光大致相同。这些发光细菌的体内存在着荧光素和荧光酶。荧光酶是一种生物催化剂，在它的催化下，荧光素与氧气结合，生成氧化荧光素，其化学反应以光的形式释放出能量，发出光。

在澳大利亚，还有一种个子很大的发光菌，当地居民不仅采来烹制菜肴，还常常将它放在桌上，借助其光写字读书，真是另有一番情趣。

更有趣的是，在大海里也有能够发光的"灯鱼"，不久前，印度尼西亚的海洋考察船在南太平洋意外地从2000米的深水里捕到一尾前所未见的发光鱼，把它放进漆黑的实验室，便发出明亮的光亮。这种"灯鱼"在水中像探照灯样，可以利用本身的光招来好些小生物，作为自己的食粮。

据报道，在前苏联某地，有一片"夜光林"。面积约86平方千米，一到晚上就开始发光。从树枝梢头到地面，荧光闪烁，即使在浓雾的夜晚，在一英里以外也可看到这种奇光。人们一靠近这片夜光林，就有一种灼热感，好似有某种射线放射出来。这片神奇的森林为什么会发光呢？众说纷纭，莫衷一是。至今还是一个谜。

"特种部队"

在军事史上，动物参战的战例不胜枚举。派遣某些经过专门训练的动物，例如军犬、战马、火牛、信鸽等，去完成特殊的作战任务，往往出奇制胜。在现代的海、陆、空兵种中，都有神奇的"特种部队"——"动物兵"。

美国海军夏威夷水下作战中心的深水作战部队里，就有"鲸兵"，专门用于完成导航、排雷任务。扫雷时，"鲸兵"用衔在口中的钩爪钩起海中的水雷，同时钩爪上的气球自动充气，不一会儿，气球就携带水雷浮上海面，再由排雷船排除。这种"鲸兵"为美国海军立下不少战功。

今天的美国海军，还把经过训练的"海狮兵"正式编入近岸作战部队，专门执行潜水打捞任务。60年代末期，美国有一枚新式火箭在发射实验中掉入深海，美军担心这枚火箭被别国打捞，便派一名训练有素的"深海打捞员"——"海狮兵"执行紧急打捞任务。这头海狮带着专门设计的U形爪，按照舰艇上的声信号的指挥，在深海里找到了这枚火箭，机灵地把U形爪的两端扣在火箭尾部的两旁，然后将火箭拖出水面。

日本海军中还有战功赫赫的"虾兵部队"。在第二次世界大战期间，日本海军拼命捕捞弹指虾，然后把它们集中投放在停泊美军舰队的海域附近。利用弹指虾发出一种如人弹指头那样的"达达"声音，淹没潜艇行进发出的声响，使美军的水下听音装置无法觉察到前来偷袭的潜艇。结果，日本潜艇在弹指虾噪声的掩护下悄悄地靠近美军舰队，发动突袭，克敌制胜。

1973年，美国海军派遣一头海豚去侦察苏军核潜艇，它带着微型探测仪，游到停泊在海底的苏军核潜艇那儿，把微型探测仪安放在它的底部。几个星期后，它又"奉命"游到老地方，把那台微型探测仪取了回来，从而使美军获得了苏军潜艇的有关情报。

除了海底动物能充当"动物兵"以外，在天空中飞翔的鸟也能成为"鸟兵"。经过训练的飞鸟，对飞机也是个很大的威胁。如果它与高速飞行的飞机相撞，会像子弹一样击穿飞机毁坏发动机，使飞机坠毁。因此，"鸟兵"完全可以"击落"敌机。有些国家的海军，曾于战时在军舰上方放起一群群的"鸟兵"，布成防空的罗网，使敌机无法实施迫近轰炸。

"年""年"不同

"蓬莱有路教人到，亦应年年税紫芝"。

通常所说的年，是指地球环绕太阳从某一定标点回到同一定标点经历的时间。按照所造的不同定标点，在天文学上主要分为恒星年、回归年和近点年三种。一恒星年等于365日6时9分9.5秒；回归年等于太阳时365日5时48分45.5秒；近点年在公元1900年为365日6时13分53秒。

公历中所说的年叫"格里年"。1格里年等了于365日5时49分12秒。在格里历出现之前，人类普遍使用的叫"儒略年"；平年为365日，闰年为366日。此外，历法中农历的年是以12个朔望月为周期韵的。

地球在宇宙中的地位，可谓"沧海之一粟"。为了描述宇宙现象，一些特大的"年"应运而生。

"宇宙年"是一个很大的"年"。它是以银河系中太阳附近的体环绕银河系中心转动一周的周期而定时间单位。1宇宙年约等于2.45亿年。

还有"柏拉图年"，其量值等于25800年。它是以春分点沿黄道运动一整圈的周期而确定的，在此期间天极环绕黄极描绘出一个完整的圆。

小宇宙·大宇宙·新宇宙

长期以来，宇宙学家们大都信奉"只有一个宇宙"的学说。但前苏联物理学家安德烈·林德却向这种学说提出了挑战，认为宇宙是由无数单独的小宇宙构成的。

鉴于宇宙起源于大爆炸的理论有缺陷，美国麻省理工学院物理学家艾伦·H·古思教授曾于1980年提出"宇宙膨胀"新理论。现在林德又发展了这种"膨胀"理论。他认为，开始时宇宙的不同区域发生不同的膨胀，每个像气球一样膨胀的区域产生出它自己的小宇宙。有些小宇宙仍在十分迅速地增大；而另一些则像我们所处的宇宙一样，只是在缓慢地扩大。林德称他自己的理论是"杂乱膨胀"理论。据他估计，甚至在今天，宇宙仍能使它自己的一些小区域膨胀，那些小区域也像我们所处的宇宙的久远之前一样，不断地从时空结构中冒出来，无止境地形成小宇宙。

目前，世界各国的物理学家正在探索宇宙的奥秘，而麻省理工学院的艾伦·H·思教授和他的同事正在寻求一种创造新宇宙的方法。

古思教授把我们居住的宇宙比作一个球体的二维空间表面，因其无比巨大，因而似乎很平坦。他说在某种情况下，空间表面会生出一个"动脉瘤"，这个凸出物最终将从"母体"脱落，形成一个新宇宙，就存在于另一个时空之内。由于物理学法则的作用，这两个宇宙的通信是不可能的。新宇宙上的生物，对原宇宙的情况一无所知，无论这种生物如何聪明睿智，也会和我们一样，在解释其起源时碰到极大的困难。

古思教授说："只要你找到某种方法，将凸出物压缩到一定的密度并将它触发，接下来膨胀便能完成此后的一切过程。"在不到万分之一秒内，新宇宙就会膨胀成巨大规模，为它自身创造出所有的物质和能量，就像我们的宇宙经历过的那样。古思教授还认为，虽然触发一小块物质生成一个新宇宙所需要的压力和温度是相当巨大的，但不必是无限的。至少在理论上，人类可创造一个新宇宙。

颜色"语言"

色彩学告诉人们，在许多场合，色彩比声音更能提醒人的注意力。因此，用颜色来"说话"或传递信息，已是现代社会中相当普遍的现象，"颜色语言"已经成为人类生产和生活中不可缺少的工具之一。

当你走进一家现代化工厂时，一定会被那些花花绿绿的管道、阀门、线路弄得眼花缭乱。不过，假如你懂得一些"颜色语言"的话，便不会感到茫无头绪。红色的管道和阀门是蒸气管道；深蓝色的是压缩空气管道；黄色的是氨气管道；天蓝色的是氧气管道；黑色的是氮气管道；绿色的是水管；棕色的是输油管。电源线的红色线一般代表正极，黄色线代表负极，黑色线代表地线。无线电技术使用的色环电阻器，是用涂在上面的各种色环表示电阻的大小的，一看色环，就可知道电阻数值。化学试剂往往用颜色表示其等级：绿色标签代表优级纯，红色标签代表分析纯，蓝色标签代表化学纯，黄色标签代表实验试剂。

"颜色语言"中有一种"警告色彩"，常被应用于配合安全生产。目前，国外许多工厂企业都习惯用红色表示"火"与"停"，用于消防设施和机械快速制动杆；以橙色、黄色或黄黑间条表示"危险"与"当心"，用于电源、煤气管道、起重机摇臂、电瓶运输车及楼梯始末步级；以绿色表示"安全"，用于太平门、急救站等。

更有趣的是，把色彩和图形结合起来，便成为一种通过视觉来传达某种指令的信号。法国就有一些自动线生产工厂。当车间主任挂出示意"启动"、"下料"、"转换"、"停车"等色彩指令牌时，不懂法语的外籍工人也能准确无误地完成操作任务。在这里，色彩已成为指挥生产的一种特殊手段。

在现代生产和社会生活中，用颜色"说话"的地方很多。掌握一些常用的"颜色语言"，对你会大有裨益。

从"黄牌"和"绿灯"谈起

"黄牌警告"这是体育爱好者们所熟知的一句行话。尤其是在激烈的足球赛中,裁判员对严重犯规的运动员,往往拿出黄牌以示警告。稍有留意的读者还会发现,就连公路上表示急弯、陡坡的交通标志牌,也是"黄牌"。

"大开绿灯"更是众所周知的术语,其含义不言而喻。"一路绿灯"几乎成了畅通无阻、一帆风顺的代名词。城市的居民不论男女老少,骑车经过十字路口时,谁都知道"绿灯行","红灯停"这个交通规则。

是黄、绿、红这几种颜色本身有什么特殊的权威,还是人们的约定俗成呢?

都不是。这涉及一项国际标准。国际标准化组织制定的《安全色标准》3864·3号文件规定了红、黄、蓝、绿四种安全色。红色表示禁止、停止或防火;黄色表示警告、注意;蓝色表示指令和必须遵守的规定;绿色表示安全状态和通行。我国的国家标准也做了同样的规定。所以,"绿灯行,红灯停","黄牌警告"都体现了安全色的标准化。当然,安全色的规定不是随意的,而是建立在科学的基础上。不同的颜色会对人的心理产生不同的作用和影响,引起人们不同的感受,使人产生远近、明暗、冷暖等感觉。在可见光范围内,红光的波长最长,无论白天还是夜晚,红色的可见距离最长,易见性最好,容易引起人们警觉,因而适用于作为禁止通行和表示危险的信号。黄色的易见性仅次于红和橙,用于警告和提醒注意,效果较好。绿色用于表示通行,不仅是因为它能使人产生轻松、舒畅、顺利、安全的感觉,更主要的是绿与红两色的对比性最好,色彩效果极其跳跃、强烈,易于辨认。

在我国的一些城市,交通信号绿灯已开始换成蓝绿色了。这又是为什么呢?原来,有些人由于视网膜内感受色觉的细胞不全,造成"色盲",而在各种色盲患者中又以红绿色盲居多,患红绿色盲的人常常由于对红绿信号无法分辨而发生交通事故。但实验表明,红绿色盲者却能清晰地辨别蓝色。因此,把交通信号中的绿色改换成蓝绿色，既不影响实用效果，又为色盲患者提供了方便，减少了交通事故的发生。

在当今人口密集、交通拥挤的城市，颜色对于交通安全的作用和意义，已不仅仅是作为信号了。近年来，人们在研究交通事故规律中发现，行人的衣着颜色与交通安全有很大的关联。几年前，日本东京的车祸频繁，而且在车轮下丧生的多是儿童和学生。后来，有关部门让儿童和学生外出时戴红色或黄色的帽子，穿色彩鲜艳的衣服，下雨时穿彩色雨靴或雨衣，交通事故就明显减少了。这是颜色的功劳。交通专家认为，司机在驾车时，如果经常看见行人耀眼的服装颜色，就能全神贯注，减少车祸。目前已有不少国家用各种颜色的布料专门制作"交通安全服装"。有的国家还明文规定，儿童上街要穿色彩夺目的安全服，并手持鹅黄色的小旗。

日本科学家还专门研制一种能有效防止交通事故的"彩色沥青"，并已在繁华城市的十字路口和学校、医院、大机关的门前以及个别公路段进行实验。结果证明，在铺上这种颜色渐次变化的沥青的路口和地段，车祸大为减少。科学家们认为，这是由于彩色沥青引起司机的高度注意，使其对复杂的交通情况迅速作出反应。目前，交通问题专家们正在研究，城市的街道和公路铺上带有哪几种颜色的沥青最有利于交通安全。

"防火树"与"灭火树"

在林林总总的植物大观园中,有不怕火烧的"防火树"。我国林业部的专家发现,当山火顺风蔓延时,"木荷"树就能有效地遏止火势凶焰。木荷又名荷木,是我国南方特有的乡土树,阔叶含水分达45%,在烈火烧烤中焦而不燃;树冠高达20米以上,华荫浓盖,树下无草,既能阻止树冠火,又能阻止地面火。森林保护工作者曾在广东省怀集县大坑山点火试验,当10多米高的火焰扑向木荷林带时,除第一、第二排树被部分烧焦之外,第三排以后的树均安然无恙。即使是被烧焦的那些木荷树,来年又萌出新芽。

在非洲的丛林中更有奇特的"灭火树"——不仅火烧不着,而且拥有"自动灭火器"。这种高大的"梓柯树",枝间长有许多像果实的稍大于拳头的球状物,上面有许多像莲蓬头上的孔儿,满装透明的液体。化学分析表明,这些液体竟然含有大量四氯化碳(我们现在使用的灭火筒大多数就用四氯化碳作灭火剂),一喷出就能起泡沫、灭凶焰。一位科学家曾亲身试过这种"自动灭火器"的威力和敏感性。他故意在梓柯树下点火吸烟,火光一闪,"自动灭火器"就一齐动作,无数条白色液体由树上的"果实"喷来,弄得他满头白沫,狼狈不堪。看来,最先使用化学灭火剂的并不是人类,而是这种梓柯树。

鸟·人·磁场

人们对鸟类辨别方向的能力早就很感兴趣：信鸽为什么能够准确地传递远方的信息？候鸟为什么能年复一年回返它们的故乡？

1885年，鸟类学者密顿道夫提出，这些鸟类就是一种活动磁铁，因此能受到地球磁场南北极的影响。科学家为了证明这种理论，曾经用黑镜片遮盖在鸟的眼球上，使它们看不见地面上的各种标志，但它们照样能准确无误地归巢。而如果在鸟的脖颈上安上一个磁圈，干扰地球磁场的作用，鸟就会迷失方向。

那么，鸟类又是怎样感受到地磁场作用的呢？原来，鸟类的肌肉里有一个感官，其中包括一个能对地球磁场作出反应的小小永磁体和一个受该永磁体影响的纺锤形纤维体。地磁场的变化会使小永磁体产生扭矩，扭矩传到纺锤体上，鸟就会在它的肌肉内感觉到地球的磁场，从而辨出方向。

信不信由你，人体内也有磁场。

1980年，我国发现一名16岁的少女，能用手和下嘴唇等部位吸引住大头针，还发现另一名少女，眼睛被蒙住，却能准确地辨别南北方向。这是为什么呢？

科学家的研究告诉我们，这是由于人体内存在着某些磁现象的缘故。现已发现，生物体中大多数分子和原子具有磁性，因而生物体的某些部分会产生微弱的磁场。同时，生物体中的交变生物电流也会产生微弱的交变磁场。这些极为微弱的生物磁场，必须借助极灵敏的磁强计和性能良好的磁屏蔽室才能测量出来。1963年，美国第一次测出人体心脏磁场的磁场强度为$10^{-5} \sim 10^{-7}$安/米。此外，人的脑部、肺部和神经系统也会产生磁场。据科学家研究，人体磁场的强弱与人的心理因素、人体功能及所处环境有密切关系。

随着人们对人体磁现象的研究，一门新的学科——"人体磁学"已经应运而生。

氧，并非多多益善

氧是生命之火。在医院的急救室里，在登山运动员的肩背上，在深海作业的舰艇中，在潜水员的身边，氧气瓶必不可缺。患肺水肿、心脏病、煤气中毒的病人，甚至需要在高压氧舱里吸进高浓度的氧气。许多身体健康的人，也喜欢在清晨漫步于树木密集的地方，多吸些氧气。

那么，氧是不是有百利而无一害呢？氧气是不是越多越好呢？不！科学研究的最新结果提供了一个相反的信息：过多的氧会危害人体，甚至可能导致癌症！

众所周知，人类离不开阳光，但终日晒太阳却于人有害；无毒药物可以治病，但剂量太大却会使人致命。氧气也是如此，科学实验表明，毁灭细胞培养物最好的方法就是使它充满氧。变坏的植物油会发出难闻的气味是因为氧在里边起作用。氧气不仅能使构成细胞生物膜的磷脂氧化，造成细胞死亡，而且会使细胞内部充满各种游离根。在生物学中，游离根害处很多，它能杀死细胞，能影响细胞的遗传机构，甚至可能参加致癌物质的合成，导致恶性肿瘤。因此，一些科学家认为，氧过多对人体的危害不能轻视。

虽然，人类在进化过程中已经预先设有抵制过量氧的"边防关卡"，但它只能抵御一定量的"有害氧"，超过一定限度它就无能为力了。这正如人的皮肤虽是阻挡太阳紫外线进入体内的关卡，但抵御不住过量的辐射一样。因此，一现代医学界认为，必须注意防止人体内氧含量过高。

鸵鸟冤案

周镇宏 科学小品

人类常常从某些动物的独特行为受到启迪，创造出不少隽永有趣的成语。但也有一些与动物有关的成语却是人们凭主观臆想杜撰出来的。"鸵鸟政策"这个使用广泛的国际性成语，就是从古代阿拉伯人编造的有关鸵鸟的神话中演变而来的。实际上这是动物界的一桩"冤案"。

按照流传已久的说法是：鸵鸟遇到危险时，就把头钻进沙里，以为自己什么也不看，就太平无事了。"鸵鸟政策"已成为那种不敢正视现实或不敢直面险情、自欺欺人的蠢人蠢事的代名词。甚至革命导师列宁也曾用这个成语批判俄国民碎派的理论观点和政治纲领。他写道："这些骑士们以为，……只要他们像鸵鸟一样把脑袋藏起来不看这些剥削者，那么，这些剥削者就消失了。社会民主主义者向他们说这是不敢正视现实的可耻的怯懦心理……"（《列宁选集》中文版第1卷第61页）。

其实，所谓"像鸵鸟一样把头藏起来"，并非实有其事。南非有一个牧场，饲养鸵鸟已有80年之久，鸵鸟多达20万只，但80年来从未发现鸵鸟把头埋进沙里，尽管牧场到处是沙。鸵鸟有时会把头贴到地面，那是为了听声音听得真切些，或者为了放松颈部肌肉。鸵鸟要是真的把头埋进沙子里，很快就会窒息而死的。

为了研究鸵鸟的生活规律，某科学家小组曾对鸵鸟进行长期持续的观察。他们发现，每天晚上7：30～9：00鸵鸟就挺直着脖子，坐了下来，闭上眼睛，开始进入朦胧状态。一夜中它们将会把脖子伸直搁在地上1～4次，每次最多不超过16分钟。只有这时，鸵鸟才真正睡熟了。然而，所有的鸵鸟不会同时进入熟睡状态，总还有些在"值班"，以防不测。

由此看来，鸵鸟并不像人们过去想象的那样愚蠢。那么，"鸵鸟政策"这个成语是否就该打入冷宫了呢？那也大可不必，因为语言总是约定俗成的。

磁单极，你在哪里

在探索自然界奥秘的科学前沿阵地上，越来越多的科学家加入了一场"大海捞针"般的"搜索战"——寻找磁单极。

何谓"磁单极"？说来不难懂。我们知道，电和磁有许多对称性：电场对磁场，电力对磁力，电矩对磁矩，电动势对磁动势，电动生磁，磁动生电……但电和磁的对称却有点"破缺"：正电荷和负电荷可以分开，而磁的南极和北极却永不分离，无论你把一条磁铁割成多少段，每小段总有南、北两极共存。这本来是"常识"，但以预言灵验而著称的英国物理学家狄拉克却在1931年提出一个大胆的假设：自然界中有孤立的电荷，就应该有孤立的磁极——磁单极！

寻找磁单极的搜索战从此开始。科学家们通过种种途径寻找磁单极，但几十年过去了，从天上到地下，从月球到海洋，从宇宙射线探测到高能加速器乃至人造地球卫星上的实验，都没有发现磁单极的踪影。真是"升天入地求三遍"，却"到处茫茫皆不见"。

然而，科学家们坚信，只要针在大海，就能把它从海中捞出来！他们毫不气馁，坚持寻找不懈。终于，磁单极露出了蛛丝马迹。1975年，加州大学的物理学家在置于气球内的检测器中，观察到了磁单极路过的迹象。1982年，斯坦福大学的科学家把一个银线圈降温到使其成为超导体，并与超导干涉仪连接起来，在185天的观测中，曾有一次发现仪器测到的磁通量跳高了8个刻度——这正是磁单极通过仪器的一个证据！1985年8月，伦敦帝国学院的科研小组也用同样方法发现了类似的现象。虽然，这些事件还不足以直接证明磁单极确实存在，但这是令人振奋的进展。目前，全世界许多研究中心和科学家团体，都在紧锣密鼓地继续寻找磁单极的踪迹。

如果有一天逮住了磁单极，电磁理论将要修正。电荷量子化将得到更好

解释，天体物理将出现新课题……总之，科学将有巨大的进步！

可是，磁单极，你到底在哪里呢？

答案在继续探索。答案存在于科学的明天。

科学封囊

1938年10月的一个早晨，美国纽约市东北郊国际博览会工地上举行了隆重仪式。在庄严的气氛中，一个金属封包被深深埋入地下。这封包里，有著名科学家爱因斯坦应美国总统罗斯福之请写给5000年后的人类的一封信。爱因斯坦在这封300字左右的信中对5000年后的子孙说：

"我们这个时代产生了许多天才人物。他们的发明可以使我们的生活舒坦得多。我们早已利用机器的力量横渡海洋，并且利用机械力量可以使人类从各种辛苦繁重的体力劳动中最后解放出来。我们学会了飞行，我们用电磁波从地球的一个角落方便地同另一角落互通信息。"

"但是，商品的生产和分配却完全是无组织的。人类还生活在恐惧的阴影里，生怕失业而遭受悲惨的贫困。而且生活在不同的国家里的人们还不时互相残杀。由于这些原因所有的人一想到将来，都不得不提心吊胆和极端痛苦……我相信后代会以一种自豪的心情和正当的优越感来读这封信。"

到公元6939年，爱因斯坦这封亲笔信将被启封。那时，我们的子孙们，将会读到我们这个时代的杰出代表向他们寄予的期望与祝福。

这是本世纪最隆重的一次"科学封囊"，其"封期"之长，恐怕是空前绝后的。

科学封囊又称"时间科学容器入土"，是一种很有历史意义的文化活动。

近些年，新加坡也搞过两次隆重的科学封囊。1973年8月18日，在新加坡科学馆兴建之日，第一个"囊"被埋入地下。囊中装有当时新加坡62家机构提供的物品，包括当时最时兴的手表、摄影机、电子和工程组件、地图、报告书、《星洲日报》和《南洋商报》等。这些物品代表了当时新加坡的工艺和社会进展。此外，还有当年举行的2000多人参加的"1982年的新加坡"预测比赛资料，内容包括1982年新加坡的全国人口、耗电量、汽车数、电视机数、机场总数、大学毕业生人数等。这个囊在地下沉睡了10年之后，已于

1983年8月18日出土启封。看看10年前的时兴物品，对照10年后发生的变化，人们对新加坡的科学技术的发展速度不无感慨。第一个囊启封一个月后，即1983年9月19日，新加坡又进行了第二次科学封囊，同时举行"2000年的新加坡"预测比赛。这个囊在地下沉睡18年，到2001年才重见天日。

科学封囊所封的是"时代的见证物"，是人们留给子孙后代的礼物，后人可以从中了解过去的传统、前人的成就和预言，体会社会的进步和生活的变化。它不失为一项意义深远的活动。

动脑不动手的"实验"

一提"实验",人们往往会联想到烧杯、试管、电路板、示波器……假如有人告诉你,科学家们进行过许多不需要任何实物的"实验",你相信吗?

这类实验即"理想实验"。

理想实验又叫"假想实验","抽象实验","思想上的实验";它作为真实实验的延伸和补充,是建立在大量观察、观测和真实实验基础上的逻辑推理的思维过程,是一种不需要任何仪器、设备的永远无法实施的"实验"。

理想实验在科学研究中有其特有的重要作用。它可以使人们对实际的科学实验有更深刻的理解,可以进一步揭示客观现象和过程之间的内在逻辑联系,得出重要结论,甚至导致科学革命。近代自然科学的主要奠基者伽利略,就设计过著名的"斜坡理想实验"。伽利略注意到,当一个球从第一斜坡滚下而又滚上第二斜坡时,达到的高度 h_2 同它在第一斜坡开始滚下时的高度 h_1 有微小差别 $\triangle h = h_1 - h_2$;他断定 $\triangle h$ 是由摩擦引起的,如果完全消除摩擦,则 $h_1 = h_2$。由此他推想,在完全无摩擦的情况下,不管斜坡的斜度变得多小,总恒有 $h_1 = h_2$;最后,他进一步推理:如果第二斜坡的斜度完全消除,那么球从第一斜坡滚下后将以恒定的速度在无限长平面上永远运动下去。因为永远无法将摩擦完全消除,故这个实验永远无法实现,只是一个"理想实验"。但由此却得出了现在众所周知的惯性定律,从根本上打破了自亚里士多德以来1000多年间关于受力运动的物体,当外力停止作用时将归于静止的陈旧观念,为近代力学的建立奠定了基础。

物理学史上,几乎所有伟大的物理学家都曾用理想实验做出过重大贡献。比如,卡诺提出"热功循环"理想实验,"永动机"理想实验,它们为热力学奠定了基础;麦克斯韦用"麦克斯韦耀"理想实验否定了"热寂说",用"磁力旋涡流线管"理想实验建立了著名的电磁场结构方程;爱因斯坦设计了"追踪光线"理想实验、"升降机"理想实验,创立了划时代的相对论;海森堡用"电子束单缝衍射"理想实验推导出"测不准关系"等等。物理学史上的理想实验更是不胜枚举。

理想实验与真实实验有本质上的区别。它的作用只限于逻辑上的证明与反驳,而不能用来作为检验认识正确与否的标准。相反,由理想实验得出的结论却必须由真实实验来检验。

一把碎纸片

1945年7月16日清晨,美国第一颗原子弹在新墨西哥州的试验场爆炸。巨响震天动地,云烟腾空而起,冲击波掀起狂飙。50秒钟后,只见一个人箭般地冲出掩体,扬手撒出一把碎纸片,不一会儿,他就当众宣布:原子弹的威力相当于2万吨TNT炸药。

这个人,就是举世闻名的物理学家费米。

费米被人称为"原子弹之父"。他1940年参加原子弹的研制工作,是美国制造原子弹秘密工程——曼哈顿工程的核心科学家。试爆那天,曼哈顿工程当局调动大批科技人员,在试验场周围安装了许多复杂的设备和装置,准备测量第一颗原子弹爆炸产生的冲击波,从而计算其威力。谁知道,费米仅用一把碎纸片,几分钟就算出了结果。当时,在场的科学家不知其中奥秘,对费米得出的结论表示怀疑。可是,两小时后,仪器测量报来的结果,竟然与费米的计算相符!这使在场的人不胜惊讶。

费米用什么诀窍如此神速地完成了这个复杂的测量和计算呢?

说来有些难以置信,他运用的竟然是中学物理的知识。

原来,费米撒出的碎纸片被原子弹的冲击波一冲,就成了一种平抛运动。费米根据碎纸片离手时的高度,再用脚步测量出纸片被吹开的水平距离,立即知道了纸片的水平初速度。这个初速度就是冲击波到达该地的速度。然后,通过波动方程求得波源处的振幅和强度,就可迅速得知原子弹爆炸的威力。

中微子——"窃能贼"

周镇宏 科学小品

20世纪30年代初，物理学领域出现了一宗"能量失窃案"：在β衰变过程中，原子核所释放的能量有一部分"失窃"了。这一疑案使物理学界陷入混乱，面临危机。因为，如果找不到"失窃"的那部分能量，能量守恒定律就会被推翻，整个物理学理论的精巧建筑就会毁于一旦。这简直是一场天大的灾难！正在物理学的大师、权威们不知所措、悲观叹息之际，"小字辈"中的泡利提出了一个大胆的假设：在微观世界中，本来就存在一个"窃能贼"，专门偷窃原子核释放出的能量，由于它不带电，质量近乎为零，同周围的相互作用力很弱，所以很容易从测量仪器下溜走，一直未为人们所发现。

泡利的"窃能贼假设"，成功地解释了β衰变出现的异常现象，使"窃能案"疑团顿消，因而受到物理学家们的赞赏和重视，人们还专门给那个"窃能贼"取了一个十分风趣的名字，叫做"中微子"，意思是"微小的中性小家伙"。30几年后，物理学家们终于用仪器逮住了中微子这个"窃能贼"。从此，中微子在基本粒子大家庭中取得了合法席位。

电脑的"苹果缘"

我的面前摆着一封笔迹透出稚气的来信：

……我是一个小"电脑迷"。我最中意的"玩具"是"苹果机"。在少年宫，在科学馆，在学校的科技俱乐部，我已经把"苹果机"的"脾气"摸得八九不离十了。可是，我还有个问题想弄清楚：这种微电脑为何被称为"苹果机"？苹果与电脑难道会有什么瓜葛吗？

这个小"电脑迷"提出的问题颇为有趣。说起来，苹果与电脑之间，还真有着不解之缘哩。

先说"苹果机"。这个名称里边，就有一个鲜为人知的故事。

美国加州有一个只有几万人口的小镇卡帕提尼，20年前它还没有资格进入地图，如今却已蜚声全球了。因为，闻名世界的"苹果微电脑公司"就诞生在这里。山不在高，有仙则名嘛！

"苹果微电脑公司"的创办人约伯原是个"小人物"，曾经在苹果园替人一边打工一边念书。1974年，约伯因经济拮据中断了学业，开始自学微电脑。经过一段时间的摸索，他试装了一台微机。一家电脑商店看中了那玩意儿，一下子订购了50台，从此约伯时来运转。不久，他办起了一个小小的微电脑公司，专业生产体积小、价格低、适用于家庭、个人和小单位的电脑。这种产品一推向市场，立即声誉大振，显示出强大的生命力和竞争力。此后，约伯的公司从小到大，扶摇直上。为了纪念这个公司的创始人约伯在半工半读的艰辛岁月里曾在苹果园打过工，这种微电脑就被命名为"苹果"。

故事并未结束。苹果与电脑的姻缘并不在于此。

假如说"苹果机"这个名称只有纪念意义的话，那么，美国密歇根大学新近推出的"苹果电脑"就完全是"名副其实"了。

"苹果电脑"与普通苹果外形上毫无二致。它专门用于记录、监测、报告苹果在长途运输中被碰撞、磨损的情况。这种玩意儿的外壳与苹果表皮的光滑度、软硬度一模一样，重量也和一般苹果不相上下，但内装一组微电池、一架微机和一个压电晶体，空隙处用蜂蜡填满。研究者将这种"苹果电脑"混在苹果堆中长途运输，就能通过压电晶体自动测出苹果所受的任何一次碰撞的时间、力度、方向以及苹果堆中的温度变化，并通过微电脑储存。据此，人们便能找来减少或避免苹果运输时损伤的最佳方法。据说，密歇根大学还计划研制出"黄瓜电脑"、"西红柿电脑"、"桔子电脑"等等，以进一步研究和改进种种水果的"运输技术"。

"L"是何人

众所周知，我国容量单位"升"的符号是"L"。这个"L"仅仅是英文名词"Liter"（升）的第一个字母呢，还是另有其他意义？

国际计量组织曾经作过规定：一个单位的符号如果要使用大写字母，则这个符号必须能代表某一位在与这个单位有关的领域中作出卓越贡献的科学家的姓名。例如，力的单位的符号"N"代表经典力学创始人牛顿（Nwton）；功和能的单位的符号"J"代表测量热功当量、建立能量守恒定律的物理学家焦耳（Joule）；电流强度单位的符号"A"，电压单位的符号"V"分别代表电学家安培（Ampere）和伏特（Volta）等等。那么，容量单位"升"的符号"L"又代表哪一位科学家呢？

"L"代表在容积研究方面作出重要贡献的法国科学家利特尔（Liter）。

利特尔生于1716年，卒于1778年。他迁居美国期间，认识一位叫巴雷尔的大商人。巴雷尔因为缺乏一种装运水果的合适的定量容器而大伤脑筋。于是，利特尔精心为巴雷尔设计了一种适于装运水果的"定量桶"，巴雷尔很感满意。后来，利特尔到法国开办化学容器制造厂。他们制造的量筒和滴管容量十分准确，享有盛誉，不仅垄断法国市场，而且畅销整个欧洲。1763年，利特尔发表了权威著作《容量研究》，获得了英国皇家学会金质奖章。

国际计量组织决定采用"L"作为"升"的符号，正是为了纪念利特尔，表彰他在容量研究方面作出的贡献。

喜迎飞来客

周镇宏 科学小品

"踏破铁鞋无觅处，得来全不费功夫"的偶然发现，在科学史上屡见不鲜。许多训练有素、思想敏锐的科学家，都善于捕捉突而其来的机遇，去叩击成功的大门。

20世纪50年代初，我国生物学家朱洗和他的同事们进行了一项大胆的尝试——将印度蓖麻蚕与中国野蚕杂交，培养一种生长在中国、不吃桑叶、经济价值高的新品种。这是一个对国计民生都有重大意义的科研课题。试验遇到的一个重大难题是：让哪种蚕与印度蓖麻蚕杂交？他们选择了各种各样的蚕做试验，但一次又一次地失败了。一天晚上，正当大家愁眉不展，坐在实验室里相对无言时，一只美丽的飞蛾飞进实验室，扑向灯火。一位青年顺手将它捉住。习惯于对任何生物都仔细观察的朱洗，立即认出这不期而至的"飞来客"是樗蚕蛾，其形态与印度蓖麻蚕有些相似。朱洗不禁灵光一闪：樗蚕蛾分布面甚广，北至东北，南达云南，甚至印度也有，它与蓖麻蚕又是同属，不正是理想的杂交对象吗！他们立即将这个想法付诸实践。经过杂交驯训，果然获得成功。

从樗蚕蛾突然光临到利用樗蚕蛾杂交，看来似乎纯属机遇。但偶然性长出的科学幼芽，植根于必然性的沃土之中。机遇是对辛勤劳动的奖赏。只有让勤勉的汗水滴进实践的土壤，机遇的奇葩才会含苞吐艳。只有像朱洗这样学识丰富、善于观察和思考的"有心人"，才能见微知著，从偶然事件中触发灵感，取得成功。

一条小鱼的启示

纵观科学史，不难发现一个有趣的现象：许多科学发明和科学创造，常常不是产生于研究者主攻的"力点"上，而是来自某种意外的途径。某个研究项目，往往进行很久还是一团迷雾，无从突破，而忽然受到某一事物、某一情境、某篇文章甚至旁人某句话的启发而获得成功。在心理学上，把起到启发作用的那个事物叫做原型，把因某事物而得到的启发称为"原型启发"。

原型启发不同于灵感。灵感一般表现为一种突如其来的顿悟、颖悟或理解，而原型启发则是由原型触发而引起联想，从而使问题迎刃而解。

冷冻机的发明就是一个"原型启发"的典型例子。科学家白斯埃1925年发明带式冷冻机，起因于一条小鱼对他的启示。那是一个隆冬，室外滴水成冰。白斯埃的夫人开玩笑地对丈夫说："亲爱的发明家，你就想不出一个办法来，使青菜保存得久一点吗？"恰巧，当天白斯埃有事到屋外去，偶然发现低洼地的冰块中冻住的一条完好的小鱼竟是自己一星期之前丢在那里的。白斯埃灵机一动，回到家里就把青菜冻在大水桶里。过了几天，青菜依然新鲜如初。这给白斯埃以很大启发。从此，他开始研究鱼货速冻法。后来终于成功地研制出带式冷冻机。冷冻机的出现是渔业走向现代化的一个起点。

如何解释原型启发的作用呢？原型之所以有启发作用，主要是由于原型与所要发明创造的事物之间有共同点和相似点，使人由此产生联想，使解决问题的思维得以开拓和深化，导致发明创造的成功。

原型启发成功与否，很大程度上取决于发明者的主观因素。只有发明者处于积极思维状态时，原型才能发挥启发作用。长时间思考一个问题，大脑中便会建立起许多暂时的联系，架起许多临时"电线"，把所有有关信息保存着、联系着，使思想处于一触即发的状态。一旦接触原型，受到启发，就会像打开电钮一样，全部线路突然贯通，立即大放光明，出现"柳暗花明又一村"。相反，对于一个毫无准备的头脑，即使原型就在眼前，也不可能得到启发而作出发明来。

绝妙的推理

中世纪物理学教科书上写着："落体的速度与它的重量成正比"。这是"学问之神"亚里士多德的证断。这个错误的说法延续了一千多年之久，与亚里士多德这位"圣人"的权威不无关系。

亚里士多德是古希腊伟大的科学家和哲学家，是一位百科全书式的人物。他的许多观点和思想被纳入宗教神学。在漫长的一段历史时期，亚里士多德成了真理的化身，他的定律和论断很少被人怀疑过。

1590年，意大利比萨大学青年教授伽利略勇敢地向亚里士多德关于落体的证断提出挑战。他著名的"斜塔实验"已为众所周知。可是，在实验之前，伽利略从何处发觉亚里士多德这个论断的错误呢？

原来，伽利略做了一个简单巧妙但可靠无疑的推理，出奇制胜地揭露了亚里士多德这个论断的荒谬。

伽利略设想有两个物体A与B，设A比B重得多。按亚里士多德的说法，A应比B先落地。如若把A与B捆在一起成为物体（A+B），那么，由于（A+B）比A重，因而（A+B）应比A先落地；可是在物体（A+B）下落过程，由于B比A落地得慢，B就减慢了A的下落速度，所以（A+B）又比A后落地。这就得出一对互相矛盾的结论：（A+B）比A先落地。说明亚里士多德的论断是错误的。

请看！延续一千多年的错误就这样被如此简单的推理揭露了。伽利略真不愧为妙用推理的大师。正如爱因斯坦的评价："伽利略所用的科学推理方法，是人类思想史上最伟大的成就之一。"

目击报告

在国外召开的一次心理学会议上，与会者正在全神贯注地听报告。突然，一个汉子闯了进来，后面还有一个人持枪追击。这两个人在会议厅里混战一场，随着一声枪响，一个人冲出门去，另一个人也追出会场。整个事件只有20秒钟。

这时，会议主席请大家安静下来，并告诉与会者，这是一场预先安排的"突发事件"，要求在场的心理学家们将目击的经过写成观察报告。半个钟头后，大家都把目击报告写好了。将报告同现场拍摄的录像相对照，结果发现，在这些报告中，有半数以上的人主观捏造了10%以上的细节，有些情节的描写与实际情况大相径庭。比如，追打中的那个人本来是光头，许多观察报告却说他头上戴着便帽，有的还说戴着高帽；那个人穿的本来是一件黑色短衫，但有的目击者却写成是穿着全红的衣服，还有的说是穿咖啡色衬衫……观察报告中出现的误差和失实，真可谓五花八门，令人捧腹。

训练有素的心理学家们写这样一篇目击报告，为什么会有这么多的差错呢？问题就在于，观察虽然属于感性认识的过程，但不可能完全排除思维活动对观察客观性的干扰，稍有"先入之见"，就会导致错误。

心理学家们已经作过许多诸如此类的实验，结果证明在观察中主观捏造细节的情形普遍存在。有兴趣的读者，不妨约好几个同伴，试验一下，这将有利于警惕观察中的臆想。

马队"拔河"

格利克是德国科学家。1654年，他当众表演了引人入胜的"马队拔河"实验，至今还经常被人传为趣谈。

17世纪的欧洲，曾经有过"空气是否有压力"的激烈争论。当时的物理学中有一条"自然界讨厌真空"的"原理"。亚里士多德用它去解释用管子可以抽水的现象。他认为，因为自然界讨厌管子中出现真空，所以水就沿着管子上升而填补掉真空。在好长一个时期，人们对这种说法深信不疑。可是有一次，有人用一部抽水机去抽深井里的水，却发现水在离地面约10米处就不肯上升了。这是什么原因呢？为什么"自然界讨厌真空"只限于10米以下呢？难道10米以上的自然界就不讨厌真空了吗？

当时有人提出，这是由于空气有压力所致，但不少人不同意这种观点，争论很激烈。

孰是孰非？格利克用他巧妙的"马队拔河"实验作出了权威性的裁判。

格利克制作了两个黄铜半球，把半球的边密封起来，连接一根导管，通过导管可以把空气抽出来。他在半球边上涂抹油脂以加强密封。然后带上两支马队，在马德堡市当众进行实验。这一天，跑来看热闹的人很多，当时的皇帝和宫廷中的达官贵族也前来观看。格利克先把那个抽成真空的铜球放在地上，同时吩咐手下的人在两个半球的活栓上各系上8匹强有力的大马，然后使它们分别朝相反方向用力拉。可是，16匹马用尽了力气却无济于事，两个半球依然结合紧密。最后又增加了4匹马，共用20匹最精壮的马来拉，才把两个半球拉开。拉开的一刹那，外面的空气突然冲入球内，发出一声巨响，在场的人都被吓了一大跳。

格利克这个精彩的"马队拔河"实验，令人信服地证明，空气不但有压力，而且压力大得惊人。

风筝，不仅仅是玩物

亲爱的同学，你喜欢玩风筝吧？风筝不仅是体育游戏和消遣娱乐的玩具，还是人们进行科学实验和科研活动的得力"帮手"呢。

人类第一架飞机的制造者莱特兄弟，就是在风筝的启发下造出飞机的。莱特兄弟童年时代很热衷于放风筝，以后又潜心研究飞行器。1899年1月，他们兄弟俩制作了一只翼展达1.5米的风筝，风筝上系有4根操纵飞翔的牵绳。翌年，他们在一座小山上牵引起一架滑翔机。3年后，具有历史意义的载人飞行终于成功，"飞机"的胚胎出现了。

将风筝用于科学研究的例子也很多。1749年，前苏联科学家就曾用6只带温度计的风筝做实验，首次测量了地球上空不同高度大气层的温度。3年后，美国著名物理学家富兰克林，用一块丝手帕做成一只小风筝，又用金属细丝当系线，将风筝放入雷雨中，电荷闪着火花，从云中沿金属线传下来，经过线端的电键传入地下。这个有历史意义的实验证明：闪电是一种放电现象。1901年12月12日，无线电发报机的发明人马可尼，在加拿大的纽芬兰岛上空放起一只竖有金属杆的风筝，通过这根天线，他首次收到来自大西洋彼岸的无线电信号。

风筝有时还能起"发动机"的作用。1827年，一个叫波特克的英国人在一辆四轮车上系了2只风筝，让这2只风筝拖着车子，以每小时32公里的速度往返于布里斯尔和马堡之间。

风筝在军事上也有用武之地。早在第二次世界大战时，美国海军就曾在军舰上方放起许多风筝，布成一道防空的罗网，使敌机无法实施迫近轰炸。一些军用飞机的救生设备中，往往包括一只微型折叠风筝，用于帮助遇难的飞行员将天线升到空中，发射无线电求救信号。不少飞行员因此而得救。

"电子游戏病"

周镇宏 科学小品

玩电子游戏，难道也会患病吗？

请你先看两个千真万确的事实：

一位17岁的英国少女名叫玛莉安妮，经常去玩电子游戏。一天，她正在玩一套叫"凄惨的斗志"的电子游戏。当游戏机发出一阵阵急促的闪光后，玛莉安妮扑一声跌倒在地上，全身抽搐，口吐白沫。经医生诊断，她得了"电子游戏癫痫症"。无独有偶，一位17岁的英国男孩，在玩一套"星球战士"的游戏时也得了这种癫痫症。

据医学家们研究，急促的闪光刺激有时能使人脑里许多神经细胞同时"着火"，产生强大而杂乱的脑电流，从而引起癫痫症。当然，致病的闪光频率是因人而异的。但总的来说，频率越低对人越安全。因此，中学生和少年朋友玩电子游戏时，最好选择一些较"温和"的节目，不要过多地光顾那些闪光频率很高、节奏十分急促的所谓"够刺激"节目。

还有，电子游戏发出的噪声也不能轻视。通常，人们交谈的声音为60分贝左右，行驶中的载重汽车声是80～90分贝，而电子游戏机发出的噪声则多数超过90分贝，频率属于高、中频。在一些游乐场所，一个三四十平方米的房间里就有七八台电子游戏机，噪声强度相当大，经常去玩，对健康不无危害。医学家们认为，人体长期受80分贝以上的噪声刺激会造成许多不良影响。首先受害的是听觉器官，因为强噪声对内耳细胞的刺激，会使听觉疲劳，听力逐渐下降，出现耳鸣、耳痛、头昏等症状。此外，长期受噪声刺激，人体精神经常处于紧张状态，还可能导致高血压。

因此，玩电子游戏要注意选择节目，注意选择噪声低的场所，更要注意适可而止，不要过度迷恋。

"电脑算命"骗伎

先讲一个由"电脑算命"引发的悲剧。辽宁省本溪市少女小A，连续两年高考落榜。第三年高考过后，听说"电脑算命"很"灵"，就去一试。很快就得来一张电脑打印的"命运宣判书"："前途坎坷，学业上无成就……"小A犹如挨了当头一棒，用两瓶半"敌敌畏"结束了自己年方18岁的生命……死后第7天，一张大学录取通知书送到了她家！

电脑是科学技术的结晶。算命是一种迷信。现今的电脑算命，常见的有"掌纹分析"、"姓名分析"、"八字命理"及"名字选择"等项目。不论哪一种，说穿了不过是一个"查表"的过程。

众所周知，电脑不过是一台会进行算术和逻辑运算的机器而已，指使它"算命"的是人编制并输入其中的软件。它以表格形式存储了通书上的一些诗句、十二生肖的所谓性格和命运，以及和血型有关的个人特性等，另外还加了各种短语和现代述语的一些小表格。在算命时，根据顾客提供的出生日期，指纹、血型等去"查表"，然后在显示屏和打印机上把结果显示和打印出来。由于电脑还不能像人一样进行思维，它在察言观色、猜度估计、随机应变、投其所好上的本领，如与一般的算命先生比，它顶多是个蹩脚的算命先生。

目前广州街头的电脑算命，其软件大多来自北京的所谓"环球皮包公司"。原本只是作为一种游戏。该软件中存储了这样的忠告："本程序的一切一切只是为了消遣之用，望各位不要误入歧途。""请君想一想，就是算出你是一个金命，你能买东西少给钱吗？工资调整你能跳五级吗？……不能！"当然，利用电脑算命行骗者，是不会让电脑把这些话打印或显示给顾客的。

笔者曾利用手头掌握的一种电脑算命软件给几位朋友算过命。其中有两个是十分勤奋、兢兢业业的人。电脑算命的结果说其中一个是"懒汉、不爱干活。"，另一个是"二流子"。

其实，读者不妨思考一个问题：世界上同年同月同日同一分钟降生的人成千上万，难道他们的所谓"命运"都相同？加拿大狄奥纳家的"五胞胎"同时降生，"命运"该是一模一样的吧？可事实上，她们中有一个20岁时因癫痫病发作而死；有一个35岁时因脑溢血去世；有一个当了修女，另外两个却在郊外过着田园生活！

中学生与太空实验

冥冥太空，缥缈神秘。为了探索太空，开发太空，科学家们进行了许多窥探太空奥秘的科学实验。特别值得介绍的是，其中有三个实验项目，还是中学生提出的！

早在20世纪70年代初，美国有关当局向全国中学生征集空间科学技术研究课题，马萨诸塞州莱辛顿中学的高中生迈尔斯就提出：把蜘蛛带上"太空实验室"，观察它们在无重力的太空中活动和织网是否正常。这一建议得到了科学界的采纳。1973年5月14日，美国第一座"太空实验室"带着迈尔斯选定的两只灰色蜘蛛飞上太空。在太空飞行中，蜘蛛的一举一动全被摄影机拍摄下来。结果证实了迈尔斯原先的设想：蜘蛛有适应太空环境生存的能力。

为了进一步鼓励中学生参与太空科研活动，美国宇航局和美国理科教师联合会又于20世纪80年代初举办了"中学生为航天飞机出谋献策"的竞赛。全国中学生踊跃参赛，共提出1500多项建议。明尼苏达州亚当斯的高中生纳尔逊的建议项目被选中。他建议研究太空失重条件对豌豆毛虫蛾和雄蜜蜂飞行的影响。1982年3月22日，12只雄蜜蜂和36只豌豆毛虫蛾随同航天飞机"哥伦比亚号"进入太空。在为期8天的飞行中，12只雄蜜蜂死了11只，最后一只回到地面后也立即死去，而所有的豌豆毛虫蛾却都很好地活着。这说明，不同动物适应太空环境的能力是不同的。

日本朝日新闻社也曾征集过在航天飞机上进行实验的方案。他们在17000多个方案中选中了柏崎市两位中学生提出的"宇宙中的雪花"的试验计划。长期以来，人们都在猜测，真空失重的太空环境，或许有利于生产超纯的半导体晶体。如果真是这样，对电子技术和整个电子工业都是一大福音。"宇宙中的雪花"计划提出的就是进行这方面试验的设计方案。遗憾的是，由于日本还未有航天飞机，这一计划至今尚未实施。但这一独创性计划本身却令人信服地说明：中学生具有不可忽视的创造性思维能力！

美丽女神垂青谁

　　德国著名化学家维勒在科学上有两大贡献，一是发现铝元素，二是合成尿素。这两大贡献使他名垂科史。但有一件事使维勒抱憾终生——他没有敲开一位"女神"的房门。

　　维勒在分析黄铅矿矿石时，曾发现一种特殊的沉淀物。他当时曾想："这会不会是一种新元素的化合物？"遗憾的是，这个念头只是一闪而过，维勒对此未作深究。后来，维勒的同学瑟夫斯特木对这种沉淀物进行深入研究，从中发现了新的化学元素——钒。维勒正在为自己的失误后悔不已的时候，他的老师柏采里乌斯给他一封奇特的信，信上写道：

　　"我给你讲一个美丽动听的故事。有一天，一位小伙子去敲一位美丽女神的房门，想向她求爱。女神听到敲门声后仍端坐不动，想考验那个小伙子的耐心。那个小伙子敲了几下，不见开门，就满不在乎地走了。女神从窗口往外一看，'啊！原来是维勒，如果他再敲下去，我会去开门的'。过了不久，又有人来敲门，这个敲门人与维勒可大不相同，他一直敲个不停，门不开，他就不走。最后，美丽的女神只好开门迎客，进来的客人是瑟夫斯特木。他和女神结合后，就生下了新元素'钒'"。

　　维勒读罢老师的来信，不禁仰天兴叹："我真是笨蛋"！从此他深深懂得：美丽的"女神"只垂青于执著追求她的人。

Ⅱ "名实"辩趣

此部分文章为本书作者《走出名实误区》一书的内容。该书于1993年6月由江苏教育出版社出版。

写在前面

"名"与"实",两相对。

中国古代的学者在战国时期对这个问题就进行了热烈的讨论,众说纷纭,莫衷一是。

孙圣人呼吁"正名"。老子主张"无名"。墨子提出"取实予名"。公孙龙曰:"夫名,实谓也"。韩非则强调"综核名实"。……

先哲先贤们的"百家争鸣",形成了战国时期名实论辩的思潮。公孙龙学派那"白马非马"的古代逻辑命题,就是这场辩论的产物。

显而易见,古代的大师们是把"名实问题"作为哲学和逻辑学的范畴去论辩的。

作为一本知识性、趣味性读物,《走出名实误区》中的"名实",乃"名不副实"意义上的"名"和"实"。

俗云:"顾名思义"。但在大千世界和现实生活中,都有许多名不副实的事物,倘若仅仅顾其"名"而思其"义",往往会受到"不实之名"的迷惑和愚弄,不知不觉步入误区。

《孽海花》第四回云:"不论一名一物,都要切实证据,才许你下论断,不能望文生义。"这,也可算是对习惯于望"名"生义的人们的劝诫吧。

水有源,树有根。世上万事万物,皆有来历。"名"亦然。

举凡不实之"名",大多"事出有因"——历史的、民俗的、宗教的、神话典故的、以讹传讹的……由来不一而足,其中不乏意趣盎然的各种知识。

因此,对那些名不副实的事物——物名、品名、地名、科技术语等,来一番追根溯源,将有助于我们清理"混入"大脑中的"知识赝品",深化对神奇诡妙的大自然真面目的认识,增长新知。

"熟知非真知"这是德国古典哲学家黑格尔的著名论断。亲爱的读者朋友,当你读完手中这本小册子的时候,你也许多少会有点惊讶——没想到那么多自以为"熟知"的东西，其实并非"真知"！

以上的话，权当序与大家共享。

1992年3月29日晚

于广州白云山麓

"普洱茶"原产非普洱

普洱茶,素以叶肉肥硕、味浓醇、经久耐泡、富含咖啡碱而闻名于世。我国古典文学名著《红楼梦》和《镜花缘》中,都有关于它的记载。

近些年,日本、东南亚乃至远在大洋彼岸的美国,掀起了一股"普洱茶热",新闻媒介宣传常饮普洱茶可延年益寿,于是,钟情此物者日众。

在一般人的印象中,普洱茶产于云南的普洱县,似是天经地义的事。殊不知,这却犯了"想当然"的错误!普洱茶的故乡并非在普洱县,而是在富饶的西双版纳。

"普洱茶"名称的由来,有一段饶有趣味的小史。

西双版纳产茶的历史可以追溯到一千多年以前的唐代,这在唐代咸通四年樊绰的《云南志》和宋代李石的《续博物志》中都有明文记载。当时西双版纳的茶叶已远销到云南大理的洱海地区了。特别值得一提的是,西双版纳的茶区,至今仍存活着古老的茶树:在勐海县的大黑山原始森林中,有一棵高13米、树围约3.2米,直径1.02米的茶树,已有1700年的高龄,被誉为"云南茶树之王"。另外,勐海南糯山哈尼族居住的地方,有三人合抱的大茶树,高5米以上,据当地哈尼族群众讲,大茶树已经经历了人间的55代,至少也有七八百年的历史。这些都说明,云南西双版纳是世界茶叶的原产地之一。西双版纳产茶的历史之久,是可以想见的了。

不过,西双版纳虽然产茶,但茶叶集中出口的市场却并不在此,虽然当地也有以毡、布、茶、盐互相交易的集市,但都是小规模的贸易。西双版纳茶的集散地很久以来就在普洱。

普洱县在云南南部,县政府所在地是宁洱镇。原来清朝雍正七年(1729年)曾设置普洱府,管辖澜沧江内的六个版纳(傣语,即区域的意思),府治即在宁洱镇。乾隆元年(1736年)以后,普洱府的范围扩大到澜沧江外,辖境包括今云南普洱、景谷和西双版纳傣族自治州地区。据史书记载,明朝政府就已在普洱设官经营茶叶贸易,当地的傣族、哈尼族、基诺族与汉族也聚集在此买卖茶叶,出口数量很大,就连远在西藏的藏族商人也千里迢迢赶着马帮来普洱"以马易茶"。于是西双版纳出产的名茶便以"普洱茶"之名驰誉中外了。

　　"普洱茶"得名的来龙去脉,大致如此。世间好事物,既不能望文生义,也不能"顾名思义"。凭有限的知识想当然,往往会搞错。普洱茶的原产地不在普洱,可算一例吧。

"哈蜜瓜"故乡非哈蜜

每年夏秋两季，来自新疆的哈蜜瓜就在南方"亮相"，近年来尤多。

哈蜜瓜有"天下第一瓜"之称，现已作为名食之一，跻身于《中国名食集萃》。难怪新疆人民喜欢咏唱："吐鲁番的葡萄，哈蜜的瓜……"歌中充满自豪之情。

但"哈蜜瓜"的娘家不在哈蜜。真正的哈蜜瓜的代表产地，是在新疆地处火焰山一带的鄯善，与哈蜜相隔250多公里。这地方，的确有悠久的种瓜历史，在《西域藩国志》等许多史书上都有关于这方面情况的记载。哈蜜和鄯善在古代是两个不同的王国，解放后分属两个不同的行政区。那么，鄯善瓜为什么后来又被称为"哈蜜瓜"呢？

这里有一个有趣的故事。

公元1605年，默合默提夏赫加在哈蜜称王。至第四世时，清朝皇帝为了维护其统治，便正式封玉素甫为哈蜜王。玉素甫受宠若惊，对皇帝感激涕零，于是就亲自组织了一个庞大的骆驼队，从鄯善运了一大批甜瓜，送到北京朝廷向皇帝进贡。皇帝吃了这种甜瓜，感到味道极佳，便问左右大臣："这瓜享何贵名，产于何地？"这些大臣一不知瓜名，二不晓产地，只知是哈蜜王奉献的，便信口答道："这瓜嘛……出自哈蜜，自是因地而得名之。"鄯善甜瓜就由此被张冠李戴，称之为"哈蜜瓜"了。

假若有人据此要为"哈蜜瓜""正名"，将其改为"鄯善瓜"，却也大可不必。因为"哈蜜瓜"一名，现已成为人们对新疆普遍种植的甜瓜的通称了。在维吾尔语中，哈蜜瓜叫"库洪"意思就是甜瓜。要说它的原种，据考证是从印度引进的，初时是一种普遍甜瓜，后来经过人工选育、变种，才成了超过老祖宗的良种，现在几乎遍种于全疆的绿洲之上了。按成熟期分，大致可分为早熟、夏熟、中熟、秋熟和冬熟五类，在我国南方面市的多为后三类。按果皮形状分，则大致可分为网状和光滑两大类。例如"脆心红"的瓜皮就别具一格,阳面翠绿,阴面淡黄,网纹密布,好像是经过雕刻的艺术品;另一种"美女眉"也异常别致,黄皮之上,有少量墨绿色的纵纹,酷似眉毛。

哈密瓜如今已是个煌煌大族,品种过百。其王牌名种:"芙蓉"、"皇后"、"醉仙"、"红心脆"、"郁金"等,每年均不远万里运到南方,让南方人也有机会一饱口福。

哈密瓜之所以甘美醇香,最主要的因素是新疆当地特定的自然条件。这里是典型的内陆干旱性气候,湿度小,夏季相对湿度为25%～36%左右;日照时数长,在一年之中大部分是晴天;辐射强,年辐射量约为140千卡/厘米,热量资源丰富,年均温在14摄氏度左右,夏季均温为33摄氏度,每年高于40摄氏度以上的酷热天气有38～49天;昼夜温差大,绝对最高温可达49摄氏度,绝对最低温可到－28摄氏度。新疆境内各地平均日温差在11摄氏度以上,因而有利于营养物质的积累。近年来,北京、山东、河南、广西、浙江和江西等地试种,都因这些地区在甜瓜生长后期空气湿度大、日温差小和日照不足而不能成功。

新疆雨量稀少,浩瀚沙漠中的绿洲依靠雪山冰川提供水源。瓜农为了提高瓜的糖含量,往往在收瓜前的0～15天,停止瓜地灌水。这也是内地各处难以采用的农艺措施。

最后顺便提一下,哈密瓜含有葡萄糖、果糖、蔗糖、苹果酸、果胶、纤维素等大量的多种维生素,以及人体所需的钙、磷、铁等微量元素,既饱口福又益健康,不愧于"天下第一瓜"之美誉。

"狮子之城"无狮子

在马来半岛的南端，有一个被誉为"东方直布罗陀"的小国——新加坡共和国。她东临中国海，西南濒临马六甲海峡，为世界海洋交通中心之一。新加坡面积为618平方公里，人口为261万多，英语、华语、马来语和泰米尔语均为通用的"官方语言"。

"新加坡"一名出自梵文，原文为Singa—pore，意即"狮子之城"。但有趣的是，新加坡根本没有狮子，更不是狮子的产地！

为什么一块没有狮子的土地偏偏命名为"狮子之城"？说来还有一段神话故事：

有一次，印度王子圣尼罗伏多摩外出打猎，由于狂风暴雨被迫漂落到一个荒岛上。他们脚跟未站稳，就遇上一头凶猛的野兽。它黑头红身，胸生白毛，形体雄伟。正当他们躲避不及、惊恐不已的时候，那猛兽却一溜烟跑得无影无踪了。王子惊魂稍定，问："那是什么野兽？"随从中一位老者答道："是一头新加（即狮子）"。

按通常的说法，为了纪念这一传说，后人就把在该荒岛上建成的岛城命名为"新加坡"，意为"狮子之城"。

但举凡传说，大抵都属"事出有因，查无实据"之类，若是顶真琢磨，十有八九能找出破绽语难之。上述这个传说亦不例外。新加坡乃至整个东南亚地区，根本不是狮的分布区，何来狮子出没？既无狮，后人又何能以据此命名？

不过，诘难归诘难，狮城虽无狮，先贤的命名还是颇有道理。一来从地图上看，位于马来半岛南端的新加坡岛，确有那么一点如坐狮扼守太平洋、印度洋咽喉之势，此为"形"似。二来新加坡居民受印度文化影响很深，宗教活动中每每有狮子的形象出现，民众心理认同狮子勇猛、雄健的形象，此为"神"合。

海底哪有"海底椰"

在西印度洋的中心地区，可以看到一组郁郁葱葱的岛屿出现在碧波荡漾的海洋中，这就是塞舌尔共和国。

塞舌尔是一个风光秀丽、充满诗情画意的国家。许多珍奇的动植物生长在这里，"海底椰子"就是其中之一。

"海底椰子"其实并不生长在海底。它是椰子中的珍品，与一般椰树相比，很为奇特。它的生长速度很慢，一棵树能活1000年。这种树属于棕榈科，雌雄两株合抱在一起，连它们地下的根也是互相交织着的。由于公树和母树相依为命，塞舌尔居民也称海底椰子为"爱情之树"。

"海底椰子"曾长期被人们当作价值万贯的珍宝。相传，在马尔代夫，只有王公才有权占有这种珍品，普通老百姓如被发现私藏海底椰子，轻则被剁手，重则被判处死刑。

"海底椰子"浑身是宝，是塞舌尔主要的传统出口物资。椰果汁液味道香醇，是酿酒的好原料，还是治疗中风的良药。椰叶和椰壳可以编织成各种精美的工艺品。

"宣纸"不是宣城产

宣纸,位居我国传统的"文房四宝"之首,早在唐代就列为贡品,迄今已有一千多年的历史了。

宣纸采用独特的檀树皮为主要原料,加工精细,内含成分复杂,具有薄、软、轻、韧、细、白等特点。与其他纸相比,更有如下两种特殊的功能:一是独特的渗透、润濡功能。宣纸厚薄均匀;吸水力强,墨一落纸很快渗透。用宣纸作书留笔受墨,光而不滑,其笔墨相发,层次丰富,墨韵极佳,深受书法家偏爱。宣纸在画家那儿更是大显神通,一笔落纸,"墨分五色",其浓似漆,其淡如水,不浓不淡宛若雨雾日晕,不论写意、工笔,不论勾勒渲染、点簇皱擦,各有妙用。我们熟悉的一些国画大师,大都长于宣纸上挥毫泼墨。郑板桥的竹,徐悲鸿的马,齐白石的虾,黄胄的毛驴,李苦禅、关山月、傅抱石等人的山水花鸟,无不蜚声世界画坛,充分表现了宣纸的渗透、润濡的趣味。二是不腐不变、蚊虫不蛀、百折无损、适于久放的性能,人们誉之为"千年寿纸"。我国流传至今的大量古籍珍本、名家书画真迹,多以宣纸为之。鲁迅先生当年为出版《十竹斋笺谱》,曾点名要用宣纸,认为它"较耐久,性亦柔软,适于订成较厚之书。"有人看准了宣纸的这一特点,专用其印写外交文书或重要文件,不必担心其发黄变质。

正是因为宣纸的独到之处,遂使中国的书画艺术与其结下了不解之缘。现代文豪郭沫若1963年给安徽省泾县宣纸厂题词时对宣纸做过这样的评价:"宣纸是中国劳动人民所发明的艺术创造,中国的书法和绘画离了它便无法表达艺术的妙味。"

泾县地处山区,曾是新四军军部所在地。那里有大量的野生檀树,树皮是制造宣纸的上等材料。

说到泾县产宣纸,还有一段鲜为人知的史实。人们只知道纸是蔡伦发明的,却很少有人了解宣纸是谁先造出来的。

东晋时，有个叫孔丹的造纸工。他非常怀念去世的师傅，便把师傅的像画在纸上。谁知不久纸就由白变黄，进而变黑了。为了不使纸变质，他暗地里反复试验，后被掌柜的发觉赶了出来。孔丹从此四处走访造纸高手，学习造纸技术。一天，他来到泾县一溪边，发现倒在溪边的一棵大树上有一层白如银、薄如纸、软如棉、牢如皮的东西，经走访村姑，得知这是一棵檀树，因经过长年雨淋、日晒，树皮脱离树干，成了这般样子。孔丹于是定居于此，搜集檀树皮，经浸润、晾晒、揉制、蒸煮，果然造出了好纸——最早的宣纸。

为什么原产于泾县的这种纸都以"宣纸"名之呢？原因可能有二：一是泾县交通不便，出产的纸以地处长江支流的宣城为集散地，二是泾县古属宣州（即宣城）所辖。

当然，生产宣纸早已不是泾县的"专利"了。宣纸的产区早已从皖南扩展到江西、浙江等地。近年来，由于国际市场的需求量猛增，原材料青檀皮日趋紧张，传统的手工操作限制了生产力，宣纸的供需矛盾十分尖锐。为了解决这一矛盾，国家有计划地扩大皖南山区和其他省的一些山区青檀树种植面积，建立生产基地；国营大厂与乡镇小厂同时发展，改进工艺，研制和安装机械化生产线……中国的宣纸生产，正在出现一个新的飞跃！

"白银州"中无白银

马来西亚半岛部分的西北部,有个叫 Perak 的州,州名出自马来语,过去曾被译为吡叻,后又改为霹雳。所谓霹雳,是气象学名词,是疾雷、迅雷、民间俗语中的"炸雷"。但马来语名称的原意却与这个汉语词毫无关系。

Perak,按马来语原意为"白银"。据此,用为地名,应当是"出产白银的地方"或"白银州"的意思。有人考证,州名来自河名,所以,也应该是"白银河州"之意。然而这些都错了,霹雳虽名为"白银州"或"白银河州"却不产白银。

既不是霹雳,也不产白银,为什么叫这个不相干的名字呢?

译为霹雳,是早期华侨选择的字眼。这儿华侨和华裔居民甚多,人口达180.5万(1980年),"中国血统马来西亚籍人和华侨约占半数"(见《辞海》,1979年版)。当初他们"筚路蓝缕,以启山林",与本地马来族居民一道,为垦殖这块富饶的土地,发掘大自然的宝藏,在长期经营中,付出了辛勤的劳动,也必然熟悉原有的地名。他们可能是为了便于上口,易于记忆,翻译地名时每每予以简化或汉化,霹雳就是其中之一。

至于"白银"之得名,纯粹是当地居民对一种天然资源——锡矿的误解。这里富集有大量的锡矿,以至于被誉为"锡的王国",首府怡保(Jpol)被尊为"锡都"。锡这种金属加工提炼比较容易,所以人类很早便发现和利用锡了。在我国,锡也很早跻身于"五金"之列,与金、银、铜、铁,平起平坐。霹雳州的锡也不例外,发现甚早;锡不易氧化,老是闪闪发光,初民不察,误以为是银,这才以白银称它。久后弄明白,实在是锡而不是银,把地名改改,方名正言顺,但因 Perak 一名早已深入人心,听惯用惯,再改不容易,也没有必要。于是不产白银的"白银河"和不产白银的"白银州"的名字,就这么通行无阻地一代一代传下来了。

类似的趣事,在我国也发生过。中国是世界上锑矿最丰富的国家,也是世界上产锑最多的国家。我国的锑矿分布非常广泛，遍及湘、粤、桂、滇、黔、川诸省（区），而以湖南新化锡矿山的锑矿储量最大，至迟在明代就已发现。不过当时人们同样弄不清它的真正性质，误以为是锡，"锡矿山"一名就这样叫起来，并沿用至今。按说叫"锑矿山"方名实相符。不过既然知道是祖宗弄错了，"将错就错"叫下去，也无大碍就是了。

"冰岛"到处热气腾

欧洲西北，大西洋北部的北极圈附近，有一个小国叫做冰岛。人们听到这个名字，不禁会打个寒战：冰封雪冻的岛，多冷啊！

其实，这个以"冰"为名的岛国，除内陆13％的土地为冰雪覆盖外，其他大城市所在的沿海地区，并不十分寒冷。因为大西洋有一股暖流环绕全岛流过，带来大量暖空气，使这里的冬天要比同纬度的其他地区暖和很多。首都雷克雅未克，7月份平均气温约11摄氏度，1月份平均温度也在1摄氏度。

冰岛国不仅不是冷冰冰的，相反，它到处"热气腾腾"。灼热的火山熔岩，滚烫的地下水和高温的蒸汽冲出地面，形成温泉、蒸汽泉和间歇泉，提供了大量的热能。全岛遍布温泉数千眼，数量之多，居世界之首。全国一半以上人口靠地热取暖。有个叫"戈西尔"的著名大间歇泉，水温高达90摄氏度，可煮熟鸡蛋和土豆。冰岛人很早以前就利用温泉洗澡、游泳、洗衣服，但真正充分利用地热资源还是近半个世纪以来的事。1939年冰岛首都雷克雅未克开始铺设热水管道，1943年正式使用热水供应系统，其价格比燃油的费用低20％。由于广泛开发地热资源，冰岛人可以在严寒的冬天做户外游泳，穿着单衬衣在购物中心散步，吃到在温室里种植的葡萄和香蕉，观赏暖房生长的热带睡莲和非洲仙人掌。地下热水水质纯净，水味甘甜可口，用它泡上一杯爽口的饮料，趣味盎然。

冰岛国多温泉，是因为它地处火山地带，冰岛本身是由海底火山爆发的熔岩堆积而成的，地底蕴藏着丰富的地热资源。

冰岛有记载的火山爆发已有200多次，目前仍有20座处在活跃状态。中世纪一位作家形容其中一座火山为："通往地狱之门"；而近代的科幻小说家韦恩在其著作中则安排主角人物由火山口进入地心。

多次火山爆发的结果，使得冰岛的部分地面变得光秃秃，满布坑洞。20世纪60年代，美国还曾派太空人到此实习，借以模拟月球的特殊地形。

大自然给予冰岛无情的打击，每次火山爆发和地震都摧毁许多家园，夺走不少生命，然而随着科技的进步，冰岛人反倒利用起这些先天的条件来。正如该国一个工业部长曾说过："冰岛的'油'遍布全岛——在河里、在湖中、在地底下。"这种'油'虽然不能装桶外销，但却供给了国内所需的绝大部分能源。岛上的热源为全国提供了80%的暖气，30个露天温水游戏池，以及孵鱼场和热带温室——水果、蔬菜和鲜花都可培植。

千百年来，冰岛人一直与火山和地震打不分输赢的"战争"。每次火山爆发时，该岛的居民都在最短的时间内紧急撤出，等到灾难方歇时，他们又立即回来重整破碎的家园。这也是造成今天冰岛人个性坚强、充满活力的原因。

话题回到名字上来。这么一个到处热浪翻滚、地热丰富、火山活动活跃的岛国，为什么偏偏取"冰岛"为名呢？

据说，是因为最早（公元874年）入驻该岛的维京人，为了不让外人涉足，便故意取了这个"冷冰冰"的名字来吓唬人。

"绿洲"四季白雪封

北美洲东北部的岛屿"格陵兰",意即"绿色土地"——"绿洲"。然而,如今这个面积210多万平方公里的世界上最大的岛屿,却终年白雪皑皑,玉宇晶峰,完全是一片冰雪世界。

原来,格陵兰岛位于北极圈内,全岛84%的地方覆盖着冰层,平均厚度约2300米。格陵兰既然是冰雪世界,为何又有"绿洲"之称呢?

大约1000年前,几名北欧航海冒险者,驾木船横渡北大西洋,一天,一位水手意外地发现,单一景色中突然出现一片绿色,他惊喜若狂,振臂高呼:"格陵兰!格陵兰!"此后,人们就把这个世界最大的岛屿称为格陵兰——"绿洲"了。

要补充说明的是,那位水手发现的"绿色"其实只是该岛西海岸边长着的一片绿色苔藓和庄稼,面积十分有限。此后许多移民受这个地名的吸引来此而后悔莫及。

"赤道国"中须御寒

拉丁美洲国家厄瓜多尔位于赤道上,原意为"赤道国"。它的首都基多,是世界上最接近赤道的首都。那里想必热得像蒸笼一样吧?

不,"赤道国"并不热。它的年平均气温只有14摄氏度,最热的月平均气温也只有14.3摄氏度,中午最高气温也不过26.9摄氏度。叫人吃惊的是,每到半夜,气温要下降到2.2摄氏度,人们还得烧暖炉过夜呢!

为什么这个被西班牙语称为赤道国的厄瓜多尔并不热呢?这主要是地理环境的影响。该国全境有五分之三的地区为高原山地。俗话说"高处不胜寒"。地球上每升高100米,气温就下降0.6摄氏度左右。因此,高耸的地势带来了气温相对的降低。如首都基多,海拔2800多米,群山环抱,终年积雪。

"赤道国"中须御寒,这不足为奇。虽说赤道地区终年太阳都高悬天空,是获得太阳光和热最多的地方。其实,最热的地方并不在赤道,亚洲、非洲、南北美洲和澳洲许多大沙漠远离赤道,它们那里白天的气温要比赤道热得多。赤道上最高气温很少超过35摄氏度的,有的地方甚至还白雪皑皑。而非洲撒哈拉大沙漠,白天最高气温高达55摄氏度,一般也在40摄氏度以上;阿拉伯大沙漠,白天最高气温也有45~50摄氏度;苏联的中亚细亚大沙漠,白天最高气温是48摄氏度;我国的戈壁沙漠,最高气温也有45摄氏度左右。

这是为什么呢?原来,赤道地区虽然获得的太阳能最多,但由于赤道圈附近大多是海洋,阳光照耀在海洋上,水汽的蒸腾消耗大量热量,而浩瀚的大海又是最能容纳热量的。水的热容量大,每立方厘米海水升高1摄氏度要消耗1卡的热量,而1卡热量可使1立方厘米土壤升温2~2.5摄氏度,所以海水升温比陆地慢得多。由于有海洋这个热量大调节器,所以白天赤道海洋温度升高并不太多,晚上降温也不太厉害。赤道地区多云多雨,也使气温上升不大。

而在大沙漠，情况就完全不同了，那里植物稀少，难见水源，干旱少雨，光秃秃的沙漠热容量小，升温快，加上传热差，太阳只晒热表面，白天气温上升很快。所以沙漠白天的气温要比赤道附近的热带海洋高得多。

同样道理，在我国大陆，夏天温度最高的地方不是在纬度低的海南岛和广东沿海，而是在内地较高纬度的重庆、武汉、南京等地。沈阳、北京等地夏天白天的气温，也经常比广州、海口要高。

"太平洋"上不太平

1519年9月20日,葡萄牙航海家麦哲伦率领一支由5条海船、234人组成的横渡大洋探险队,从故乡——西班牙都塞维尔启程,经直布罗陀海峡,沿大西洋向西,开始环球航行。1年多以后,船队来到了南美洲的南端。在沿南岸航行过程中,海员们突然发现海岸陡分为二,麦哲伦就命令船队顶着惊涛骇浪驶进了一个海峡。经过38昼夜的奋战,船队终于战胜巨浪,绕过一个又一个险滩暗礁,使海船平安地穿过海峡。这时一片茫茫无际的大洋又出现在船队的面前,而且海水舒展平静。海船在大洋中又连续航行了110天,但从未遇到过狂风恶浪,可谓太平无事。海员们兴奋地说:"这里真是个太平之洋呀!"

从此,人们就称美洲、亚洲和大洋洲之间的大洋为"太平洋"。

其实,太平洋并不太平。它有永不停息的"洋中河流"——洋流,有因海水密度不同所造成的"海水断崖"、"液体海底";有"台风的故乡"。

太平洋的海底地层更不太平。著名的环太平洋活动带就是一个多火山、地震的构造活动带。许多岛屿就是由火山作用形成的。有时太平洋水面上突然冒出一个小岛,可过些日子又悄悄地消失了。1973年5月30日,人们看到日本西之岛东南海面上水柱腾空,白烟冲天,显然是海底火山的一次大爆发。接着在这里出现一些露出水面的新岩礁。可是,等到记者赶到现场拍照时,竟什么也没有看到。原来刚诞生的小岛很不稳定,很快就被大海的波浪吞噬了。几个月后,火山再次爆发新生的小岛又"冒"出来,逐渐长大、增高,最后形成一个椭圆形的火山丘。到第二年,新生的岛屿终于和附近的西之岛连在一起,成为太平洋上最年轻的岛,并为日本增加了0.24平方公里的领土。这种造岛,在太平洋并不罕见。

据统计,全世界有74%的火山和84%的地震分布在太平洋。

"死谷"不是死亡谷

"死谷"是美国加利福尼亚州东南部的内陆干燥低洼盆地,大体作西北北和南南东走向,长约230公里,宽约7～25公里,是因两条平行断层中间地体下陷而形成的大谷地,最低处比海平面还低86米,是美国以至整个西半球陆面最低的地方。

1849年,一个49人组成的寻金队通过这里,许多人受不了在谷中行进时遇到的干渴和酷热而倒毙。后人为了纪念这帮不幸者,于是就把此谷命名为 Death Valley (death——死亡,Valley——谷地,意思是造成死亡的谷地,即"死亡谷")。其实,这个谷地夏季虽然干燥、酷热,但从11月到来年5月的半年内,气候还是温和并且适宜于健康的。既有几条河流入谷中,并有少数井泉,还生长着一些奇特的荒漠植物和一些小动物。所以不能从这个由偶然原因产生的地名的字面上机械理解其含义。更不能和亚洲的死海类比,以为真是要命的地方。相反,它实际上不但不是"死亡之谷",而且是很吸引人的旅游胜地,每年有美国国内和其他国家的大批游客来此观光,看看死谷究竟是个什么模样和到底是怎么回事。为此,美国政府还特地划定死谷及其周围上万平方公里的土地,建立"死谷国家保护文物区"呢!

"利姆峡湾"非峡湾

地球上有一些自然地理实体名不副实，如南美洲的拉普拉塔河，名为"河"实际是一个大型三角湾。西非的里奥德奥罗，意为"黄金河"，实际上既没有"河"，更没有黄金。这些名与实的出入，都来源于当初命名者的误会。另外还有一些自然地理实体的名不副实，却是自然力造成的，丹麦的利姆峡湾便是一例。

利姆峡湾在丹麦日德兰半岛北部，横贯于北海和卡特加特海峡间，原名Limfjord，由两部分构成，Lim——弯弯曲曲的，fjord——峡湾。第一部分形容它轮廓很不规则，峡身回环曲折，并有很多小港汊错落其间；第二部分说明它原来是条只有一个出口的峡湾，而不是两端都通海的海峡，湾水都向东流出。1825年，北海掀起了一次空前大的海浪，一举冲破西端的狭窄陆地，峡湾遂变成了海峡——因此号称"世界最年轻的海峡"——但人们好像对此并不注意，甚至并不介意，仍然照称"峡湾"不误。你说这不是名为"峡湾"，实非峡湾吗？

"海平面"上面不平

地图上海平面的标志为0。一般认为，世界上各大洋既然是相连的，所有的海洋水面就应该是一个平面。人们习惯以海平面为准来测量海平面以上或以下的物体高度。

实际又是怎样呢？不但各大洋的水面不是一个平面，就是同一个大洋的水面也并非是平面。

随着调查船、特别是卫星测量技术的发展，人们发现，甚至在风平浪静时，世界大洋表面也有100米以上的隆起或凹陷区域。因为海洋表面是在100公里以上的广阔范围内逐渐变化的，因此航海者感觉不到这种变化。

目前已经查明，世界大洋表面有三个较大隆起区域：澳大利亚东北部，隆起区域高76米；北大西洋隆起区域高68米；阿非利加东南部，隆起区域高48米。另外，还有三个较大的凹陷区域：印度洋（印度半岛以南），凹陷深度为112米；加勒比海，凹陷深度为64米；加利福尼亚以西，凹陷深度为56米。此外，在巴西沿海和佛得角群岛附近区域，也有隆起或凹陷15米左右的几个区域。大西洋洋面像是一片丘陵，而不是一个镜面。

这种现象的形成是比较复杂的。通常的涨潮与落潮、风暴、气压的高低都会影响"海平面"这个基本"恒量"的数值。

除此之外，还有没有其他影响海面高低的因素呢？

有科学家在"斯卡依列伯"宇宙站装上了雷达（无线电）高度计，它能够精确测量全世界各海洋面高度。这个灵敏的仪器，在几秒钟内就可以做七次准确的测量。经过一系列的测量分析，发现在大西洋海面，甚至在南卡罗来纳州和波多黎各岛之间比较小的海域，也存在高度差。在伯列依克水下高地海底降低地区，海面也比周围地区明显要低，特别是波多黎各海下凹地的海面就更明显的低落。当"斯卡依列伯"的轨道通向巴西上空时，表示出这里的大西洋海面比较高。我们查看一下这里的海底地形图，发现这一地区的水下是一座山，它的顶部高出周围地区的海底约有 3500 米。

原来海面高度还取决于海底地形的状况！

在绵延数千公里的大西洋海底山脉的海面是如此，在佛得角群岛崎岖地区以及符列米斯——卡伯浅滩地区也是如此。一般说来，由于海底地形的影响。可使海面低于或高于另一地区约十几米。有时海面的高低还与巨大山岭或整个山脉所组成的物质的积聚有关。这种物质的积聚，可以引起引力弯曲。它作为一种动力驱使水离开一个地区而流向另一个地区。

此外，海水盐分含量不同而形成的静压力差和洋流产生的动压力差，也是造成海平面不平的因素之一。

可见，其实"海平面"并非平面。

"水星"没有水

水星这个名字，容易引起人误会，以为水星上面都是水。其实"水星"和"水"完全是两回事。正如金星上并不都是金，火星上并不都是火一样，水星上并没有水，只不过是一种习惯的名称罢了。

水星是距离太阳最近的一颗大行星，受到太阳强大的引力作用，围绕太阳旋转得很快。水星的一年只相当于地球的88天。尤其特别的是，水星自转一周也是88天，换句话说，水星上没有昼夜的分别，因此，水星永远以一面朝向太阳，另一面永远见不到太阳。这和我们的月球，永远以一面朝向地球是一样的。

水星离太阳很近，朝向太阳的一面，永远在烈日暴晒之下，温度非常高，可达400摄氏度以上。在这样热的地方，连锡和铅都会熔化。如果有水，也早已化成蒸气飞散了。

背向太阳的一面，终年不见太阳，温度非常低，接近绝对零度。在这里也不可能有液态的水。但是，人们猜想，如果水星的背面，存在有少量冻得硬邦邦的冰，那还是有可能的。不过，现在还没有办法证实这一点。

水星又是太阳系里最小一颗行星，直径4750公里，比月球大不了多少。它本身的吸引力比较小，不能保住自己周围的大气。如果它古代曾经有过大气，在悠久的岁月中，也会一点一点地飞散掉。

"恒星"不永恒

周镇宏 科学小品

　　晴朗无月的夜晚,仰望太空,繁星点点,闪烁着晶莹的亮光。如此众多的星星,除了像水星、金星、火星、木星、土星等少数行星缓慢移动以外,绝大多数就是恒星了。它们一个个如同钉在天幕上的银钉,亮晶晶的,一动也不动。古代的人们曾经对它们观察了千百年,但是,看到的仿佛总是一切如故,没有什么变化,所以,就给它们起名叫"恒星"。

　　所谓恒星,顾名思义。就是"亘古如一,永恒不变"的星星。然而,恒星果真是历来如此、永远不变吗?现代科学研究证明,恒星不恒,一切天体都有它发生、发展、衰亡的过程。广阔无垠的宇宙空间里,那些数不清的恒星,有的如同婴儿才问世不久;有的正当精神焕发的青壮年时期;有的已经到了衰老的晚年,接近死亡了。

　　恩格斯指出:"一切运动的基本形式都是接近和分离、收缩和膨胀——一句话,是吸引和排斥这一古老的两极对立。"一切天体,包括恒星在内,正是在吸引和排斥、收缩和膨胀的矛盾斗争中,产生、发展和衰老的。

　　恒星究竟是怎样产生的呢?目前,大多数天文学家认为,恒星是由庞大而稀薄的星云演化来的。这就是著名的星云假说。这种学说认为在无边无际的宇宙太空里,散布着既不能称量、又无法计算的尘埃和气体;它们的分布又是不均匀的,没有规律的,有的地方密一些,有的地方稀一些。由于物质之间的互相吸引,尘埃和气体分布密的地方,吸力就较大,周围比较稀疏的物质逐渐被吸引过去。经过极其漫长的年代,就形成了星云。星云和恒星相比,它的体积大,密度小,温度也低,本身不能发光。星云形成以后,引力仍然不断地把物质拉拢到一起,使体积继续收缩,形成球状体。这种球状体,已经是恒星的"胚胎"了。之后,又继续收缩,体积越来越小,相应密度越来越大,温度越来越高,并且开始向外辐射能量。先是辐射看不见的无线电波,当它的表面温度上升到三四千度时,同时辐射可以看得见的红光波。这时，一颗新的、幼年的恒星就诞生了。

恒星诞生以后，引力收缩并没有停止，因此，它的体积仍在继续缩小，密度继续加大，温度继续升高。于是，恒星内部向外的压力逐渐形成，并且不断加强。这好比一个皮球，给它的压力越大，里面向外的反抗力，也就是向外的压力也越大，当这种向外的压力发展到同引力势均力敌时，恒星就暂时停止收缩，处于相对稳定的状态，这就到了朝气蓬勃的青壮年时期。这个时期，在它的一生中所占时间最长。恒星内部温度高达一千万度左右，表面温度也有六七千度。在高温下，构成恒星的主要成分氢开始燃烧，发生热核反应，氢核聚变为氦核。光芒四射的太阳，目前正是处在这个阶段，它从诞生到今天，大约已经度过了五六十亿个年头了。往后，至少还有几百亿年的寿命。

俗话说，日正必斜，月满必缺。青壮年时期的恒星，已经孕育着衰老的因素。它主要靠氢的燃烧来维持自身的光辉。氢不断燃烧聚变为氦，而氦在一千万度左右的温度下是不会燃烧的。这样，随着时间的推移，氢变得越来越少，火焰渐渐减弱，向外辐射的能量不断减少，排斥力量也随之变弱，慢慢地顶不住收缩的力量。于是，相对稳定状态被突破了。在新的条件下，恒星又开始收缩。收缩的结果，体积缩小，密度加大，温度升高，大量能量被释放出来，恒星的外壳被冲得急剧向外膨胀，一些表面上的物质被冲到了宇宙空间。当恒星内部的温度升到一亿度以上时，氦原子聚变为碳原子的热核反应开始了。碳原子又转化成其他元素。这样的收缩和膨胀几经反复，使恒星进入晚年。

总之，在恒星内部，吸引和排斥，也就是收缩和辐射这一对矛盾，进行着激烈的斗争。幼年时期的恒星，主要表现为吸引，青壮年时期的恒星吸引和排斥旗鼓相当；以后，随着氢的大量消耗，排斥占了上风。使得恒星外壳膨胀爆发，一部分表面物质被冲散。吸引和排斥几经反复，表面物质丢失得越来越多，恒星的体积越变越小，这时候的恒星就跨入了衰老的晚年阶段；再往后，就只剩下冷暗的残骸，或者完全崩溃。对于一个具体的恒星来说，这时候就结束了它的一生。

在无边无际的宇宙太空里，老的恒星在不断地死亡，新的恒星又在不断地诞生。每一个具体的恒星只写出一段有限的历史，而天体的历史是无穷无尽的，永远也写不完。

"黑海"不黑

世界上有几个海是以颜色命名的，如红海、黄海、白海和黑海等。它们可能在某一方面与颜色发生联系，或者使人们与颜色发生某种联想，才分别起了这么一个名字。其中有些海的得名又不似一般人想象的那么简单，相反，自古而今，它们在名称上颇有一番曲曲折折的历史值得回顾一番。

黑海便是最典型的例子。

在欧、亚两大洲的交界处，那个深沉、凝重、广阔的内海，就是知名度颇高的黑海。

黑海为什么以"黑"字命名？长期以来，不少人一直以为，那是因为它的水是黑色的。有人还列举过"黑海的水之所以是黑色"的多个原因：黑海水深，对太阳光的反射率低；黑海是个"海盆"，海水流通不畅，积淤成黑；注入黑海的多瑙河的发源地盛产褐煤，河水夹带煤沙流入黑海染黑了海水……

其实不然，黑海并不黑。黑海的海水，只有当海上刮起六级以上的大风时，其颜色才显得昏暗。可是平均而言，在每年当中，这样的日子只有17天。一位旅行家说得很明白："在整日之中，黑海的颜色是千变万化的——黎明时分，它带着柔和的蔚蓝色，到了月色茫茫的夜晚，它又是铁青色上泛出银白。只有到了秋天或冬天大风暴的日子，当乌云密布，惊涛拍岸的时候，当周围的一切变成漆黑一团的时候，这个海才像世界各种语言所称呼的那样，名副其实的是'黑海'。但是，在春天、夏天和初秋，它几乎永远是童话中所熟知的那种'碧海'——温柔、宁静、悦目。"

有人又认为，既然黑海的水不黑，那么，"黑"字的来源可能是由于黑海的海底有那可以治病的黑泥。据说，黑海底的黑泥颇为神验，富含多种化学元素，敷在身上可治风湿性关节疾病，如用"曝光疗法"还可治矽肺病。以致在黑海的南福利亚旅游区，有人办起了"黑泥涂身裸晒疗养站"。

黑海是否因其黑泥而得"黑"名呢？

这也不太可能。黑海之"黑"名，古已有之。在科学技术很落后的古代，人们不可能知道黑海海底淤泥的颜色，更未有人用黑泥治病。

那么，本来不黑的这个海，为什么得了个"黑"的名呢？

说来话长。

黑海从古希腊到今天，曾经有过好几个名字。最初，古希腊人只简单地称它为 Pontos，原意简单得很，就是"海"的意思。看来这是希腊从他族语言中——可能是古色雷斯语——借入的外来词。后来才给它加上一个专名。早期称之为阿克辛海，意为"不好客的海"，因为古希腊人到这里的初期，感到这片海域不但气候寒冷，而且经常阴霾满天，波高浪陡；置身其间，险象四伏，仿佛对远方的来客充满了敌意。这同他们故乡风光明媚、巨浪不兴的爱琴海对比起来，差别实在太大了，于是给它这么一个同样"不客气"的称呼。不过，经过一段时期，希腊人对这里的自然条件了解得更多、更熟悉了，航行其间的次数越发频繁，在沿岸开辟的殖民地越来越多，转而觉得它的可亲，于是在公元前 6 世纪左右，又改称它为攸克辛海，意为"欢迎客人的海"。当然，解释还有多种，比如早在公元之初，罗马地理学家彭波尼·梅拉（Pomponius Me Ja），对此就曾说过："这个海的特点是水不过深，气候恶劣，多雾，海岸险峻……港湾也很少。……北方吹来的大风，沿海首当其冲，因此这个不深的海被风刮得惊涛涌起，骇浪沸腾。……从前被称为阿克辛（不欢迎客人的）海；在其海岸地带有一些野蛮的部落居住。后来，由于与其他部落的往来，本地居民的风俗才变得温和了，而这个海就被称为攸克辛（欢迎客人的）海了。"这种说法可能也有些道理：希腊人对它的改称，同与当地沿海居民的经济、文化联系的扩大和加强也不无关系。

还有一种说法：当希腊人初到黑海地区时，沿岸已经住了不少伊朗语族的部落，他们因为海水与内陆流出的河水颜色大不相同，就称它为 axsaena 海，原来的意思是"暗色的"或"深色的"。希腊人把这个词讹传为 axinos，意思变成"不好客的"了，后来才觉得这个名称不太吉利，才改称为"好客的"。但古希腊悲剧家尤量庇德（Euripides，约公元前 480～前 406 年）的作品中提到古希腊语中的另一个名字 Pontos Mela——它的字面含义正是"黑海"——就是当地伊朗语族部落所起名称的意译。不过，此名并未通行。13 世纪末，建立奥斯曼帝国，嗣后又逐渐把沿海所有地区收入版图的土耳其人，也给这片海域起了名称：Fanar Kara Dengis，其中 Fanar 意为"凶恶的"，Kara 意为"黑"，dengi 意即"（大）海"。全名就是"凶恶的黑色大海"之意。命名的根据可能同古希腊人不谋而合。日后，具有明显感情意义的第一个形容词被省掉了，就只剩"黑海"这个名字流传下来。

然而最令笔者信服的，还是"色彩方位说"。

据古代文献记载，最早使用"黑海"这个名字的是该海南岸的希腊人、波斯人和土耳其人。而这个地区的民族，自古以来就有以不同的颜色标志东南西北方向的习惯：黄色代表东，红色代表南，蓝色或绿色代表西，黑色代表北。由于黑海位于希腊、波斯和土耳其的北部，所以那些人们就把它叫"黑海"。

假如从土耳其人把地中海称为"白海"来推断，"色彩方位说"就更令人信服了。因为从小亚细亚半岛看，黑海和地中海正是分居南北的，如果说"白海"意指"南海"，黑海不也正是"北海"之意吗？

"红海"不红

世界上以颜色命名的自然地理实体不计其数，以颜色命名的河、海、湖也着实不少，如黄海、白海、黑海和红海，还有蓝河、蓝湖等。提起这些水域名，人们会以为它们的水色分别是黄的、白的、黑的和红的……。其实除一小部分水域名副其实外，白海的水不白，黑海的水不黑，红海呢，也不红。

红海是横跨非洲大陆与阿拉伯半岛之间的狭长海域，是亚、非大陆的天然分界线。从南端的吉布提到北端的埃及和以色列，全长约 2300 公里。

红海平静的波浪舐吻着七个国家的海岸。两岸，是一望无际的茫茫荒滩。今天位于红海亚喀巴湾上的埃拉特，是以色列一个繁华的都市。在 1956 年之前只有疏疏落落的几间简陋茅舍，到 1967 年也还是个鲜为人知的边陲小镇。如今，埃拉特已有常住人口 2.5 万人，成为旅游热点，并有特许的飞行航线直达北欧。

红海的海水不但不是什么红色，反而是蓝中透绿，有时呈深蓝色，近岸的有些海域又同所有的热带海洋一样，呈现一种深绿色。

那么，红海为什么叫这个名字呢？说起来，这可真是一个长期"众说纷纭"的"老大难"问题，至今也只能介绍一个大概。

有人说，红海称红，是因为滨岸地带海底泥土色泽的关系。但这只是极个别地区的现象，而其他海也有类似的泥层，并不以红海一隅为限。更多的人归之于生物的原因，认为在红海中繁殖着一种自由漂浮的蓝藻（Trichodesmium er—vthraeltm），它有一种泛红的附加红素，有时候在红海的个别地区，可以观察到蓝绿色的海水中呈现红色，就是它引起的。有人说，这是局部和暂时现象，而且只是蓝绿中泛红，对偌大的红海，起不了多大的作用。有人认为近岸的浅海地带有大量的黄中带红的珊瑚沙，海名可能与此有关。但衡之全局，这种解释仍太牵强。

还有两种从他处着眼的说法。

一种说法认为红海之得名同两岸的岩石的色泽有关。在远古时代，最初的航海家们，特别是腓尼基人和希腊人，由于受当时交通工具的限制，在红海中都只能从事近岸航行，以便避开远海的狂风巨浪。而红海两岸，尤其是非洲沿岸，几乎整个是一道绵延不断的红黄色岩壁，在日光映照下，海上、岸上，到处呈现出一片红光赤色，古代航海家们就据此把这个海称为"红"海。

一种说法认为和气候有关。因为从非洲方向经常有来自大沙漠的西蒙（Simoon）风，把火烧火燎似的热气流，大量地吹到红海上来。对于这种景象，19世纪末一个旅行到此的过客曾经作过如下生动、逼真的描写："转瞬间，红黄色的尘雾便弥漫海上。太阳要不消失得无影无踪，要不也变成一个深红色的'血球'，海面一切东西全都呈现暗红色。这时，海水本身仿佛掺了血液，突然混浊起来。红海海上一贯闷热难耐的空气，也变得更加无法呼吸……。"既然19世纪末，欧洲的旅行家们对红海尚且如此"谈虎色变"，那么，早在公元前几个世纪间来到红海的腓尼基人和希腊人，当然对红海的这种现象会更感到惊异。加上这种天气变化和他们故乡经常晴朗的地中海对比起来，迥然不同，因而把它称为红海。

以上种种解释，都从某一方面同红色联系起来。如果把这一切方面的"红"拢在一起，说这就是红海命名的根据，倒是颇有道理的。

红海很早就是东西方海上交通要冲。古代的腓尼基人、希腊人和古罗马人均曾出没其间。古代希腊人把它称为 Thalassa Erythrose，罗马人称之为 Mare Erythraeum～Mare Rubum 都可音译为厄立特里海，都是"红海"之意。但从古文献的记载看，这个用语的指称地区、范围都不怎么固定。无怪乎一本介绍西方古典地理著作的书中，对这个地名作如下的注释：

"'厄立特里〔红〕海'古代希腊人对这个概念是不肯定的：他们多半称今之印度洋的阿拉伯海或阿拉伯湾为红海（偶尔称之为南海，与北海即黑海或地中海相对立）。现时我们所称的波斯湾，古人有时称之为阿拉伯海，有时称之为波斯湾，有时称之为红海。而古人称现在的红海为阿拉伯湾。"

按这个注释的说法，这个海又多了一个名字：阿拉伯湾。这也许是地中海方面的古代居民给起的。阿拉伯人自己称它为 Al—Bahr al—Ahmar，仍是"红海"之意。过去如此，现在依然。

有一点可以肯定的是，红海有着万紫千红、五彩缤纷的海底风光：在玄武岩礁丛中，千姿百态、粉红剔透的珊瑚林如春花怒放，橙黄的海葵展现它翩翩的舞姿，鲜红的海扇（柳珊瑚）频频摇曳喷泡，色彩艳丽的热带鱼类在珊瑚林中来往穿梭，怡然自得，款款畅游。它们当中有满身斑点的"花巾"，有红光闪闪的"火袍"，有银装素裹的"天使"，有嘴尖体长的"红剑"，有巨口细鳞的"赤鲷"，有疏齿大牙的"锯鲷"，有黄蓝相间的"扁鲛"，有色彩绚丽的"蝴蝶"……种类繁多，使人目不暇接。

　　假如你有幸到红海去旅行，当清早到海滩散步时，眼见冉冉上升的旭日，将茫茫的海面染得通红，那时你也许会脱口而出——哦，这就是红海！

"无花果"花繁不胜数

俗语说，落地生根，开花结果。但在绿色王国里，却有一种植物，只见其果，不见其花。信奉"眼见为实"的人们，认为它天生不开花，而会结果，于是将其称之为"无花果"。

假如你有幸在夏秋季节到新疆克孜勒苏柯尔克孜自治州的首府阿图什去，好客的柯尔克孜、维吾尔族朋友一定会先给你献上刚从树上摘下来的"糖包子"，让你一品这稀世佳品的甘美滋味。

这就是被当地人视为"神果"，称为树上结的"糖包子"的无花果。

从植物学的观点看，"无花果"实在是个"不实之词"。在大千世界中，只有无果之花，没有无花之果。所谓"无花果"，其实有花，只不过平常用肉眼难以看得见就是了。假如借助于显微镜去看其"庐山真面目"你将会发现，"无花果"花繁不胜数！

无花果非常好吃，不过你吃的那种果子，并不是无花果真正的果实，而是由花轴膨大形成的肉球。那是一个大"贮藏室"，无花果的花和果都藏在那个肉球里面。

无花果原产地中海沿岸，属桑科，是落叶灌木，性喜温暖，树高一丈多，叶子的形状与蓖麻叶有些相似，在我国中南各省均有栽培。其果实清香甜糯，营养价值颇高。它富含葡萄糖、果糖、蔗糖、柠檬酸、苹果酸、醋酸等十多种营养成分，且易被人体吸收，又有助消化和清热润肠的功能。除生食外，还可加工制成干果、蜜饯、果酱和罐头，堪称一个小小的"营养库"。

我国民间历来将无花果当作一味高效而易求的良药。《本草纲目》记载："无花果实味甘，微辛、平、无毒。治五痔、咽喉痛"。《滇南本草》中说，无花果"治一切无名肿毒，痈疽发背，便毒鱼口，乳结，痘毒。遇各种破烂者，麻油调擦，神效无比，外科之神药也。"《中国大药典》中还记载：无花果"健胃清肠，清肿解毒，治肠炎、痢疾、咽痛、疮疖疥癣。"最近法国科学家发现在人们常吃无花果的地方，癌症罕见。经过研究，原来它抗癌的秘密在于无花果中存在极少的放射体。

无花果，还是庭院绿化的优良树种，可培育成丛状、乔木状，也可制成各种多姿多彩的盆景。由于它具有抵抗二氧化硫、三氧化硫、氯化氢、二氧化氮、硝酸雾以及苯等有毒气体的能力。它能在距离氨气污染源 30 米至 50 米的地方，旺盛地生长。而其他树木，则难以战胜氨气，只有坐以待毙。所以无花果在植物群中，具有较高的抗污染本领。更难得的是，它还能把有害气体"吃"掉。无花果对有害气体的吸收能力很强，在大气污染严重的工厂内作为防污植物栽培，可起到净化空气的作用。

无花果对土壤、肥水的要求不严，极易繁殖，可以分株，可以压条，也可以扦插。在清明节前后，截取 15 厘米至 20 厘米长的枝条，一半插入土中，适当浇水，大约一个半月就可发根，第二年便可结果。

我们常见的果木先长苞蕾，然后慢慢地开花，经过花粉授精，而结成果实。独有无花果很奇特：先从叶腋上长出一个青色、肥大的、像蒜头一般大小的果实来。这青绿色的果实，是暗藏着花朵的"花囊"。花囊里整齐地开着无数如白丝样的小花。在花囊的顶端有一个出口小孔，如果囊内花朵还没有盛放，果实尚未成熟，它便紧紧地关闭着。每年八月下旬，无花果开始成熟，青色的果皮逐渐泛出紫红颜色，花囊的小孔，对外开放。采摘的时候，以酥软老熟的最佳，把紫红色的皮刮去，吃起来果肉柔软，风味特异。

至于"无花果"之名，最早见于《救荒本草》一书。给它以此名，实在是古人的误解。事实上，无花果的花的数量为一般植物所不及，只不过其花秩构造特殊，所有花朵被包藏在肉质的花序托内，从外部看不到囊内隐藏的花朵罢了。若将果用刀切成两半，就可见到整个果实是中空的，在空隙的周缘生着许多小小的花朵，生于上部的是雄花，下部的是雌花。

无花果枝疏叶大，树态自然。如果在园林中安排一角成片种植，既可观赏，又有经济收益。

也可在园林路旁、池畔、散植数株。在庭院内可丛植于草坪周围，或列植于建筑物前后，或成片栽植于庭院一隅，显得格外自然潇洒，别有情趣。

"向日葵"向温不向阳

周镇宏 科学小品

诗人写诗、画家作画、艺术家唱歌、表演,总是歌颂葵花向阳开。

然而,这是一种误解。向日葵并不向阳开。

科学家们做了如下实验:如果用隔热的透明塑料将葵花罩住,在阳光下,任太阳自东向西高照,葵花却依然不动。再将葵花置于温室,用人造冷光代替阳光向其照射,葵花对冷光的照射毫无反应。最后,将葵花放在没有任何光源的暗室里,用一火炉在它周围缓慢地移动,科学家们发现,葵花却向着热能传来的方向不分东西南北地乱转一通。这就证明,葵花并不是向阳花。它只是向温,实在是一种"向温花"。

要说真正的"向阳花",尚属半支莲。半支莲是人们喜爱的观赏花卉,它是一种草本植物学名叫"松叶牡丹",别称为"金丝杜鹃"。

松叶牡丹不同于一般花草:有花,但无花柄;有叶,但叶不呈片状,而长着一种舌形棒状叶子。其花瑰丽多彩,有红、黄、紫、白各种颜色。它成活率高,春天,随便播下种子或插枝于泥土中,也不需施肥,便能生长茂盛,枝叶如丛,在人们的阳台上并不少见。不过很少人知道它的真实姓名,仅根据其独特的习性来称它,这就是大家俗称的"太阳花"。

称"松叶牡丹"为"太阳花",可谓具体又准确。此花确实非阳不开。论花期,只要太阳一出,绿叶丛中千百朵花便同时开放,日光越艳,花色越美。太阳一落,太阳花便同时低首萎缩,好像为太阳落山而感到悲哀。第二天,另一批花蕾又迎阳开放。要是天阴下雨,花蕾即使已十分成熟,也绝不开放。如果偶然有阳光破云而出,花蕾便立即舒展成瑰丽的花朵。当阳光重新被云雨遮住时,花朵又会随之收拢。

生物学家指出,松叶牡丹的这些特性,是因为它生理结构特殊,在阳光的作用下会发生细胞内的电极化,花瓣获得负电荷的一面即刻向阳,获正电荷的一面则背光。在向阳(负电荷)与背光(正电荷)同时作用下,花瓣迅速展开。由此看来，真正的向阳花并不是向日葵，而是松叶牡丹。"林奈草"是木不是草，多分布于北温带的针叶林和针阔叶混交林下。

林奈草，名为"草"，形也似草，实际却是树木。它是忍冬科里一种四季常青的最小的灌木。

"林奈"本是个人名。人名与植物名结缘，其中当然有故事。

1930年，瑞典著名科学家林奈接受瑞典科学院的资助，到瑞典北部偏僻的拉帕兰地区考察和采集植物标本。这次考察使他获得了许多宝贵的经验，同时还发现了一百多种新植物。回来后，他写了一部书，叫《拉帕兰植物志》，简明扼要地介绍了这个地区的植物景观，受到了科学界的普遍赞扬。科学院为了表彰他的功劳，特地将当地所产的忍冬科植物里的一个属以林奈的名字命名。所谓林奈木属，就是这样决定的。林奈这位杰出的科学家，在植物分类研究上可谓硕果累累，曾为数千种动、植物命名。但他很谦虚，只挑选一种世界上最小的灌木用自己的名字命名，以表明个人的作用渺小。"林奈木"这种似草的最小灌木，由于与科学家林奈结了缘，因而名声大增。

"荔枝奴"不是荔枝之"奴"

周镇宏 科学小品

荔枝才过,龙眼便熟,因此龙眼有"荔枝奴"之称。奴者,仆从也,意思说,龙眼比不上荔枝。

果真如此吗?恐怕未必。

应该说,荔枝的大名远远超过龙眼。甚至可以说,前者名扬四海,后者仅在一定的地域内小有名气,这是事实。如果你翻一翻历代的诗文集,就会发现,那些咏荔枝的诗,颂荔枝的赋,记荔枝的谱,汇集起来,简直可编一本砖头厚的书。相比之下,为龙眼唱赞歌的诗文就少得可怜了。

但若据此就认定龙眼乃荔枝之"奴",实在不公正。就是在古代的文学作品中,也有认为荔枝与龙眼品味各有千秋难分高低而将两者相提并论的。不少王朝还把龙眼列为贡品之一。《后汉书和帝纪》记载:"旧南海献龙眼、荔枝,十里一置,五里一候,奔腾险阻,死者继路。"三国时代,魏文帝曾诏其群臣:"南方果之珍异者有龙眼、荔枝,令岁贡焉。"《东观汉记》也载有:"单于来朝,赐橙橘、龙眼、荔枝。"可见,古代的帝皇们嗜龙眼并不亚于嗜荔枝。

对于龙眼的"荔枝奴"之名,宋代大文豪苏东坡曾为其鸣不平:"闽越人高荔枝而下龙眼,吾为平之,荔枝如食蝤蛑大蟹,斫雪流膏,一啖可饱。龙眼如食彭越石蟹,嚼啮久之,了无所得。然酒阑口爽,餍饱之余,则咂啄之味,石蟹有时胜蝤蛑也。"

明代医学家李时珍也对龙眼与荔枝作了比较。他说:"食品以荔枝为贵,而资益则以龙眼为良,兹荔枝性热而龙眼性和也。"这个评论是比较公平的。

龙眼肉虽然比荔枝肉薄,但甘美异常,营养丰富。据测定,每百克龙眼果肉便有68.7~144.8毫克的丙种维生素,15~20克糖,15克左右的粗蛋白。它除鲜食外,还可加工晒干或制成罐头,如剥晒成"桂圆肉",就更是有名的滋补品和良好的烹调配料。

龙眼肉还是一味用处颇多的中药。《本草纲目》说吃了它能"开胃益脾，补虚长气"。《本草经》甚至说，常吃龙眼，可以强魄，聪明，抗衰老。叶橘泉所著《现代实用中药》也载："圆肉为滋养强壮剂，治健忘，神经性心悸亢进，神经衰弱的失眠症等"。

龙眼之所以得个"荔枝奴"的别名，除了荔枝过后龙眼才熟的原因之外，得"归功"于文人墨客的"创作"。过去的读书人特别喜欢给花果取些别号，常常是没有什么道理的。例如，荔枝叫"侧生"，杨梅叫"圣僧"，就都欠解；把石榴称为"三尸酒"，则尤其荒诞无稽。

"荔枝奴"这别号对龙眼很为不利，有人就以为它只堪做荔枝的奴仆。其实，正如苏东坡到廉州亲口尝过龙眼之后写的一首诗所说："龙眼与荔枝，异出同父母。端如柑与橘，未易相可否……"

"绿色食品"未必绿颜色

　　当前，自然界的生态平衡遭到严重破坏，环境污染日趋严重，粮食作物、食品被污染，人们的健康越来越受威胁。许多消费者在购买食物时，总是担惊受怕。蔬菜买回家里，又泡又洗，三番四次，总怕蔬菜沾上残留的农药。豆芽虽然营养丰富，美味可口，但有些人却不敢去买，就是因为听说有些生产者为促进豆芽生长，掺入生长素，担心过量的生长素有害人体。消费者无法确定哪些食品是安全、可靠的，于是在购买时颇为踌躇，或干脆不买。在这种情况下，开发"绿色食品"就显得更有必要了。

　　所谓"绿色食品"并不是指绿颜色的食品，而是指安全、无污染的食品类产品。因为绿色象征着生命、健康和活力，也是环境保护和农业的象征，故形象地把无污染的食品称之为"绿色食品"。去年我国农业部为一百二十四种食品——粮食、蔬菜、水果、饮料、茶叶等颁发了"绿色食品"证书。

　　怎样才符合"绿色食品"的标准呢？自发明生产农药和化肥后，人们为了使农业增产，大量使用化肥、灭虫剂、除草剂，污染了农田，破坏了土壤的结构，影响了农作物的自然生态系统，使农产品受到污染。生产"绿色食品"则要求保留和发扬古老的传统农业的优点，消除工业化给农业和食品工业带来的弊端。生产的食品要以保障消费者健康为首要原则。为此，要建立一个融科研、生产、加工、销售、环保、卫生、监测为一体的安全营养系列工程。它包括下述指标：生产"绿色食品"的产地要远离工业污染，生产过程中不施或少施化肥，以施有机肥为主，不用或少用农药，以采用生物防治病虫害为主；水质、土壤要经当地环境保护部门监测，各项指标必须达到国家规定标准。在食品的加工、包装、运输等方面，要严格执行食品卫生法，加工过程不得随便使用化学添加剂。总之，"绿色食品"必须具备三条标准：一是产品的原料产地具有良好的生态环境；二是原料作物的生长过程及水、肥、土条件符合一定的无公害卫生标准；三是产品的生产、加工及包装、储运过程符合我国食品卫生法的要求，产品符合食品卫生法标准。只有符合上述"绿色食品"标准的规定，农业部有关部门才能颁发"绿色食品"证书，产品才能获得"绿色食品"标志。

有人认为，以"绿色食品"的开发为契机，我国的农业和食品工业将迎来一场静悄悄的革命。"绿色食品"的开发是利国利民，有益于子孙后代的一个创举，将使我国的农业和食品工业的传统格局有所改观。有人预言，二十一世纪的主导食品将是"绿色食品"。那时，将有更多的自然、卫生、营养、无污染的食物满足人们的需要；人们也将可以放心、大胆、尽情、满意地选择自己喜爱的食物。

"法国梧桐"非梧桐

你到过福州湖东路一带吧？那里一排排的行道树，以其浓荫的大叶、舒展的枝条、成串的悬铃、斑驳的树皮和优美的树姿，令行人在此路过时无不心旷神怡。虽然，植物学家因这种树那独特的头状果序成串如悬铃高挂称之为悬铃木，但在我国南方，它众所周知的名字却叫"法国梧桐"！

真得为这种树鸣冤叫屈！它原是参天大树，人们却都把它当作特耐修剪的行道树。它正名应叫"悬铃木"，人们却众口一词称它"梧桐"，它与梧桐实是风马牛不相及。它是意大利传教士利玛窦携来的种子，后来却被强迫加入了"法国籍"。

"法国梧桐"一名，纯属"误会"的产物。二十世纪初期，法国人从上海英租界兆丰公园买了一批悬铃木树苗，作为法租界霞飞路（即今淮海路）的行道树种植，并作为法国公园（即今复兴公园）的观赏树散种。这些树木长大后，吸引了众多的上海人，但不知树名，只因其叶似梧桐，又种于法租界，误以为系从法国引进，便称它为"法国梧桐"，尽管这种树不是法国原产，也非梧桐，仅仅是以讹传讹，其名字竟然也已"约定俗成。"

事有阴差阳错，每至永劫不复。现在，谁要是站出来为"法国梧桐"正名，岂不有多事之嫌。

"冷血动物"血不冷

人们把鳄鱼、乌龟等爬行类动物称为"冷血动物",并且还常用它来形容冷酷无情的人。其实爬行动物的血液并不总是冷的,它们的行为也并非那样冷酷。

人们把爬行动物与哺乳类、鸟类相比,觉得前者的体温比后者低,于是就将前者称为"冷血动物",把后者称为"热血动物"。殊不知,冷血动物剧烈活动的时候,其体温比热血动物的体温还要高。

爬行动物与哺乳类、鸟类的不同在于,爬行动物不能靠自身的生理作用调节体温,它们的体温是靠日光浴来进行调节的,所以有人又把它们称之为"外温动物",相应地称热血动物为"内温动物"。人们经常看到鳄鱼张着大口晒太阳,那是由于它要靠阳光照射口中的毛细管来调节体温,而鳄鱼身体上只有口内有毛细管露出。因为爬行动物体内不需要使其体温保持恒定的"内热机",也就不需要经常补给使"内热机"工作的热量,因而他们可以在很长时间内不吃东西。

其次,"冷血动物"也并非冷酷无情。近来,科学家对鳄鱼的生活习性进行了仔细观察,发现鳄鱼十分注意保护自己的卵和幼仔。母鳄鱼不仅小心翼翼地将自己所产的卵进行掩埋,而且还长期镇守在产卵处,即使稍有离开,也绝不远离,绝不放松对卵的保卫警戒,此外,小鳄鱼刚一出世,母鳄就用口将它轻轻衔起,安全地放入水中。过去,大概是某些粗心大意的人看到这种现象,就误以为鳄鱼无情地吞吃自己的幼仔,因而"冷血动物"慢慢地就成了冷酷无情的人的代名词了。

"松江鲈鱼"非鲈鱼

松江鲈鱼和鲈鱼都是我国沿海很著名的食用鱼。古人常误认为它们是一种鱼或一类鱼。其实是不对的。

松江鲈鱼较早见于南朝初,范晔(公元398~445年)在《后汉书·左慈传》中曾记载道"操从容顾众宾曰:'今日高会,珍馐(xiū)略备,所少吴松江鲈鱼耳'。"这是写曹操(公元155~220年)宴客,因无松江鲈鱼而感遗憾的故事。晋朝葛洪称"松江出好鲈,味异他处。"《南郡记》亦载。"吴人献松江鲈鱼于隋炀帝,帝曰:'东南佳味也'。"可见松江鲈鱼在汉末和晋隋时已极负盛名。此鱼头侧在鳃盖膜处有一橙红色带状斑,与鳃相似,故又名四鳃鱼或四鳃鲈。南宋范成大有"西风吹上四鳃鲈,雪松酥腻千丝缕"诗句赞美。以后清朝因康熙、乾隆二帝先后到松江,品尝过松江鲈鱼,更誉其为"江南第一名鱼"。

鲈鱼,又名花鲈,也是我国很早就已负盛名的食用鱼。如北宋时范仲淹曾有诗"江上往来人,但爱鲈鱼美;不见一叶舟,出没风浪里。"

古时受知识的局限,不少名人将松江鲈鱼与鲈鱼误认为一种鱼或一类鱼了。如葛洪就把松江鲈鱼与鲈鱼混为一类鱼了。在现代鱼类学中,松江鲈鱼属鲉形目杜父鱼科的松江鲈属;体长最大不及200毫米,体无鳞,头平扁,尾鳍圆截形,体背侧有四条横带状黑斑。分布于我国浙江宁波到鸭绿江沿海及河口附近,朝鲜、日本亦产。

鲈鱼则属鲈形目叉尾鲈科的鲈属;体长大者可达二三尺;有细鳞;头侧扁;体侧及下方白色;鳃膜无橙红色带状斑;尾鳍叉状;分布于中国到日本沿海。二者差异很明显。

大文豪苏东坡在《后赤壁赋》中说"巨口细鳞如松江之鲈"。显然把花鲈误为松江鲈了。明朝李时珍在《本草纲目》中,似受前人文献影响,亦误将两种鱼混为一类或一种鱼了。

"海马"名马不是马

陆上的马为大家所熟悉，可是海洋里也有一种"马"，它叫"海马"，恐怕不是每个人都知道的。

海马其实并非是海底之马，而是一种海洋小鱼。海马在我国沿海均有产，尤以广东沿海分布最广，多见于沿岸海藻丛生或岩礁多的海区。

海马全身都被角质层裹着，游动时全靠细小的胸鳍和背鳍的摆动，动作缓慢。出生五个月的海马，就已经是成年，是一种"早熟"鱼类。由于海马上半身酷似"马头"刀的形态，故有海中"马"之称。

海马"生儿育女"也别具一格，由"父亲"带仔。雄海马尾部腹面有左右两片皮褶形成的"育儿袋"，交配时雌海马产卵于雄海马之"袋中"，卵在袋里受精孵化。小海马出世后，不马上离开"父体"，一直由"父亲"照料，确保其小生命安全。

海马虽小，不能食用，但它是一种良药，性味甘、咸、温，具补肾壮阳，散结消肿，舒筋活络，止咳平喘的功能，用于治疗阳痿、虚烦不眠、哮喘、腰腿痛、乳肿、难产等病症。

墨鱼鲸鱼不是鱼

周镇宏 科学小品

人们习惯把水中生长的动物加上一个"鱼"字，例如乌贼叫墨鱼，鳄叫鳄鱼，海星叫星鱼，鳖叫甲鱼，鲸叫鲸鱼等，其实这些水生动物都不是鱼。而有些不像鱼的水生动物，如海龙和海马等，倒是实实在在的鱼。叫鱼的倒不是鱼，不像鱼的却是鱼，这不是有些奇怪吗？

为了弄清这个问题，我们先讲讲鱼的定义。一般地说：鱼是用鳃呼吸并以鳍游泳的水生脊椎动物，凡是符合这个定义的就是鱼，不符合的就不是鱼——不管人们叫的是什么。

我们用这个定义来检验一下水生动物，就可分辨是不是鱼了。如大黄鱼，它是生活在水中并用鳃呼吸，有背鳍、胸鳍、臂鳍和尾鳍，还有脊椎骨，因此它是鱼。根据它的特征，分类学中把它分在鱼纲、鲈形目、石首鱼科、黄鱼属内。又如海马，它外形虽然像马头，身体由骨板组成，与我们常见的鱼类差异很大，但它是用鳃呼吸，以鳍游泳的水生脊椎动物，所以也是鱼。分类学中把它分在鱼纲、海龙目、海龙科、海马属内。

我们再来看看墨鱼。首先它没有脊椎骨，我们见到的白色的乌贼骨，那不过是它的内壳。另外它的游泳也不靠鳍。而是靠它鳆面的漏斗，通过水的反作用推动乌贼前进或后退，因此，它不属鱼类。动物分类学中把它分在软体动物、头足纲、乌贼科中。又如鳄，它虽是生活在水中的脊椎动物，但它是用肺呼吸而不用鳃。当它整个头部沉入水中时，外面的瓣膜就得把鼻孔封闭起来，以免水呛入肺内。它游泳也不用鳍，而是靠侧扁的尾部。而且它还具有四肢，前后掌都有游离的趾。这些都和鱼类有明显的不同，分类学中把它归在脊椎动物、爬行纲、鳄目内。至于鲸，它的外形与鱼相似极了，不仅是生活在水中的脊椎动物，有着鱼类常存的流线型身体，还用形如鳍的鳍手游泳，所以古代的人都称它是一种大鱼。随着近代解剖学发展，才纠正了这种错误判断。原来鲸并不是鱼类，因为它不用鳃而用肺呼吸，每呼吸一次能在水中潜泳10～40分钟。而且它还有乳头、乳腺，雌鲸产仔后，以乳哺育后代，与鱼类差异很大。分类学中把它列在脊椎动物、哺乳纲、鲸目内。

青蛙变态前的蝌蚪，它是水生脊椎动物。也是用鳃呼吸，以鳍游泳，可是一经变态后，肺代替了鳃呼吸，四肢运动代替了鳍的游泳，因此也不属鱼类。是两栖纲中的蛙类。

那么，人们为什么把不是鱼的水中动物称为"鱼"呢？

这就要追溯到古代。那时候，人们对海洋生物的认识还很肤浅，只凭外表来判断一切。比如，因为鱿鱼的身体没有脊椎，在水里透明又很柔软，所以被称为鱿鱼。墨鱼在遇到人或伤害它们的动物时，就会射出一种类似墨汁一样的液体来掩护自己，所以被称为墨鱼。章鱼又称八爪鱼，这是由于它具有许多强有力的触手。

随着科学文化的发展，人类对生物的认识也越来越趋向科学化。在自然界里，生活着千千万万种的动物，它们的形态各异，生活习性各不相同，我们必须根据它们的本质属性来进行划分，才能正确认识它们。对于鱼类的识别，也是如此。

"对虾"少成雌雄对

对虾有不少别称：它刚出海时，因身体半透明，称为明虾；又因雌虾微显褐色透青，所以北方渔民称为"青虾"，雄虾因体褐而略黄，则称为"黄虾"。由于对虾肥胖、肉多，在中西菜谱上，又叫它大虾。

对虾的种类不多，只有20多种，但分布却很广。几乎在世界各处的深洋浅海都有它们浩浩荡荡的回游大军。

对虾头上长有3对细长的螯足，全身裹着一节节薄而坚韧的甲壳，身材"魁梧"，比虾类王国的其他成员更显英气。

"对虾"这名字听起来似乎有点人情味。因此一些人望文生义，猜想它们一定是雌雄相伴为生、终日形影不离。其实恰恰相反，对虾生性孤僻、雌雄之间很少往来，更无法成双成对共度一生了。只是在繁殖季节，对虾才有一段短暂的浪漫插曲。有人曾亲眼观察到日本对虾甜蜜的爱情生活，并生动细腻地作了描述："在一个饲育池内放几尾成熟的雄虾和体姿丰腴的雌虾。开始的几天，雌雄虾举止有礼。但是一天夜里，一尾雌虾正在脱皮，这时在它附近的一尾雄虾仿佛突然觉察到了异性的存在。它一反常态，缓慢地爬向雌虾，柔和地围着雌虾绕圈子。同时又用触角和步足轻轻地抚摸对方，显得既温顺又体贴。如果雌虾没有任何表示，雄虾就进一步逼近。此时的雌虾由于刚刚脱皮，正疲倦不堪，侧躺在池时，雄虾乘机拥抱住纤弱的雌虾进行交尾。交尾时，雌虾静静地偎在雄虾的怀抱中，本能地打开柔软的生殖器，接受雄虾生殖器送来的精子。大约3分钟时间，雌雄交尾结束，两者毅然分开，温情脉脉的夫妻关系也随之解除了。"

既然如此，对虾的名称又是怎样得来的呢？

因由可能是这样：过去的渔民在对大虾进行统计时，不是论斤两，也不论雌雄，而是每两只算一对，每次捕捞的数量以"对数"表示；在市场上出售时。也常以两个一对售出。久而久之，约定俗成，对虾这一名称就沿用至今。

"相思鸟"们不相思

有一种鸟叫"红嘴玉",是名贵品种,又名相思鸟。"相思鸟"顾名思义,指它对爱情忠贞不二。当雄鸟与雌鸟配对后,便终生相伴,形影不离。如果一只死去,另一只也会悲哀地拒绝饮食,不鸣不舞,最后以身殉情。

根据生物学家的考察,相思鸟并不相思,其本质特性并非如此。只是由于人们饲养很少,一般只养一两对,由于经验不足和管理不善造成某种疾病,使其相继死去,人们便误以为是相思而死。为了揭开这个谜,有人故意给相思鸟交换配偶,结果,只过几天,他们就愉快地起舞,繁殖后代。还有的在配偶死去之后,照常再娶再嫁,与新伴侣开始新的生活,所以说相思鸟其实并不相思。

"跳蚤"根本不会跳

跳蚤会跳，似乎毫无疑问，但是，科学家们经过大量试验后，竟出人意料地发现：跳蚤根本不会跳。

这究竟是怎么回事呢？原来，跳蚤的祖先是一种有翅膀的昆虫。会飞的昆虫是靠富有弹性的胶状蛋白质的翅膀快速摆动飞翔的，科学家把这种弹性蛋白质称为"莱西林"。莱西林的弹性比任何一种橡胶都好。

科学家认为，跳蚤大腿上的肌肉主要用于绷紧莱西林，而当莱西林收缩时，便产生一股强大的爆发力，使跳蚤像离弦之箭，被弹了出去，能升到几十厘米的高处。如今，人们正在研究莱西林的化学结构，并设法加以人工模拟。可以预期，在不久的将来，人工合成的"莱西林"将取代天然橡胶的位置。而所谓"跳蚤"，其实也只是拥有"莱西林"这一神奇物质的普通昆虫罢了。

"百脚"何来百只脚

蜈蚣俗称"百脚",是多足类节肢动物,在人们印象中,它有100只脚。实际上,我国常见的蜈蚣并没有100只脚,如在我国长江流域常见的巨蜈蚣,体长10~15厘米左右,有22对脚。而第一对脚像把钳子,位于口器的前下方,内有毒腺,有人称它为"毒牙",其实是一对毒爪。最后一对脚向后形成了长尾巴,称生殖肢。所以,它实际上只有40只步足。

我国这种常见的巨蜈蚣,全身分为头和躯干两部,头部上方有鞭形触角一对,背面两侧各有一对由4个单眼组成的集合眼,彼此很靠近,犹如复眼。体部腹背扁平,分节,背面深绿色,腹面淡灰色。每节都有步足一对,头部和躯干部的第一节呈红色,有红头蜈蚣之称。幼虫开始时仅6个环节,以后每蜕皮一次,增加一个环节和一对足。

除巨蜈蚣外,常见的还有石蜈蚣,体长只有2~3厘米,触角较长,有步足15对。它最后一对步足特别长,但没有运动功用,然而却具有十分敏感的触觉,可提防跟踪之敌。另一种叫大理蜈蚣,它的躯干细长,呈线状,长大的个体有步足35对。据说在非洲和南美洲等地的大蜈蚣,体长可达30厘米以上。

蜈蚣这类多足的小动物,行走十分迅速。它们一般生长在阴暗潮湿的地方,如石块间、墙脚边或成堆的树叶里及腐烂植物碎屑里。它白天隐蔽在暗处,夜间出外觅食,利用毒爪捕食昆虫等小动物为食料。

蜈蚣有毒腺,被它蜇伤后,除发生疼痛外,严重的可使人昏眩、头痛、呕吐等。一般可用5%~10%浓氨液洗擦伤口,中和毒液,减轻疼痛。目前我国各地因结合除四害等爱国卫生运动,一般室内已无蜈蚣立足之地。

蜈蚣有毒,但其毒却能用来治疗疾病。我国科学工作者从中药文献里知道,它内服能治小儿惊风、关节炎;外敷治疽、流疽、恶疮、蛇虫蜇伤等,有止痛消肿之效,所以有专门进行人工饲养的。可见,蜈蚣这类动物,只要人工饲养管理得好,是无害而有益的。

"钢化玻璃"不含钢

一只钢化玻璃杯，放在桌子上，还没有倒开水，也未磕碰，却突然炸裂，使人大惑不解。俗话说"坚如钢"，"钢化玻璃杯"按说也应"坚如钢"。

钢化玻璃杯的原料是普通玻璃，用它先做成较厚的玻璃杯（壁厚3.4～3.8毫米），再放入炉中加热到650摄氏度。这时，玻璃已软化，但尚未变形，迅速投入油液中，使之急剧冷却。这道工序叫"钢化"，也叫淬火，就像钢铁淬火一样，使玻璃变得坚硬结实。

玻璃是热的不良导体。当玻璃杯刹那间冷却时，表面层首先变冷、硬化、收缩，而玻璃内部尚处于高热可塑状态，有一股向外的膨胀力。因此，制成的钢化玻璃杯，表面存在压缩应力，内部存在着伸张应力。在一般情况下，这两种应力在杯体的各个部分应是均衡的，使用当中不会出现问题。

但在个别情况下，由于淬火不当，杯体产生不均衡的应力，就可能使它无故炸裂。比如杯体某一部分内应力大于外应力，从里面用力向外的推力很大，而外部向内的压力很小，虽然表面看这只杯子没有什么问题，实际上内部却在绷着劲。

这种现象，在厚玻璃制品中，例如办公桌上的玻璃板，也会偶然发生。道理和钢化玻璃杯一样，这些厚玻璃制品虽然未经淬火，但从液体变为固体的过程中，由于表面首先冷却变硬，内部较后才冷却变硬，也存在着不均衡的应力。

"哈士蟆油" 不是油

哈士蟆属于两栖动物，俗称"哈什蚂"、"油哈蚂"、"黄哈蟆"。它是一种典型森林蛙类，所以又称"林蛙"。

哈士蟆体型较大，很像青蛙，但头部从背面看呈三角形，扁而宽，吻端较突；头部两侧眼的后下方，有一对圆形鼓膜。在鼓膜之后，有一块三角形黑斑，这是它与青蛙的显著区别。

哈士蟆夏季生活在森林里。蝗虫、甲虫、蜘蛛、蚁类、蝇类，甚至蜗牛都是它们最好的食物。每年的9月末、10月初，哈士蟆开始从森林里下山，进入山涧溪流越冬。一直到第二年4月初，才开始解除冬眠，苏醒过来，出河到产卵场进行繁殖。每只雌蛙平均产卵1500粒，最多可达2200粒，繁殖能力很强。哈士蟆油是雌蛙输卵管的干制品。一般是秋季捕捉，穿串，放在外面通风处晾晒，让水分蒸发干燥，变成"哈蟆干"经过干燥的输卵管变成黄白色略带透明的硬块，这就是"哈士蟆油"。

"哈士蟆油"是人们的习惯称呼，实际上并不是"油"，而主要是蛋白质，含量高达50%，此外还有无机盐、维生素A、B、C、D，以及多种激素。哈士蟆油最主要的用处是作为一种强壮补益药，用于补虚退热、肺虚咳嗽。体弱者，特别是患消耗性疾病的病人，服哈士蟆油有助于强健身体、抵抗疾病。其他凡精力不足需要加强营养、提高体质的人，也可适当服用。民间在妇女产后乳汁不足或无乳时服用哈士蟆油，有催乳作用。

服用哈士蟆油，必须加水浸泡，待到膨胀松软时才可服用。浸泡哈士蟆油的水，一定要是凉水或温水，水温最高不能超过40摄氏度，切忌用开水浸泡。

"樟脑丸"中无樟脑

日常生活中，人们贮存衣服、书籍和文物时，为防虫蛀总要放些樟脑。但有不少人，误把"樟脑丸"（俗称卫生丸或臭丸）当作樟脑，放在箱子里、衣橱中，以图保护衣服防虫蛀，这是不科学的。

樟脑有良好的防虫蛀作用，平时我们用的樟木箱，就是用樟树木制成，其中含有天然樟脑，用它存放衣服很适宜。由于天然樟脑数量有限，远不能满足人们日常生活的需要，因此，便出现用松节油为原料生产出的合成樟脑。这种合成樟脑制成透明方块状，叫做"樟脑精块"，其作用与天然樟脑一样。如在一般的木箱中放上一些，也会起到与樟木箱同样的防虫蛀作用。

但市场上出售的"樟脑丸"很多根本不是樟脑，尽管它具有类似樟脑的气味，其实却是与樟脑完全不同的另一种物质。它是由煤焦油的中油部分提炼出来的萘制品，准确地说应叫做"萘丸"。现代科学研究发现，"樟脑丸"中的这种萘，可以使白色衣物泛黄，对合成纤维有破坏作用。研究还表明，萘可影响红血球细胞膜的完整性，而细胞膜的破坏和高浓度的萘气体可导致溶血性贫血、肾和肝脏受损害以及视神经炎。虽说萘也属某些化工生产中不可缺少的主要原料，但它毕竟不适宜在人们日常生活中直接使用。比如说，假如婴儿的衣服长期接触"樟脑丸"，"樟脑丸"中的萘能通过婴儿稚嫩的皮肤和粘膜渗入血液，危及健康。

为防止衣物虫蛀，要使用真正的樟脑，切勿错把"樟脑丸"当樟脑使用。

我国的樟脑产量居世界前茅，销售量占世界第一位。樟脑对人体无毒无害，有防虫、防蛀、防霉、防腐等优良性能，用它保存丝绸、毛料等衣物效果甚佳。在保护图书资料和医药方面用途也很广泛。专家们已多次呼吁有关部门禁止出售有害人民健康的"樟脑丸"和其他萘丸制品，致力开发日用樟脑新品种。

"甘油"虽甘却非油

甘油对人类贡献之大，在化学界是首屈一指的。

甘油的主要用途是用来制造炸药——硝化甘油。它是由甘油和硝酸反应而成的。硝化甘油与甘油性能截然不同，它具有强烈的爆炸性，能在瞬间所发生的化学反应中，释放出巨大的热量，同时伴生出大量的气体，其压力可达几十万个大气压，因此，具有巨大的功能。现在，炸药的应用已成为工程技术发展的重要标志，在开山挖矿，浚河造坝，修桥筑路等工程上，炸药已成为人类改天换地的有力生产工具，而且在机械加工生产中也大显神通，成为天下少有的能工巧匠。

甘油在日常生活中也大有用场，给油墨及羊皮掺些甘油，就能使产品柔软、润泽、闪亮；在糕点中加些甘油，糕点会变得更香甜可口；用甘油配制成的油漆——醇酸树脂，被人称为"漆中之王"，用它漆出来的器具明亮光滑，绚丽多彩，冬季用甘油润肤，可防止皮肤开裂……

近年来，科学家们发现，硝化甘油竟是一种治疗冠心病、主治心绞痛的良药。当冠心病患者感到胸痛要发作时，就将含硝化甘油零点三毫克左右的片剂，放在舌下，含在口中，便能防止发病。这是由于硝化甘油具有选择性地作用于心脏冠状动脉调节血液循环的良好功能。

尤为诱人的是，科学家们最近发现甘油可以制造一种高级塑料。将甘油与硫酸氢钾共热，它就会失去水变成丙烯醛，然后经过催化，聚合，"摇身一变"就制成了甘油塑料，这类塑料色泽漂亮，经久耐用，并已在化工、建筑、电子工业以及空间技术等部门大显身手。

说了一大通，到底甘油为何物？无色无臭而略有甜味的粘滞性液体即为甘油。

"甘油"其名，可以说有点"半真半假"。说它真，是因为甘油的味道的确甘甜可口，甚至可以代替食糖，作某些饮料、酒类的甜味原料。说它是

"油"，就有点"失真"了。甘油根本不是油，而是酒精的同族兄弟，化学家叫它"丙三醇"。

甘油有个奇怪的"脾气"，就是非常贪"喝水"，一经暴露在空气中，就会大量吸收空气中的水分。我们利用甘油护肤，正是利用它吸收水分的这一特性。不过，润肤的甘油，必须含有20％的水分，纯甘油（无水甘油）是不能直接往皮肤上涂的。因为它吸水性很强，涂在皮肤上以后，它不但吸收空气中的水分，还会将皮肤组织中的水分吸了出来，这样不但不能润肤，反而使皮肤更干燥，甚至引起灼烧。因此，当你买甘油时，一定要问清楚是纯甘油还是含水甘油，如果是纯甘油，一定要加入20％的水分以后才能使用。

"糖精"味甜不含糖

一个多世纪以前——1879年，化学家合成了一种有机物，它的特点是甜得出奇，比蔗糖要甜550倍，一份这种物质加上10万份水以后，仍然能尝出甜味，因此人们就称它为"糖精"。

长期以来，糖精一直被广泛应用于食品饮料工业和人们的家庭日常生活，尽管有过"吃糖精有害"的惊呼，甚至有过某些国家的有关机构提出禁止使用糖精的风波，人们对糖精还是照用不误。

糖精并不是"糖的精华"，而是一种化学制品。它属惰性物质，除了在味觉上引起甜的感觉之外，对人体没有任何营养价值，所以只能作为一种甜味剂而不能代替糖。糖精是从煤焦油里提炼出来的，主要原料是甲苯，还含有大量其他杂质，如重金属、氨化合物、砷和邻甲苯磺酰胺等。

糖精既然由这样的物质构成，当然不宜超量食用，尤其不宜用糖精作为日常饮料。家庭平时使用糖精也应严格控制，不能滥用。在制作糕点、汽水、冷饮品等需要加入糖精时，最大用量也不能超过万分之一点五。

"糯米纸"不是糯米制

吃奶糖、软糖时，拆开外边的透明纸或蜡纸之后，贴着糖块的是一层半透明的纸——糯米纸。孩子们一般都是连纸带糖送入口中，不久糯米纸就溶化了，舌头很快就尝到甜味。

糯米纸是用糯米做的吗？不是的。它是用淀粉做的。一般是以番薯、玉米为原料，提取淀粉。制作时，把淀粉加水调成稀浆，除去杂质，用热水冲成淀粉糊，再把淀粉糊均匀地在干燥机上涂上薄层，经过烘干，就制成半透明、略带白色的糯米纸。其实，你自己也能做糯米纸。煮稀饭时，粘稠的饭汤溢到锅边、锅盖上，干了之后，就成了"糯米纸"，不过较硬、较脆些罢了。

淀粉是可以吃的，用淀粉做成的糯米纸当然也可以吃，把它放进嘴里，淀粉很快就溶解在唾液里。用它来作奶糖的内层包装，既有一定的防潮作用，又可以和奶糖一起吃，真是一举两得。

有人从中得到启示，用淀粉等原料制成可食性薄膜，既可作为包装材料，还可派上其他用场。宇航员的食物，用可食性薄膜包装成小块，吃起来一口吞下，就可以防止在太空失重状态下食物碎屑往四处飞扬。用可食性薄膜做餐巾，用毕可以喂猪。有人还别出心裁地设计出可食油墨印在可食性薄膜上当报纸，这种报纸看毕可以当作点心吃。

在纸的大家族中，"牛皮纸"和"马粪纸"也属名不副实之列。牛皮纸与牛皮毫不相干，其主要原料是木、竹、棉等纤维较长的物质。它坚韧耐拉，特别适用于包装物品。"马粪纸"当然也不是马粪制成的，而是用稻草、麦秆等制成的板状、黄色、质地粗糙的纸，多用于制作盒子。

"果子晶"徒有果子名

食品商店的货架，摆满了各种果子露和果子晶，不仅色泽鲜艳，还都冠以水果名称，因此成为一种比较普及的大众食品。

它的营养价值究竟如何呢？原来，果子露根本不是用水果汁制成的，它是用白糖和水，加上人工着色剂、人工合成香精、甜味剂糖精、酸味剂柠檬酸、防腐剂苯甲酸钠以及甘油等化学物品配制而成的粉或结晶体。这些果露、果晶，除白糖能供给人体一点热能和柠檬酸能参与体内一点代谢外，其他配料都不具有任何营养价值。如糖精，它在人体内是不被利用的，大部分从尿中排出；人工合成香精，多由一些酯类和醛类等化学物品溶于酒精中配制而成。果子露、果子晶的鲜艳色彩是加入了人工着色剂的结果，这种着色剂，是以煤焦油为原料合成的，没有任何营养价值，还有一定的毒性。

顺便指出，人们熟知的"葡萄酒"，也有点"虚有其名"。

葡萄酒是世界上最古老的酒类之一。它名曰"葡萄酒"，其实是采用包括葡萄在内的多种水果汁为原料，并在其中加入特制的酿酒酵母，使之与果汁中的天然糖分发生作用产生酒精而制成的。葡萄酒如以色泽区别，一般可分为红酒、白酒和玫瑰红酒，若按酒质区别，有含气和不含气之分；在味道方面，则有醇甜和醇而不甜之别。法国的波尔多红酒和白酒，被公认是世界上品质最优良的葡萄酒，酒味醇厚而又清淡，色泽艳丽且带果香。

"铅笔"芯没有铅掺和

在铅笔发明出来之前，人们用来写字的是一种用铅做成的铅棒，但书写不便，写出的字迹也灰暗不清。随后又用炭棒代替铅棒。但不管是铅棒还是炭棒，都很不理想。现在用的铅笔是由一种灰黑色的石墨制成，具有润滑性。但由于石墨的性质非常柔软，制造成的铅笔芯很容易折断，故在制造过程中往往加入一些极细的粘土。加入粘土的比例不同，制成的铅笔芯的硬度也就不一样。

市场上常见的铅笔，往往有〔H〕、〔B〕等字母。〔H〕是表示铅笔芯的硬度。〔H〕的数级越高（如〔2H〕〔4H〕〔6H〕）笔芯就越硬。这种铅笔常用来复写。相反，如果铅笔上印有〔B〕的字样，笔芯则软，B前面的数级越大，笔芯也就越软。3B以上铅笔一般用作绘画。若铅笔上有〔HB〕字样，那就表示石墨与粘土比例合适，不软不硬，这就是通常用的铅笔。小学生写字应该用这种铅笔。

"不锈钢"难保不生锈

第一次世界大战期间，负责改良军火武器的英国科学家哈利·布里尔利受英国政府军部委托，研究兵器用钢，意欲制造一种耐磨的合金钢来做枪管，俾枪膛不易磨损。他试验了多种材料均不理想，最后失望地把一批批钢材倒到废铁堆去。天长日久，废钢在垃圾堆里被锈蚀。有一天，当他又失望地往废铁堆里倒废料时，却意外发现废铁堆竟有几块钢料仍旧晶晶发亮，完全没有锈蚀。他好奇地捡起进行详细研究，结果知道这是几块低碳高铬的合金钢，含铬量为12.8％；这种合金钢具有耐腐蚀、不易生锈的特性。后来由于这种合金钢用于制枪管还嫌太软，军部不予重视。布里尔利干脆与人合开了一家餐刀厂，利用这种合金钢专门生产餐刀。这种亮光闪闪且耐腐蚀、不易生锈的餐刀一下子轰动了整个欧洲。从此，"不锈钢"之名不胫而走。

现今，大量的不锈钢制品进入了人们的生活。各种不锈钢器皿、厨具，以其光洁闪亮、华贵美丽而深受家庭主妇们的垂青。在一般人的观念中，不锈钢就是永不生锈的钢，因此他们使用不锈钢制品时，常常随意让他们与酸、碱和污物接触。结果不锈钢制品使用一段时间后，竟也起了斑斑锈点。有人因此大惑不解；不锈钢难道也会生锈吗？

不锈钢会生锈不足为怪。世界上没有绝对不会生锈的金属，只是抗腐蚀的性能有强有弱罢了。金属生锈的过程，就是金属与氧接触的氧化过程。铁生锈呈褐黄色，其他金属生锈不呈褐黄色，因此常常不为人们所注意。即便是金和银，也会形成氧化金和氧化银而生锈，只不过其氧化过程非常缓慢而已。

所谓不锈钢，就是利用铬、镍的耐腐蚀性质，把它加进钢中炼成的合金钢。在不锈钢中，铬要加到百分之十三至二十八，镍要加到百分之六到十四，才能起到"不锈"的作用。最常用的不锈钢叫"铬18镍9"，即含铬百分之十八和含镍百分之九。表壳就是这种钢制成的，但这种"不锈"钢，其实也只是"不易锈"而已。

家用的不锈钢器皿，不宜长久接触蒸汽、酸、碱、盐等，果酸和厨房里烧煤球散发出来的硫化物气体等，也有加速不锈钢表面腐蚀的作用。因此使用不锈钢器皿后，要注意洗涤揩拭干净，才能保持不锈。

顺便指出，目前市场上出售的不锈钢制品，其实分不锈钢和不锈铁两种。有些产品印有"13—6"、"18—18"等钢印，这些字样标志着产品原料成分及身价。破折号前的数字代表含铬数，后者代表含镍数。含铬不含镍的产品是不锈铁，容易生锈，含铬又含镍，才是不锈钢。

"多胎药"不司"多胎"职

不久前,医院门诊部曾来了一位病人,她神秘地问:"医生,听人家说有一种'多胎药'很灵验,服药后就可生几胞胎,我想让您为我开些试试。我只想要个双胞胎……"

这个病人实际上代表社会上一部分人的畸形心理,以为用上了"多胎药"就能怀上双胞胎,既满足多子的欲望,又不违反计划生育的规定。其实,这是对"多胎药"的误解。所谓"多胎药"即促进排卵药物,主要有克罗米芬、促性腺激素等。促性腺激素则包括脑垂体促性腺激素、绝经期促性腺素及绒毛膜促性腺激素等。这些药物具有间接或直接促进卵泡成熟及排放作用。临床上常用于某些不孕症、妇科内分泌疾病的治疗以及试管婴儿技术等。这些药物都有一定的适应范围与禁忌,不能滥用,即使对于那些需用促进排卵药物的病人,医生也要考虑周全,权衡得失,这样才对病人负责。

此外,上述这些药物都有一定的副作用。最常见的是干扰了正常人的内分泌系统,破坏体内激素的平衡,从而引起多种疾病,甚至也可能对甲状腺、肾上腺、垂体产生不良的影响。

克罗米芬的副作用,最常见的是促使卵巢增大,甚至伴有囊肿,其发生率约为1/7,另外,一些人也可能出现类似的绝经期综合症的现象,如面部潮红、头痛等。其他症状有恶心呕吐、腹痛、荨麻疹、脱发、视物模糊等,少数人也可导致严重卵巢过激症。

使用绝经期促性腺激素和绒毛膜促性腺激素治疗的并发症状,最常见的是卵巢过激症。其发生率约为30%,症状轻重不一。其中严重者可见卵巢肿大,有囊肿,或伴有腹水、胸水、内出血、尿毒症等症状,有时可危及生命。其他并发症有血液凝固进而产生血栓等。

还要说明的是这些药物并非都灵验。据有关统计,应用克罗米芬促排卵,其排卵率只有3/5,而受孕率也很低,只有30%左右。其中真正能引起多胎妊娠的仅有 7%～8%。不仅如此，经克罗米芬治疗，自然流产率也较高，有些甚至可能导致胎儿先天畸形。

用绝经期促性腺激素配合绒毛膜促性腺激素促排卵，其排卵率比克罗米芬高些，但也有近半数不能妊娠。即使能妊娠也约有 1/5 可能会导致流产，其中多脑妊娠率也只有 1/5 左右。

鉴此，有必要奉劝那些迷信"多胎药"而希图一胎多子者，从母体的健康、未来后代的优生考虑，实在没有必要去花钱冒风险、自找苦吃。至于某些不孕症者则另当别论，但也要在医生的指导下治疗。

"自然铜"与铜不沾边

"自然铜"是中药中的一种矿物药。名为"自然铜",实际上与铜毫不沾边,真可谓是风马牛不相及。自然铜是等轴晶系天然硫化铁矿(黄气矿)的矿石,可是一些报刊却将中药自然铜说成是普普通通的铜。1980年《财贸战线》报发表了《古铜钱治病的由来》一文。嗣后许多报刊相继转载、摘登、以讹传讹,直至最近一家有名的晚报还发了一篇《铜能治病》的文章继续将自然铜与铜混为一谈。

黄铁矿的模样和金矿差不多,都是金黄色的、发亮的。一些缺乏地质知识的人偶尔在野外找到它便欣喜若狂,自以为找到了金矿。于是有人给它起了个"愚人金"的诨名。而今"愚人金"又变成了"愚人铜"了。这种不严谨的态度是绝对不可取的。

"龙骨"哪是"龙之骨"

世界上最古老的一本地理、古生物学文献——《山海经》中记载有"龙骨"一词。《旧唐书·地理志》说:"河中府上贡龙骨","太原府上贡龙骨"。宋代沈括写的《茅亭客话》中记载了当地群众搜集龙骨到集市上出售的事:"蜀有蚕市,……有鬻龙骨叟与儿辈将龙骨、齿、角、头、脊之类凡数担,至暮货之亦尽"。《金史·地理志》也记载着:"大兴府产白龙骨"。

这不仅说明"龙骨"之名来源很早,而且我国劳动人民很早就熟悉龙骨产地。

长期以来,我国把"龙骨"当做中药,在历代医书上都有关于龙骨的记述。如果有机会走访中药店的仓库,就可以认识"龙骨"为何物了。

"龙"已属"莫须有","龙骨"当然不可能是"龙之骨"。

广义而言,龙骨是指除了鱼类以外的所有脊椎动物化石而言。其中包括两栖类、爬行类、鸟类、哺乳类和人类化石。就狭义来说,是指哺乳动物化石,特别是距今1200万年到1万年前的上新世和更新世的哺乳动物化石。其中尤以犀类、三趾马、鹿类、牛类和象类化石最多。中药的"龙齿",就包括这些动物的牙齿在内。至于中药店视为珍贵药品的"五花龙齿",实际上是第三纪的乳齿象的牙齿化石。

"龙骨"既然是泛指除鱼类以外的古代脊椎动物化石。它与其他化石一样,是生物进化的历史档案。在这特殊的档案里,人们可以探索脊椎动物各个类群的起源、进化、分布和灭绝的规律,为谱写生物史、地球史提供可靠的、生动的例证。

"直升机"不是直升飞机

靠旋翼飞行的"直升机",一直被误称为"直升飞机"。西北工业大学著名航空史学家姜长英教授,曾查阅五种语言的60多部辞典,发现大部分都将"直升机"误认为等同于"直升飞机"。为此他投书《航空知识》、《光明日报》,大声疾呼要为"直升机"正名。现在他的观点已为航空界所重视和接受:只有有动力的定翼且利用空气动力学原理飞行的航空器才定义为"飞机"。旋翼与定翼不符,故靠旋翼飞行的"直升机"不是"飞机",不可叫做"直升飞机"。顺便指出,"航空器"与"航天器"也不能混为一谈。在飞行学科里,"天"与"空"有别。通常把距地球表面30公里以内的范畴,称作"空";30公里以外的茫茫太空,称作"天"。在"空"范畴内的飞行器,称作"航空器",在"天"范畴内的飞行器,称作"航天器"。主管航空器和航天器生产的部门,称作航空航天部。原北京航空学院就是培养航空航天技术人才的高等学府,该校现已改名为"北京航空航天大学"了。

"黑匣子"不呈黑颜色

每当有空难事故发生时，人们总要议论到"黑匣子"。飞机在空难中，往往机毁人亡，"全军覆没"，难以从驾驶员及飞机残骸中获取有用的信息和资料查明失事原因。所以，飞机坠毁后，调查人员要做的第一件事，就是尽快寻找"黑匣子"，透过它所记录的资料得知飞机失事前的飞行情形。

"黑匣子"的绰号叫"魔匣"，正式名称是"飞行数据记录器"。早期的"黑匣子"只能记录飞行高度、加速度和磁航向。由于数据不全面，常常是找到了"黑匣子"，仍然找不出造成失事的真正原因。现代的"黑匣子"可以记录包括驾驶舱通话、仪表指示数据等60种以上的资料。找到"黑匣子"后，就可以通过"模拟计算机"显示飞机失事前的轨迹，找出失事原因，并了解飞机各方面的飞行性能，解决设计中存在的问题。

目前，世界上大多数民航飞机都装上了"黑匣子"，较先进的飞机如"波音707"、"波音747"、"DC－10型"等的"黑匣子"，不但能记录飞行中每一时刻的机速、发动机等仪器的状况，还能录下飞行员与地面及机组人员的通话。记录器装在一种用异常坚硬的特种金属做成的盒子里，能经受住200倍地心引力的冲击震动达11秒，还可以抵挡1100摄氏度的高温达半小时，其表面可承受每平方英寸1000磅的压力。正是由于这种防火防水防冲击的性能，使"黑匣子"即使在飞机粉身碎骨，人员无一生还的情况下，仍能完好无损，成为分析事故原因的主要依据。"黑匣子"所采用的磁带是不锈钢丝，能连续循环地"抹"和"录"，因此失事前30分钟的数据资料都有记录。飞机即将坠毁时，"黑匣子"能根据飞机上"事故传感器"发出的警报，在刹那间炸开飞机包皮，迅速弹射出去。为便于人们寻找和打捞，它还喷洒染色剂和荧光剂涂染所在海面，有的还装配有无线电发射机，不断发出呼救信号。

有趣的是，现代飞机的"黑匣子"并不是黑色的，而是被涂成鲜艳的橙色或黄色。因为橙色或黄色最为显眼，与环境反差强烈，方便寻找。

至于人们为什么给橙色或黄色的飞行数据记录器冠以"黑匣子"之名，一种解释是黑色象征灾难与不祥；另一种解释是其中内容只有通过专门分析才能了解，一般情况下是无人知晓的，这犹如系统理论中的"黑箱"。

不久前报载：我国已能生产自己的"黑匣子"。由航空航天部千山电子仪器厂生产的"黑匣子"，已于1991年底获中国民航局的《适航证书》，将装备在国产各类民用和军用飞机上，结束了我国长期以来完全依赖洋"黑匣子"的历史。

"火石"非石

打火石，无人不知。当你需要引火时，只要轻轻按动打火机，机内的火石与钢轮相摩擦，便可飞出小小火花，将汽油蒸汽点燃，形成一束火苗……

但打火机用的"火石"并非石头，而是合金，是用百分之七十的镧或铈等稀土元素与百分之三十左右的铁、铬、铜等金属混合制成的。

人们将能"生火"的这种合金称之为"火石"，可能与我们的祖先"击石取火"的历史不无关系。在石器时代的早期，人类在制造石器时常常用石头打击石头。由于石头互相撞击，有时能迸发出火花来，这便是原始的"击石取火"。直到十九世纪中期，世界上第一根火柴出现以前，人们仍然用这种办法取火。人们用"火刀"（一种金属制成的刀）去撞击"火石"（一种取自石灰岩中的燧石），使其产生点点火星。现代科学研究表明，人类当时使用的"火石"之所以能生火，是因为在岩石中，尤其是在碳酸盐类岩石中常常含有镧、铈等稀土元素，由此看来，人们习惯把打火机里含有稀土元素的合金物称之所以"火石"，恐怕也是传统文化继承性之一例吧。

"石棉"非棉

人们在探索地下矿藏的过程中，发现了两种奇妙的石矿——白色的蛇纹石和蓝色的角闪石。它们不需煅烧，只要在轮碾机和松棉机里松散开，就变成了纤维。这种纤维柔软如棉，可以像棉花一样用来织布、缝衣，于是得名"石棉"。

早在两千四百多年以前，我们的祖先就开始利用石棉纺线织布，并对它的物理性能加以研究了。当时的《列子》一书记载着"火浣之布，浣之必投于火。布则火色，垢则灰色。出火而振之，皓然疑乎雪"。这里所说的"火浣之布"就是石棉布。远在1676年，中国的石棉手帕，就在英国伦敦皇家协会的年会上展出。世界各国只是近五十年来才把石棉和其他石棉制品作为工业品。

石棉是唯一的天然矿物纤维，大都呈白色，也有灰、黄、褐、青等色，纤维直径可细至半微米，长度大多在1～40毫米之间，但也有较长的，我国四川省石棉县的石棉矿就产出过长度在1米以上的石棉。

石棉（asbestos）一词来源于希腊语，意为"不会毁灭的"或"不会损坏的"。若让石棉纤维去承受拉力的话，它就显示出奇迹般的本领。粗细只有一平方厘米的石棉纤维束，竟可经受十几吨甚至几十吨的拉力，就连坚韧的钢绳也望尘莫及。

石棉具有高度的耐热性，熔点达一千多摄氏度，可用作防火材料。说到石棉防火，还有一个小故事。1921年，世界著名的喜剧演员卓别林在一次拍片中，他那条臃肿的裤子被乙炔烛的火焰烧着了。幸好他里面穿着一套石棉制的内服，才得以逃过火厄。炼钢工人和消防队员穿上石棉衣，可以防热防火。

此外，石棉还具有绝缘、隔音、耐酸耐碱、防腐防湿等多种优良性能，所以被广泛用作建筑、电工、保温、绝热、防火、防腐、传动、制动等方面的材料。至今，石棉制品已多达几千种，世界年消耗量达几百万吨之多。

"石蜡"非蜡

石蜡与蜡,是有不少"相似"之处:在常温时一般呈固态;有油腻感;具有白色或黄色蜡光性;可熔融,不溶于水;能溶于苯和四氯化碳等有机溶剂中,在空气中长久放置也不会变质等。

但假如有人以为石蜡是蜡,那就是天大的误会了。

蜡是酯类中的一种,它由高级脂肪酸与高级饱和一元醇所形成,其中脂肪酸和醇大都含有偶数碳原子。例如我国四川省出产的白蜡,原是寄生于女贞树上的白蜡虫的内分泌物,故又称虫蜡,它的学名叫二十六酸二十六醇酯。又如从抹香鲸头部所取得的鲸蜡,学名为十六酸十六醇酯。蜡和脂虽同属脂类,但前者是甘油酯,后者是高级饱和一元醇酯,所以性质有差异。主要差别是蜡比脂硬而脆,化学性质比较稳定,不像脂那样易于酸败和皂化。

石蜡则不然。它是从石油中提炼得到的,其化学成分是各种高级烷烃的混合物,烃分子中的碳原子数均在 20 个以上,例如 $C_{20}H_{42}$ 等。

可见石蜡与蜡既非同类物质,更非同种物质。

石蜡与蜡在应用上也有各自的范围,蜡多用以制造模型、药品、化妆品、上光剂、唱片等;石蜡除直接用来制造蜡烛、火柴、防水剂、软膏和电绝缘材料外,在化学上还可用来制造高级脂肪酸和高级醇。

"北京时间"不是北京地方时

广播中所报的"北京时间",其实是从中国的授时服务中心——陕西天文台发出的。这座天文台里的原子钟房,安装着国际先进设备——铯原子钟和氢原子钟。这两款钟能长久地保持着高精度的标准时间,30万年仅差1秒钟。

陕西天文台用特定的频率及电缆准确地将时间传送到中央人民广播电台和全国各省市广播电台。各地广播电台把接收到的时间和本台的石英报时钟校好对准,每天整点时就准确自动地通过无线电波向外广播,这就是快到整点时人们从收音机里听到的"嘟——嘟——嘟"的响声。因此,所谓"北京时间",实际上并不是北京市的当地时间。准确地说它是指的东经120°的时间。相对而言,我国只有江苏省的常州市和泰州市两地的当地时间,比较接近"北京时间"。收音机里报"12点整"时,北京市的当地时间实际是11点45分36秒。

"太阳黑子"亮胜弧光灯

在现代天文学和宇宙物理学中，有个人们熟知的术语——"太阳黑子"。太阳光芒万丈，通身"白热化"，何来"黑子"。

金光灿烂的太阳并非"完美无瑕"。如果你用一片全曝光的照相底片隔眼观察太阳，便可以看到太阳表面确实有一些或大或小的斑点，这就是科学家们所说的"太阳黑子"。

但太阳黑子并不黑，它只不过是太阳表面的一个低温区域，说是"低温"，却至少还有 4000 摄氏度，比弧光灯还要明亮得多。

既然黑子不黑，为什么肉眼看起来却是些黑斑呢？原来，这是人眼的视觉差所造成的。人眼是难以看出光的绝对强度的，因为瞳孔可以调节进光量的多少。人眼判断光的强度，通常要与周围环境的亮度作比较。太阳表面正常区域的温度是 6000 摄氏度左右、比其"低温"区——黑子的温度高出 2000 摄氏度。这样，两相比较，黑子在周围高亮度的对比下，人眼看起来就觉得"暗淡无光"了。

太阳黑子是由太阳表面物质运动形成的旋涡区所造成。研究太阳黑子的活动，本来是天文学家的事，但是，太阳黑子的研究成果，却给地震学、气象学带来了很大的启示，尤其为地震预报开辟了一条新的途径。我国早在西汉时期就有了关于太阳黑子的文字记载，而伽利略在 1610 年才用他的望远镜观察到。1843 年施瓦布首先发现太阳黑子数有周期性变化，周期约为 10 年。1852 年沃尔夫根据大量观察资料，得出平均周期为 11.1 年。

黑子活动在太阳上，但是却给地球带来很大的影响。太阳黑子爆炸时，强烈的粒子流撞击在电离层上，把大气层压低了一些。这样，地球就像一个将手靠近身体旋转着的芭蕾舞演员一样，获得了附加的加速度，造成地球自转速度的不均匀。这一事实的发现，大大启发了地质学家，使他们从埋头注目地下，到抬头凝视天上的动态。地球自转速度的不均匀，引起地球内部应力变化和断裂运动的复活，太阳黑子活动对地震的触发作用，逐步被人们了解和重视。特别是1960年的智利大地震，对这项研究工作，起了很大的推动作用。在20世纪的50年代，一些主张太阳黑子活动导致地震发生的科学家曾预言：在50年代末和60年代初，地球上将发生特大地震。理由是在这一期间，正好是太阳黑子活动11年周期、百年周期和数百年周期相重合的时间。果然，事实证明了他们的预言：1960年5月22日在智利发生了迄今最大震级的8.9级大地震。自此以后，世界上的地震学家都加紧研究地震和太阳黑子活动的关系。我国地震学家统计了1755～1977年之间，我国破坏性地震和太阳黑子活动的关系，取得了可喜的成绩。对太阳黑子的研究，大大启发和帮助人们了解地震的真实起因，为地震预报直接提供了极其有用的线索。

更奇的是，远在"天边"的太阳黑子的活动，竟与人类健康有诸多关系。

1978年12月，英国赫赫有名的《自然》杂志上刊登一份资料，它揭示了这样一条乍看起来令人觉得荒唐的规律：地球上流行性感冒的大流行年，大都是太阳黑子活动的高峰年。不管你相信不相信，事实是：自从有完整的太阳黑子活动记录的1700年开始，近300年间，人类共遭受过12次遍及全世界的流行性感冒大蔓延，而这12次大流行中，除了1889年的1次外，其余11次无不发生在太阳黑子活动的高峰年。

流行性感冒对人类健康和社会经济造成的破坏是严重的。就以1918年席卷世界的那场"西班牙流感"来说。在世界范围内引起的死亡人数多达4000万。当时正在进行第一次世界大战，于是流感病毒也参与了对人类的屠杀。据美国公布，死于流感的美军总数，大约相当于该国参加战争阵亡人数的五分之四。

不久前，又有科学家们注意到了太阳黑子杀人的另一条线索。前一时期已经发现人类皮肤癌的发病率，有一条周期性的变化曲线。而现在发现这条曲线的变化周期正好与太阳黑子的活动周期是合拍的，并且皮肤癌发病率的高峰往往出现在黑子声峰以后的第二年。皮肤癌是癌症中比较常见的一种，它对人类健康的危害也是很厉害的。

为什么太阳黑子的活动和地球上人类的流行性感冒、皮肤癌会有这样紧密的关联呢？

通过长期的科学观察，至少我们已知道了一个重要的线索，那就是每当太阳中出现黑子的时候，它的周围就一定会有耀斑。耀斑是比太阳原来的表面更亮的斑点。随着它的出现，太阳就会发出强大的紫外线、X射线和其他粒子流。这些电磁射线8分钟就到达地球。

证明这种高能射线到达地球的证据很多，最明显的有两个：一是在地球的南北极的上空霎时出现蔚为壮观的极光；二是地球上所有无线电通讯发生了暂时的干扰、削弱，甚至中断。但是，对我们影响更大，而谁也觉察不到的，则是阳光中高能紫外线辐射强度的骤然增加。

于是，不久前有人提出这样的解释：高能紫外线强度的增加，会引起感冒病毒细胞中遗传因子的变异，发生突变性遗传，从而产生出一种感染力极强而人体对它没有免疫力的亚型流感病毒。这种亚型病毒发生以后，如果通过动物、人等媒介体会更迅速地蔓延，以致气势凶猛地席卷全球。

高能紫外线还是诱发人类皮肤癌的重要因素。据报告，阳光中紫外线强度每增加20％，人类皮肤癌的发病率就会增加50％。据最近的研究报道，这种诱发性皮肤癌有2年的潜伏期。

太阳黑子对人类健康的威胁，应该引起我们的密切注意了。

"拉丁学名"与拉丁美洲无关

"拉丁学名"与拉丁美洲无关。几千年前，意大利半岛上居住着一个强悍的部落——拉丁族，他们讲的话就是拉丁语。拉丁人兴建了罗马城，经过侵略扩张，形成了一个强大的罗马帝国。拉丁语也随着帝国的兴盛由拉丁人的方言发展为罗马帝国的普通话。之后，拉丁语还成了西欧各国的书面语言。现在植物的拉丁学名，是根据国际植物学会议制定的规章来命名的，在全世界通用。

拉丁美洲原先是拉丁语族的西班牙与葡萄牙的殖民地，现有国家中绝大多数通行的语言属拉丁语系，故被称为拉丁美洲。我国流行的"罗马字母"，实际上就是拉丁语的字母，这是世界上最流行的字母。现在我们的汉语拼音方案就是采用拉丁字母。

"詹天佑钩"与詹天佑何干

对火车有些了解的人，都知道火车上有一种自动挂钩。若问一问铁路职工或列车乘务员："这种挂钩叫什么？"他们几乎会无一例外地回答："叫'詹天佑钩'，是我国第一位铁路工程师詹天佑发明的。"

其实这是个广为流传、以讹传讹的常识是错误的！

诚然，我国出版的许多介绍铁道知识的科普读物，都把这种自动挂钩称为"詹天佑钩"，把它的发明归功于詹天佑先生的名下。但据铁道史专家考证，自动挂钩的真正发明名是美国人伊利·汉密尔顿·詹尼（Eli HamiIton, Jenney）。他于1868年获得此项发明的专利权，而在当时，詹天佑才七岁呢！

在1902年英国出版的《大英百科全书》第32卷中，就有詹尼发明这种自动挂钩的记载。书中关于"挂钩"的条目下，附有詹尼型自动挂钩的图样。它与现在用的火车自动挂钩的样式、原理基本相同。

那么，詹尼钩为什么被误称为"詹天佑钩"呢？

原因可能是在一些读物的中译本中，詹尼被译为詹氏，詹尼发明的挂钩被译为"詹氏钩"加上詹天佑又是我国颇负盛名的铁路工程师，于是，有人便"张冠李戴"，把"詹氏钩"称为"詹天佑钩"了。

"阿拉伯数字"不属阿拉伯籍

0、1、2、3……9是目前国际上通用的数字。在我国，就连小学生也知道，它们叫"阿拉伯数字"或"阿拉伯码"。

倘若你去过埃及，就会惊奇地发现，在这个阿拉伯国家，很多很多的人，包括许多受过学校教育的人，竟然不懂得我们写的"1、2、3，……"是什么！

在埃及乃至整个阿拉伯世界，只有学过英语的人才认识1、2、3……。绝大多数人写的数字都不是这种写法，从物价牌上的定价到汽车牌号，从书刊上的页码到广告牌上的电话号码，全是一些我们所陌生的符号——那才是真正的阿拉伯数字！

真正的阿拉伯数字是"、"（0）、"1"（1）、"٢"（2）、"٣"（3）、"ε"（4）、"o"（5）、"٦"（6）、"v"（7）、"٨"（8）、"q"（9）。至于组成10以上的数，其方式与使用1、2、3……组合的方式一样，如"1990"这个数，阿拉伯国家的人写成"lqq、"。

事实上，1、2、3……这些被误称的"阿拉伯数字"，应该称之为"英语数字"才名副其实，硬把它们归入"阿拉伯籍"恐怕连阿拉伯人也不会同意的。

那么，为何中国人会把1、2、3……这些英语数字误称为"阿拉伯数字"呢？学界对此有两种说法：

一说英语数字先传入阿拉伯地区，再从阿拉伯地区传入我国，于是我们的祖宗就把它视为阿拉伯人的发明。

另一种说法是因1、2、3……源于西方，而古人把阿拉伯地区看成"西方"，便把这"西方数字"误称为"阿拉伯数字"。

孰是孰非？笔者不敢妄言，还是留待研究文化史的专家们去考察为好。但有一点却可肯定：1、2、3……不属"阿拉伯籍"！

"无理数"中道理成章

提起无理数，也许你觉得这太平常了，即使是少年学生也知道。然而，如果问："有理数"的"理"在何方？"无理数"又何处无"理"？恐怕许多人未曾细究，回答不出。

"无理数"这一名称本身就是一个大冤案。这一冤案至今没有平反，而且似乎永远也不会平反。

有理数就是分数，可以表示为两个整数之比，例如 $\frac{3}{4}$、$\frac{5}{6}$ 等等都是。至于无理数，是 $\sqrt{2}$、π 等的一类无限不循环小数，它们不能表示为两个整数之比。因而所谓"有理"与"无理"，其分界线是在"比"和"非比"上。

现在来看看英文的原文。有理数的"有理"一词，英文是 Rational，究其字根，原本有两种意思，一是"比"，二是"合理"。照数学原义，应取前者，"有理数"应当译为"比数"，"无理数"应译为"非比数"才对。可惜以讹传讹，流传至今，人们已经习惯于此，想改也改不回来了。

那么这一译名究竟是什么时候出现的？一查，原来日本也流行有理数和无理数的说法。早在明治维新时期的 1864 年，日本就有西方数学的译本，里面用汉字写着有理数和无理数的名称。尔后，中国又从日本引进了这两个名词。由于中日两国共用汉字，译名自然互相借鉴。许多数学名词，如"函数"、"集合"等等都先后来自日本，就连"数学"一词也是按照日本的说法，中国历来是称"算学"的。中日文化交流，互相借鉴，相得益彰，当然偶尔也难免误译误传，"无理数"之无理，即是一例。

不过对"非比数"是否合理的问题，在它刚出现时确实也有过大争论。约公元前 500 年，古希腊大数学家毕达哥拉斯证明了著名的毕达哥拉斯定理：直角三角形的两条直角边平方之和等于斜边的平方，即 $a^2 + b^2 = c^2$（我国很早就发现了 $3^2 + 4^2 = 5^2$，现称为勾股定理）。照理，由此即可得"非比数"，

$a=1$，$b=1$，$c=\sqrt{2}$，c 就是非比数。然而毕达哥拉斯学派有一个顽固的信条：整数是上帝创造的，是完美无缺的，而分数可看作是两个整数之比，认为"宇宙间万物都只能归结为整数或者两个整数之比，除此之外世界上再也没确其他任何数了"。因此他们对那些"非比数"采取不承认主义。可是，在毕达哥拉斯的门徒中，有一位名叫希帕萨斯的青年，他学得了这一学派的丰富成果，却坚持认为除了整数之比以外，还有不是整数之比的数存在。毕达哥拉斯学派的成员认为希帕萨斯是叛徒，公然对他的见解大肆攻击，甚至惨无人道地把他抛进了大海。

在毕达哥拉斯看来，整数或整数之比数才是"有理"的，非比数则是"无理"的。这是否成为日本数学家误译的理由，不得而知。不过，历史已作出了公正的判决，在承认不承认有非比数存在这一点上，真理在希帕萨斯这一边，"无理数"并非无理，毕达哥拉斯学派才是无理的！

不过，名称毕竟是约定俗成的。现在看来，数学家们不想，也没有必要再给无理数起一个好听的名字，"无理数"也就只好永远蒙受这"不白之冤"了。

"模糊数学" 不模糊

"精确"曾是科学宫殿里的神圣明灯。它指引人类从混沌走向明晰，建立起现代自然科学的学科体系。

然而，当科学发展到企图模拟人脑思维的时候，许多人们习以为常而又没有确切外延标准的概念却又使善于"精确"的科学家束手无策。就说"胖"、"好"、"激动"、"痛苦"这些概念吧，你只能意会而无法用传统数学使其精确。在我们日常生活中，也有一些概念是模糊不清的。如，一个班级的高个子同学。这个概念不清楚。身高多少才算高个子呢？再如，"这在很大程度上反映了事物本质"等等，究竟多大程度呢？这就是"模糊性"。在实践中，完全用明确的方法考虑问题，是不可能的，有时，也是不必要的。假如要你去找一个人，告诉你他是个高个子，胖胖的，有大胡子，你就能找到。用不着把精确的数字身高多少，体重多少，有多少根胡子，都一一告诉你。因此，研究"模糊性"很有现实意义。

1965年，美国著名控制论专家扎德首次提出"模糊概念"，并创立"模糊集合论"。许多学者由此步入认识模糊、描述模糊、发现模糊、解决模糊的"混沌"而又新奇的领域，从而形成了"模糊数学"这门新的学科。

模糊数学的任务是通过研究人脑思维对形形色色的复杂事物进行模糊鉴定、模糊判别、模糊决策的特点，找出可用数学描述的自然语言，移植于计算机，从而提高自动化程度。研究模糊数学的核心方法是扎德的模糊集合论，即把若干元素构成的集合模糊化。传统的集合论是考察某些元素是否属于某集合，非此即彼；而模糊集合则是讨论这些元素在多大程度上属于该集合，可以亦此亦彼，用"隶属度"加以描述和限定。当今，模糊数学研究已经创立了模糊识别、模糊聚类、模糊程序、模糊决策等一系列具有特色的方法，并已进入模糊现象的禁区，取得了许多喜人的成果。

模糊数学的研究并非要舍弃精确，而是要在模糊中寻求更高层次的精确即规律性。它有一套完整的理论体系，其推导非常严密，一点也"模糊"不得。模糊数学能够处理"亦此亦彼"的问题，比传统数学只能处理"非此即彼"的问题，自然是更高出一筹。模糊数学的出现为社会学、管理学、心理学等昔日难于数学化定量化的学科提供了描述工具和自然语言，其前程广阔而光明。

模糊数学于 1976 年进入我国，现已在中华大地开花结果。有关的研究成果已应用于医学、气象、公安、管理、心理等方面。

"稀有金属"不稀有

人们常常拿金属来划分时代，历史上就有青铜时代和铁器时代。后来，稀有金属又登上了历史舞台。

提起稀有金属，人们往往望文生义，认为它们少得可怜。事实上，稀有金属并不稀少。

从蕴藏量看，它们并不亚于其他金属。如稀有金属钛的蕴藏量，比常见的铜、镍、铅、锌的总和还要多16倍；铷和锆的蕴藏量，比常用的铜和铅多好几倍；钨、锂、铈的蕴藏量都比锡多；铌、镓、铯、铍的蕴藏量远高于锑、银、金；比铅多的稀有金属就有二十多种。

从"家庭成员"来看，稀有金属是一个非常庞大的家族，共有五十多种，几乎占全部金属元素的三分之二。它们之中有熔点高达三千多摄氏度的"金属之王"钨；也有放在手里就能熔化的铯和镓。有耐腐蚀性极强的钽和铌，即使把它们放到能溶解黄金和白金的"王水"中也毫不在乎；也有比著名轻金属铝还要轻百分之八十，比重只有水的一半的锂；还有镭、钍、铀等放射性金属。正因为稀有金属家族的成员有着这些特殊而奇妙的性能，所以它们在工农业生产、国防和尖端科技方面都有着十分广阔的用场。

由于稀有金属的分布极为分散，人们只能用特殊的方法，经过多次分离提取，才能从大量的矿石中获得很微小的一点，再加上问世较迟，十分珍贵稀罕，所以人们才给了它"稀有"的桂冠。

"氢键"并非化学键

氢键是高中化学教材"化学键和分子结构"一章中最后一节的内容。因此，许多人以为氢键是化学键。其实不然。"氢键"非化学键也。

对于氢键这一概念的理解，我们可用"左右逢源，连成一线，一大一小，一弱一强"这十六个字加以概括。

左右逢源：氢键通常可用符号 X—H…Y 来表示，这意味着在含有氢元素的物系中，一些共价分子中几乎成为"裸露"质子的氢原子可以同时和两个相同或不相同的非金属原子相互结合。X 和 Y 一般为 F、O、N 等原子。

连成一线：氢键和共价键的相似之处是具有方向性和饱和性，即当 X—H 键中的氢原子与 Y 原子结合时，X、H、Y 三个应尽可能在同一直线上，且 X—H 键的键轴要指向 Y 原子对电子云的伸展方向，氢键一旦形成，氢原子就不能再和另一个 Y 原子相结合。

一大一小：这句话主要讨论的是 X—H…Y 形成的条件。对 X 原子来说，要求元素的电负性要大，即 X 原子在分子中吸引电子的能力要强，这样氢原子才有可能成为几乎"裸露"的质子，而对 Y 原子来说，除要求电负性大以外，还要求原子半径要小，这样才能形成较强的氢键。

一弱一强：这句话是要求全面理解符号 X—H…Y 的化学意义。其中的实线是极性共价键，属于分子内原子之间强烈的相互作用，其键能约 100 千卡/摩尔，乃至更大一些。而其中的虚线才是氢键，属于原子间较弱的相互作用，键能一般不足 10 千卡/摩尔。但是由于氢键的相对强弱也和 X 原子的性质有关，而且氢键具有方向性，所以一般用 X—H…Y 表示氢键，并把 X 和 Y 原子的核距定义为氢键的键长。

综上所述，"氢键"名义上是"键"，实际上并不属于化学键。因此，如果把"氢键"作为一条谜语的谜面，要求打一句成语，则其谜底应为"名不副实"。

"稀土"不稀也不土

提起稀土，有些人可能会感到陌生。但在日常生活中，我们却会经常碰到它。如彩色电视机的荧光屏就是因为采用了稀土荧光粉，才逼真地再现出色彩缤纷的大千世界；陶瓷、玻璃器皿上漂亮而柔和的色彩，也都是借助于稀土的作用。

随着稀土元素日益广泛的应用，它越来越多地被人们所认识，但许多人容易"顾名思义"，对其产生误解。

稀土并不是"土"，而是一大类金属的总称。它们占据元素周期表第Ⅲ副族的很大一块地盘，包括钪、钇及原子序数在57~71的15个镧系元素，一共17个之多，即镧、铈、镨、钕、钷、钐、铕、钆、铽、镝、钬、铒、铥、镱、镥、钪和钇。

稀土也不"稀"。某种稀土元素在地壳中可能比较稀少，但整个稀土元素族并不稀少。有人测算过，在地壳总的矿物蕴藏量中，每吨含稀土153克。它的总储量比常见的铜、锡、锌、银等金属都多。现在全世界已发现含有稀土的矿物250多种，探明的稀土工业储量700多万吨。我国是世界上稀土资源最丰富的国家，稀土工业储量360多万吨，居世界第一位，产量居世界第二位，且品种齐全，质量优秀。

"稀土"一名的由来，可追溯到1787年。当时，一位瑞典人在伊特比发现了一种特殊的黑色矿石，但不知是什么物质。七年之后，芬兰阿博大学的约翰·加多林教授对这种矿物进行研究，发现它既无金属光泽，又不溶于水。当时常把难溶于水的氧化物称为"土"。约翰·加多林认为达一刚发现的矿物是一种新"土"，并以为它是稀有的，因此命名为"稀土"。后来人们才清楚，由瑞典人发现，加多林教授加以研究并命名的矿石，实际上是稀土元素钇的氧化物。此后人们又陆续发现了十几种性质与钇相近的元素，也称之为"稀土"。由于习惯，"稀土"这个名称就一直沿用至今。既然语言是约定俗成，人们也就不再去计较"稀土"一名是否贴切了。

稀土的珍贵之处，在于它性质特殊，作用奇妙、几乎可以深入到国民经济的各个领域及部门。作为金属材料的"维生素"，它可改善金属性能，增强金属"抗疲劳"、"抗氧化"的本领，作为现代工业的"味精"它可作为添加剂改变产品的性能及其物质结构。它还可以充当表面活性剂、调整剂、起泡剂、消泡剂、起酥剂、防结剂、脱色剂、着色剂、变色剂等各种角色，可谓功能奇异，神通广大。

目前，在世界范围内正掀起一场"稀土热"。据美国情报中心统计，当今世界上每100项发明中，就有4项与稀土有关。可以说，稀土元素的开发和利用，将给人类物质文明带来新的曙光。

"真空"不真空

　　一般人总是认为,所谓真空,就是一无所有的虚无世界。但实际上,真空不但不空,而且内涵很复杂,其中的名堂多着哩。

　　真空是物质的一种特殊形态,物理学家们称之为"辐射场态"或"第七状态"。在真空中,存在着各种量子场的不停振荡,存在着"真空物质"的涨落,充满了各种各样的热辐射。

　　早在1927年,英国物理学家狄拉克就发现了一个可以描写方程式,但有一点却令人费解:这个方程式表明电子可以具有负量,可事实上,从来没有人看到过能量为负的东西。经过3年多的反复推敲,狄拉克想出了一个妙法,他认为宇宙中的真空全被能量的电子所填满。就像注满了水的玻璃缸,一眼望进去,不见一点破绽。只有当负能量的电子变成正能量的电子飞出去后,才能看到像水中的气泡那样的空穴。电子空穴除了带正电荷之外,其他性质同电子完全一样。狄拉克的这个离奇想法一开始受到不少人的嘲笑。连一位很有成就的物理学家也开玩笑说:"狄拉克真是傻瓜。"(俄文中,傻瓜和狄拉克的发音相近。)然而不久以后,美国物理学家安德森在分析宇宙射线的照片时,果真发现了带正电电子。从此以后,物理学家们对真空另眼相看了,而且越研究,越发现真空的奇妙。

　　20世纪60年代,美国物理学家格拉肖、温伯格和巴基斯坦物理家学家萨拉姆,研究有没有可能把电磁力和弱力这两种自然力归并为一种更基本的力。他们都遇到了一个令人迷惑的难题:为什么电磁力和弱力的行为看上去有天壤之别,传递电磁力的粒子质量为零,而传递弱力的粒子质量却非常之大,它们是多么的不对称。

　　有一位叫黑格斯的大学教授,发现了造成这种不对称的原因也是真空。他假定自然界存在着一种奇怪的场(今天人们称之为黑格斯场),这种场的真空非同寻常,它有两个真空,一个能量低,一个能量高。高的在中央,低的在四周，看上去像一只合在桌子上的碗，当粒子处于碗顶的真空时，整个形象是对称的，可是当粒子从顶端滑到碗边时，原来的对称就被破坏了。利用黑格斯的方法，温伯格等三人一举完成了统一电磁力和弱力的大业，于1979年得到了诺贝尔物理学奖。可是作为整个理论支柱的那个奇妙的黑格斯场，是否真的存在？

1983年，有一个实验小组说他们找到了可能是黑格斯场的东西，可是仔细分析下来疑点仍不少。今天大家都寄希望于不久将完工的一台代号叫莱泼的巨大加速器，希望它能揭开黑格斯场的谜。

半个多世纪以来，科学家们一直在探索着真空，至今还未真正了解它的全貌。你能说它"一无所有"吗？

"虚数"不虚幻

大多数人最为熟悉的数有两种，即正数和负数。负数是在中世纪出现的，它用来处理诸如"3－5"之类的问题。在古人看来，要从3个苹果中减去5个苹果似乎是不可能的。但是，中世纪的商人却已经清楚地认识到欠款的概念："请你给我5个苹果，可是我只有3个苹果的钱，这样我还欠你2个苹果的钱。"这就等于说：（＋3）－（＋5）＝（－2）。

正数及负数可以根据某些严格的规则彼此相乘。正数乘正数，其乘积为正。正数乘负数，其乘积为负。最重要的是，负数乘负数，其乘积为正。

因此，（＋1）×（＋1）＝（＋1）；（＋1）×（－1）＝（－1）；（－1）×（－1）＝（＋1）。

现在让我们自问：什么数自乘将会得出＋1？或者用数学语言来说，＋1的平方根是多少？

这一问题有两个答案：一个答案是＋1，因为：（＋1）×（＋1）＝（＋1），另一答案则是－1，因为（－1）×（－1）＝（＋1）。数学家们是用$\sqrt{1}=\pm 1$来表示这一答案的。

现在让我们进一步提出这样一个问题：－1的平方根是多少？

对于这个问题，我们感到有点为难。答案不是＋1，因为＋1的自乘是＋1，答案也不是－1，因为－1的自乘同样是＋1。当然，（＋1）×（－1）＝（－1），但这是两个不同的数的相乘，而不是一个数的自乘。

这样，我们可以创造出一个数，并给它一个专门的符号，譬如说#1，而且给它以如下的定义：#1是自乘时会得出（－1）的数，即（#1）×（#1）＝（－1）。

当这种想法刚提出时，数学家们都把这种数称为"虚数"，这只是因为这种数在他们所习惯的数系中并不存在。实际上，这种数一点也不比普通的"实数"更为虚幻。这种所谓"虚数"具有一些严格限定的属性，而且和一般实数一样，也很容易处理。如今，虚数在电工学、流体力学、振动理论、机翼理论中广泛应用，具有物理模型，反映了物理上的某些状态。它毫不虚幻，"实在"得很哩！

但以前的数学家们感到这种数还是多少有点"虚幻"，因而给这种数一个专用的符号"i"——imaginary（虚幻的）的第一个字母。我们可以把正虚数写为（$+i$），把负虚数写为（$-i$），而把+1看作是一个正实数，把（-1）看作是负实数。因此，我们可以说$\sqrt{i}=\pm i$。

实数系统可以完全和虚数系统相对应。正如有+5，-17.32，+3/10等实数一样，我们也可以有+5i，-17.32i，+3i/10等虚数。

我们甚至还可以在作图时把虚数系统画出来。

假如你用一条以O点作为中点的直线来表示一个实数系统，那么，位于O点某一侧的是正实数，位于O点另一侧的就是负实数。

这样，当你通过O点再作一条与该直线直角相交的直线时，你便可以沿第二条直线把虚数系统表示出来。第二条直线上O点一侧的数是正虚数，O点另一侧的数是负虚数。这样一来，同时使用这两种数系，就可以在这个平面上把所有的数都表示出来。例如（+2）+（3i）或者（+3）+（$-2i$）。这些数就是"复数"。

数学家和物理学家发现，把一个平面上的所有各点同数字系统彼此联系起来是非常有用的。如果没有所谓虚数，他们就无法做到这一点了。

在科学史上，人们对虚数的认识经历了几百年的岁月。

1484年，舒开（生卒年月不详，法国学者）在《算术三篇》一书中，解二次方程：$4+x^2=3x$，他声明这根是不可能的。

1545年，卡尔丹（1501～1576年，意大利数学家）在他所著《大法》一书中，列出并解出"把10分成两部分，使这两部分的积为40"的问题，方程是$x(10-x)=40$他求得的根为$5+\sqrt{15}\,i$与$5-\sqrt{15}\,i$在同一本书中，卡尔丹发表了他的解一元三次方程x^3+px+q（p、q都是实数）的著名公式，但根据这个公式解方程时，却产生了一个当时意料不到的困难，例如在解方程$x^2=15x+4$时，由上面公式得$7.5\pm0.5\sqrt{241}\,i$可是这个方程显然可以为4和另外两个实数值所满足，这一切令人十分困惑，以致卡尔丹说一定有一种新型的数存在。

1637年笛卡儿（1596～1650年，法国数学家）在《几何学》一书中，第一次给出虚数的名称。

　　真正作出虚数合理解释的是未塞尔（1745～1818 年，挪威学者）。而后高斯（1777～1855 年，德国数学家）又将虚数做了规定，复数的概念也日趋完善，他主张用实数对 (a，b) 来表示 $a+bi$。$a+bi$ 表示复数，是当今所有数的全体。这里的 a、b 是实数，b＝0 时表示全体实数，b≠0 时表示复数，a＝0，b≠0 时表示纯虚数。这样完整的复数概念得以圆满完成，并且随着生产的发展，复数在数学和其他有关科学技术中日益起着巨大的作用。在 19 世纪中叶以后，对复数的研究已逐渐发展成为一个庞大的数学分支——复变函数论。

"马力"不是力

在力学中，马力不是力，也不是力的单位。它是功率的单位。每秒能做75公斤米的功（1马力＝75公斤·米/秒）叫做1马力。

那么，功率单位怎么会称作马力的呢？

这里还有一段有趣的故事哩！

18世纪末，英国的瓦特发明了蒸汽机。有一次，老板想衡量一下蒸汽机的本领，便指着井边正在拉水的马，对瓦特说道："你动动脑筋，搞出一台蒸汽机来，让它的功率和这匹马相同。"瓦特凭着自己日积月累的丰富经验，没多久就测出了那匹健壮的马的功率是75公斤·米/秒。瓦特高兴地对人说："我的机器马比健壮的马还强！"从此，1马力等于75公斤·米/秒，便沿袭流传下来，成为衡量动力设备功率的单位。

在理化学科中，还有不少名实"错位"的术语，试举几例：

名"碱"非碱。纯碱（Na_2CO_3）、晶碱（$Na_2CO_2·IOHO_2$）、焙碱（$NaHCO_3$）、草碱（$KaCO_3$）、泡花碱（$Na_2S_iO_3$）、臭碱（$Na_2S·9H_2O$）等，虽名为"碱"，其实却都属于盐类。人们所以称之为"碱"，是因为它们的水溶液都显碱性。

名"酸"非酸。石炭酸（C_6H_5OH）学名苯酚，是有机物，属于酚类，苦味酸［$C_6H_2(OH)(NO_2)_3$］则属于硝基化合物。

名"盐"并非盐。盐强水（HCL）即盐酸，属于酸类，盐卤是海水制盐的残留母液，一种混合物而已。

"无功"功卓著

周镇宏 科学小品

1978年的一天,法国巴黎发生了一起震惊全国的电力事故。事故造成了大停电,致使外科手术中断,电梯停业,弄得人们狼狈不堪!这一损失达两亿美元的停电事故,促使人们认识到"无功"是电力系统中一个值得人们关注的重要问题。因为"无功"不足,电压就降低,并能导致整个电力系统崩溃,造成停电。

"无功"就是无用之功吗?那实在冤枉了"无功"。看来"无功"的"无"给人们理解"无功"的实质带来了麻烦!

电力系统中输送的电能,按其用途及能量形式变换情况,可分成两部分,一部分称为"有功",一部分称为"无功"。因此,无功也是一种能量,而且是一种影响很大的能量。将这两部分具有不同作用的电能分别命名为"有功"和"无功",是人们为了理论研究和实际工作的需要。

电力系统中,从发电厂的发电机向负载(电灯、电动机、变压器、电容器等)输送电流,电气设备会将一部分电能转换为其他形式的能,这部分被转换的能量对电力系统来说是消耗掉的。不会变回电能的,人们将这部分做了功(发热或发光)的能量叫做"有功"(或称有功能量)。另一部分电能,并不能转换为其他形式的能(如热能或光能),仍保持电或磁的形式,只用于电源的磁场和负载的磁场之间,或电源的电场和负载的电场之间进行交换,人们将这部分只用来交换不用于转换的能量,称为"无功"(或称无功电能)。

为什么要有这部分作交换用的能量呢?这是由于电动机、变压器的工作都离不开电磁感应,它们工作时能量的转换和传递,都要依靠磁场。变压器如果没有交变磁场,电能就不能从一侧传递到另一侧;电动机如果没有交变磁场合成的旋转磁场,转子就不能旋转。而交变磁场的建立,就靠电能、磁能的周期性地交换才能实现。"无功"的作用就是建立交变的磁场。"无功"为"有功"在电气设备中的转换或传递创造了重要条件。

电灯亮了，我们就说这是电能在做功了，于是也容易相信和接受"有功"这名字；而无功虽在工作，但却以电磁场形式存在于电路内部，只是人们看不见而已。其实，"无功"是在电路中默默地工作，它是电力系统中的"无名英雄"。

当然，我们也不要认为"无功"就是不可捉摸的。无功这部分能量，开始时来自发电机的励磁电源，停电时，它能消耗在断路器断开处的弧光中以及发电机转子回路的灭弧电阻中，说明"无功"来有源，去有踪。

电力系统中的有功功率和无功功率，在任何时刻均应各自保持平衡。无功功率如果供不应求，则电压低。电压过低，可能导致同一系统的发电机断开，造成整个电力系统崩溃。这时必须增加无功电源，多发"无功"电，即从"增加励磁"和多投入电容器方面来逐级补偿，就地平衡。无功补偿减少了输电线路上由于输送无功电能所引起的有功损耗，也可让输电线多送有功。当然，无功功率供过于求，电压过高，也不好，会造成电气设备损失。

Ⅲ "常识"误区

这部分选录自本书作者与杨铭贻合作的《走出"常识"的误区》一书。该书于1990年6月由科学普及出版社广州分社出版。这里只选入由本书作者执笔撰写的部分篇目。

写在前面

一位哲人说过：对于认识而言，最大的危险不是谬误，而是那些似是而非的"真理"。此乃真知灼见。

在人类认识世界和认识自身的历史长河中，真正的真理总是沉在河底而难以寻找，而似是而非的"真理"常漂浮于河面而到处泛滥。

由于历史的原因，在科学技术发展史上，在人们的思维观念中，在言谈交往间，都有诸多似是而非的"常识"。"万物生长靠太阳"，"月到中秋分外明"，"草木无情"之类，就属此列。许许多多的"常识"不知使多少人们走进了"误区"……

"万物生长靠太阳"吗

"万物生长靠太阳",这一观念长期以来根深蒂固地盘踞在人们的头脑中。科学界也一直认为,不仅现今生活在世界上的一切生物都直接或间接地依靠太阳而生存,就是生命的起源,也一定要靠太阳光的能量。然而,近10年来科学上的新发现却使这一传统观念失去了往日的权威色彩。

现代科学家已经发现,世界上还存在着不依赖太阳提供能量的生物。

1977年,美、法两国海洋学家为了寻找海底温泉,乘坐"阿尔文"号潜艇来到阿拉帕戈斯群岛附近的海底考察。他们在该岛以东300公里左右的2500米深的海底找到了温泉,而且在水温达20℃的温泉区,竟发现了不计其数的生命在那里活动:棕红色的鱼在竖着游动,白色的蟹在岩石上踯躅,矮胖的龙虾在弓腰歇息,红头的大蠕虫在缓缓蠕动……长期以来,漆黑一团的深海海底一直被人们认为是与生命活动无缘的地方,而现在科学家们却透过观察窗看到了上述一切,使人不能不感到万分惊奇。

陆上和浅海的一切生命,无疑都直接或间接由太阳供给能量。但一般太阳光最多只能透过280米深的海水,在2500米的深海中的温泉区,完全是一个漆黑的世界。可以肯定,这里的生物绝不是依靠太阳光而生活的。那么,它们又靠什么生存呢?

科学家们经研究认为,这属于另一个生态系统。

科学家对这里的海水进行取样,结果发现海水中含有丰富的硫化氢,这正是这里的海洋生物赖以生存的物质。原来,这里繁殖着大量以硫化氢物质为生的细菌,这些细菌是蛤贝类、管形虫、"面条虫"的食粮,而这些吞食细菌的小动物又成为较高等的食肉动物的美味佳肴。这个生物链是不依赖太阳的全新的生物链。

太平洋深海生物群落的发现使科学家们异常振奋。他们认为,生命的起源不一定依靠阳光，地球内部释放出来的硫化氢类物质（火山爆发常常有大量硫化氢逸出），可能就是一些生物起源的初始条件。看来，人们要对地球上生命的起源和进化，以及太阳的功能做出一个重新的认识。

"UFO"就是飞碟吗

许多人常常把"UFO"与"飞碟"混为一谈,以为两者所指相同。殊不知,"UFO"并不是"飞碟"的代称。

"飞碟"是指那些可能飞到地球上拜访地球人的智慧生命体(权且这样称呼它们)所使用的种种奇特的宇宙飞行器。它是一种工具。

"UFO"即"不明飞行物",原来专指起因不明的或来历不明的奇异飞行物,目前则把种种起因不明的空间现象也归于其内。

事实上,地球上有许多尚未被人类认识又一时难以判明的奇异现象,于是,人们把种种奇异的自然现象同飞碟联系在一起,姑且笼而统之为"不明飞行物"或"UFO"。

在当今的许多文章中,"UFO"与"飞碟"也常常被混用,但实质上两者是不应混淆的。

"月到中秋分外明"吗

每逢中秋佳节，人们少不了要赞美月亮。"月到中秋分外明"，"一轮明月今宵多"，"中秋之夜，月色倍明"等，就是人们熟知的"赞美词"。

中秋之夜的月亮，真的比其他时候更明亮吗？未必！认为"中秋月最亮"是缺乏科学根据的。

众所周知，月亮是一个绕地球旋转的星球。它本身并不发光，只是靠着反射太阳的光而发亮。而太阳是个非常炽热的大火球，光芒四射，它在一年中发出的光和热，并没有什么周期性的变化。我们看到的月相不同，那是由于太阳、月亮、地球三者的相对位置不同所致。当月亮运行到对地球来说正好跟太阳位于相反方向的时候，我们可以看到一轮圆月，这就是"望"月。从这个满月到下一次满月，平均要经过29天12小时44分钟。当月亮运行到地球和太阳之间，月亮被照亮的半面正好背着地球的时候，我们看不见月亮，这就叫"朔"。"朔"一定发生在农历的每月初一，"朔"以后平均经过14天18小时22分钟才是"望"。所以，只有当"朔"发生在初一的清晨，"望"才会发生在十五的晚上，否则就不一定。即是当"朔"发生在初一清晨之后，"望"就会延迟甚至会延至到17日清晨才发生。所以，"十五的月亮十六圆"这句俗话不是毫无道理。另外，月球绕地球旋转的轨道是椭圆形，月亮与地球的距离有时远有时近，当月亮运行到"近地点"，也就是离地球最近的位置，我们看到的月亮就最亮；而在中秋节，月亮的位置往往并不在近地点，所以中秋的月亮并非一定比其他时候更圆更亮。

至于人们喜欢中秋赏月，也不是没有理由的。春天乍暖还寒，人们不常在室外观赏星辰和月亮；夏夜的天空，繁星闪烁，月光淡，人们在户外纳凉，主要观看美丽的银河和牛郎织女星，还有南方天空天蝎座那颗像火星一样橙红的"心宿二"；到了冬季，虽然也有月色好的时候，但寒风刺骨，人们自然难以产生户外赏月的兴致。只有在秋天，气候凉爽宜人，空气中水分少，尘埃也少，同时，望月时月亮差不多从东方出来，再经过正南方，位置不高也不低，看起来好像明亮很多。这样，月亮就成了人们欣赏的对象。也正是这个缘故，人们才认为"月到中秋分外明"呢。

月球会影响人的情绪吗

20世纪70年代，美国人韦伯在《月球的影响》一书中提到：1970年9月，当海潮高涨时，佛罗里达州的迈阿密市的凶杀案比平时增多，住院的精神病人数也增加了。他认为这是由于月球的引力影响人体内分泌变化，从而使人出现情绪波动。此后，国内外又有不少人赞同这个观点，他们认为月圆时，月亮对地球的引潮力和太阳对地球的引力在一条直线上，使海水产生大潮。人体中大部分是水分——血液、淋巴液等体液，会受月亮引潮力的影响而在分布上发生变化，于是使精神系统发生变化，导致人的情绪狂躁不安并引起精神病发作等。此外，还有人认为月球的磁场对人类情绪也会发生影响。于是，月亮影响情绪的说法不胫而走，许多人还言之凿凿地举出许多例证。

但是仔细分析一下，就会觉得他们的理论是站不住脚的。上海精神卫生研究所的专家计算表明：即使对一位体重100公斤的人来说，来自月球的引潮力对一位体重100公斤的人来说，不超过一只蚂蚁所能使出力气的1/10，这点引潮力分摊到全身各条血管，实在是微乎其微。人们每天活动是姿势的变换起落的过程，特别是乘升降机或飞机升降时，所受的力不知要比月球的引潮力大多少万倍。至于月球的磁场到达地球的磁力，也仅仅是地球磁场的两万分之一，其对人的影响，更是微不足道。

统计的数据也表明，情绪与月亮没有必然联系。以韦伯列举的人们行为普遍受到最大干扰的1974年1月的故事而论，与美国迈阿密纬度接近的我国上海市，该月自杀、凶杀案和精神病门诊的总人次并未比其他月份有什么特殊之处。可见月亮影响情绪的说法是没有足够的科学根据的。

地球自转一周是24小时吗

我们知道,每一昼夜为地球自转一周,每一昼夜为24小时。那么,地球自转一周就是24小时吗?不是的,地球自转一周是23小时56分钟。

天文学上是这样计算一天的:选取太阳经过子午线(南北方向线)、也就是当地球上一点正对着太阳的时刻作为标准,在太阳两次经过子午线之间的时间,就是一天,这段时间正好是24小时。

由于地球不但在自转,而且还在绕太阳公转,因此当太阳两次经过子午线之间的时间,就不是假设地球不公转时那样是地球自转一周的时间了,而是比这个时间稍稍长一点。因为当地球自转一周之后,它已不在原处了,于是地球上第一次正对太阳的那一点,当地球自转一周后,并没有再一次正对着太阳。只有当地球再转过一个角度之后,才正对太阳。这个再转过一个角度的时间大约为4分钟。

这就是地球自转一周是23小时56分钟,而一天是24小时的原因。

夏季地球离太阳较近吗

谁都知道，离火炉越近，人就会感到越热；离火炉越远，火炉所散发的热量越小。于是人们一直以为，夏季天气炎热，是因为地球离太阳较近的缘故。其实，在我们居住的北半球，情况恰恰相反，夏季太阳与地球距离最远，冬季最近。那么为什么夏季反而热、冬季反而冷呢？

的确，地球上气候的冷暖，是地球获得太阳热量的多少所决定的；但地球上获得热量的多少，与地球和太阳的距离关系不大。因为在每年1月3日这一天地球和太阳距离最近时，约为14700万公里，7月4日这一天地球和太阳距离最远，约为15200万公里，两者相差500万公里，约为平均距离的1/30。这个距离对地球获得太阳热量的多少并不起决定作用。

决定地球上气候冷热的原因，主要是太阳光对地面照射的倾斜程度。因为地球表面是一层厚厚的大气层，太阳光必须穿过大气层，才能到达地面。大气层对阳光热量有反射、吸收的作用，所以阳光穿过的大气层较厚，地面接受的热量就较少，反之阳光穿过的大气层薄，地面得到的热量就多。夏季时，太阳光近似直射，这时太阳光线经过大气层的路程短，加之天长夜短，地面得到的热量多，所以夏天时炎热；冬季时，太阳斜射，夜长日短，所以地面得到热量少，天气寒冷。南北极终年阳光斜射，因此千里冰封；赤道受阳光直射时间最多，因此气候炎热，长夏无冬。

赤道是最热的地方吗

地球上什么地方最热？人们总以为赤道是地球上最热的地方，因为在赤道地区终年太阳都高悬天空，是获得太阳光和热最多的地方。其实，最热的地方并不在赤道，亚洲、非洲、南北美洲和澳洲许多大沙漠远离赤道，它们那里白天的气温要比赤道热得多。赤道上最高气温很少超过35℃的，有的地方甚至还白雪皑皑。而非洲撒哈拉大沙漠，白天最高气温高达55℃，平均气温也在40℃以上；阿拉伯大沙漠，白天最高气温也有45～50℃；苏联的中亚细亚大沙漠，白天最高气温是48℃；我国的戈壁沙漠，最高气温也有45℃左右。

这是为什么呢？原来，赤道地区虽然获得的太阳能最多，但由于赤道圈附近大多是海洋。阳光照耀在海洋上，水汽的蒸腾消耗大量热量，而浩瀚的大海又是最能容纳热量的。水的热容量大，每立方厘米海水升高1℃要消耗1卡的热量，而1卡热量可使1立方厘米土壤升温2～2.5℃，所以海水升温比陆地慢得多。由于有海洋这个热量大调节器，所以白天赤道海洋温度升高并不太多，晚上降温也不太厉害。赤道地区多云多雨，也使气温上升不大。

而在大沙漠，情况就完全不同了，那里植物稀少，难见水源，干旱少雨，光秃秃的沙漠热容量小，升温快，加上传热差，太阳只晒热表面，白天气温上升很快。所以沙漠白天的气温要比赤道附近的热带海洋高得多。

同样道理，在我国大陆，夏天温度最高的地方不是在纬度低的海南岛和广东沿海，而是在内地较高纬度的重庆、武汉、南京等地。沈阳、北京等地，夏天白天的气温，也经常比广州、海口要高。

天空是蓝的吗

"蓝蓝的天上白云飘,白云下面马儿跑……"多么美妙的描绘,然而天空真的是蓝色的吗?

实际上,天空并不是蓝色的,只是"地球上的人看到的天空通常是蓝色的"。假如你飞离地球进入太空,那你所看到的天空则是黑蓝一片,众多遨游过太空的宇航员证明了这一点。

那么天空到底是什么颜色的呢?

天空本来没有颜色。地球上的人之所以看到天空是蓝的,那是因为太阳光中含有彩虹的所有色彩,它穿过大气层时,受到浮悬于空中的亿万微粒所散射。蓝色光波较短,比光波较长的红色或黄色更容易散射,所以在地球上的人看来天空呈一片蓝色。这与雾天的车灯光线常呈黄色或橙色,街上的钠光灯比白光灯照得更亮,都属于同一个道理。也许你不大相信,那么你可通过下面这个小实验检验一下。

先给一杯清水中滴几滴牛奶,把它当作大气中的水滴和灰尘微粒。在暗室中,把手电筒放在水杯后面,眼睛从与手电筒光线垂直的地方望去,白色的稀释牛奶就会变成微黄色的。这正是因为黄色光线被牛奶微粒的散射要比其他颜色的光线更强的缘故。

海和洋是一回事吗

　　人们在日常生活和口语中，常将海与洋混为一谈，称之为"海洋"。可是在海洋学中海和洋却是两个不同的概念。

　　洋，也称为大洋，是远离大陆深邃而浩瀚的水域部分。世界上大洋的面积约占海洋总面积的 89％，其深度一般在 3000 米以上。地球上共有四大洋即：太平洋、大西洋、印度洋和北冰洋。

　　海是大洋四周边缘部分，它濒临大陆，是大洋与陆地相连接的纽带。世界上海的面积只占海洋总面积的 11％。海的深度较浅，一般在 2000～3000 米，每个大洋都有它附属的海。

海水是蓝色的吗

当你来到海滨，望着蔚蓝色的海洋时，你就会以为，海水是蓝色的。但是，当你捧起海水，或舀来海水一看时，海水都是无色透明的。不论赤道的海水，或是南北极的海水，不论是岸边的海水，还是大洋的海水，都是如此。这和晴朗的天空是蔚蓝色，而空气又是无色透明的道理一样，其实都是太阳光玩的把戏，是光线散射所造成的。

我们知道，太阳光可分解为红、橙、黄、绿、蓝、靛、紫七种不同的可见光。这七种光各自波长不同，当它们碰到障碍物时，波长短的光容易散射，波长长的光却可以绕射。海水中含有许许多多微小的粒子，当波长短的蓝光、紫光碰到这些细小微粒阻碍时，就会被大量散射、反射出来；当波长较长的光碰到这些微粒时，就大部分绕过障碍，继续前进，进而被海水的各种生物所吸收。这样，人看海水时，只有被散射、反射的蓝、紫色光进入人的眼睛，因此海水看起来就是蓝色的。由于海水越深，散射、反射的蓝光越多，所以看起来深海的海水就更蓝了。而舀起一勺水时，由于光线都能穿过去，散射、反射得很少，所以我们看到的就是海水的本来面目——无色透明。

火山喷出的都是岩浆吗

火山喷发时,大量火红的岩浆喷出,火山云浓集空中,火山灰向周围散落。这是我们从电影电视上看到的,或者从科普作品、文学作品中读到的。的确,绝大多数火山喷发是地上炽烈的岩浆冲破地壳束缚,奔穿涌出的现象。但是,有的火山喷出的却不是岩浆,也不是火山灰,而是冰!

在冰岛南部,有一座名叫格里姆斯维腾的火山,它爆发时喷出的就是冰块。在 1984 年的一次连续两星期的喷发中,每秒钟喷出 420 立方米的冰块;激烈时每秒可喷出 2000 立方米。这次喷发,一共喷出 230 万立方米的冰块,使火山周围覆盖了一层厚厚的冰。

早在北欧中世纪英雄史诗《萨迦》中,就描述过这座会喷射"冰弹"的奇异火山。原来人们一直以为这只是一种传奇性的描写而已。格里姆斯维腾火山再次喷出冰块,改变了人们对《萨迦》中描写的看法,同时也改变了长期以来认为火山都是喷发出岩浆和火山灰的观念。据考察,之所以有喷出冰块的火山,是因为山的内部有一条冰川,于是当火山喷发时,射物中就会有大量冰块。这种现象也许只是火山爆发中的极个别现象。

雪都是白的吗

在人们的观念中，雪总是与"白"结缘的："雪白"、"白雪皑皑"、"冰天雪地白茫茫"等等。许多文人墨客也常常用雪来借喻白色，如李白的《将进酒》诗曰："君不见高堂明镜悲白发，朝如青丝暮成雪"。就连《辞海》也给雪下了"白"的定义："雪是具有六角形白色结晶的降水物。"雪真的都是白的吗？

不。世界上下过许多其他颜色的雪，有红雪、黄雪、绿雪、黑雪、褐雪……可以说，雪也是"五彩缤纷"的。

先说红色的雪。

19世纪初，一位船长的帆船行驶到离荒无人烟的格陵兰岛海岸不远的地方。只见到处是白皑皑的雪。雪在阳光的照耀下反射着耀眼的光芒。突然，值班水手高声喊道："下雪了，快来看，是红色的雪！"的确，在船的右边悬崖之间的峡谷里，出现了鲜红鲜红的一片雪。大家议论纷纷。

"鲜红的雪？"

"我活了40年，还没有见过！"

"这可太不吉利了！"

那些讲迷信的人一声不吭，一个个惊慌失措，脸色苍白，目不转睛地注视着那令人恐怖的、从未看见过的雪。还有的吓得直发抖。

一阵恐惧之后，有的嘟囔说："我们快游泳吧！"有的说："快返航！"还有的说："我们什么也没有看见。"船长也有点惊慌，但他认为，叫喊无济于事，于是心平气和地说："喂，伙计们！你们谁不怕死，亲自去看一看那到底是不是红色的雪？"按照船长的吩咐，几个水手坐着舢船向海岸划去。他们证实，那的确是像鲜血一样红的雪。不过经过仔细观察，这是一般的雪，只不过是上面覆盖了一层薄薄的红色的东西。后来，有人在格陵兰岛上也遇到过这种罕见的自然现象。

新近的记录也有。

1959年的一天，南极刮起了一阵狂风暴，大风里夹着雪粒，肆虐横行，弄得天昏地暗。风雪过后，科学家们惊奇地发现，大地竟然在一夜之间换上了红妆——原来这里下了一场红雪！

根据记载，世界上还有许多地方下过其他颜色的雪。比如，北冰洋下过绿色的雪；瑞士下过褐色的雪；西伯利亚下过黄色的雪，苏格兰下过黑色的雪。

科学家曾对"彩雪"的雪样进行过研究和分析，结果发现，红雪中含有大量的雪生红藻，这种红藻广泛地分布于极地区域，当暴风把它们刮起来后，就粘到雪花上，从而形成红雪。褐雪和绿雪也是藻类影响所致。至于黄雪和黑雪，则是污秽物质污染了雪花的缘故。

冰都是冷的吗

说起冰，生活在北方的人老幼皆知，生活在南方的人也不陌生。寒冬腊月，气温降至0℃以下，水就结成了冰。用环璃杯装一杯水，放入冰箱去冷冻，一会儿就结成了"人造冰。"古往今来，在人们的心目中，"冰"是与"冷"结伴的："冰冷""冰凉"、"冰寒"、"冷冰冰"、"冰天雪地"、"滴水成冰"……难道冰真的都是冷的吗？如果有人说，有的冰不但不冷，而且很热，你会以为他在说笑话吗？

热的冰确实是存在的。

科学家已经发现，在广阔无垠的宇宙中，存在着11种冰，分别被命名为一号冰、二号冰、三号冰……十一号冰。我们常见常说的冰，即地球上普普通通的冰，只是冰的大家庭中的一位成员，名叫"一号冰"。其他一些成员，与"一号冰"可大不相同。比如，排行第七的"七号冰"，虽有冰之名，却不冰冷，而是热得滚烫。它的温度可达90℃，与沸水的温度相近。如果你用手去抓一块"七号冰"，手上肯定会被烫出火泡，令你灼痛难忍。

当然，这种烫手的"七号冰"在地球上是不可能自然稳定地存在的。如果你想试一试它的热度，只能到实验室里去领略。它的人工制造需2400万个大气压的高压。科学家把开有小孔的金属板夹在两块金刚钻中间，从小孔注入水，再把它放进高压实验装置之中，当压力达到要求时，就可得到热得烫手的"七号冰"。值得一提的还有20世纪60年代末在苏联境内的永冻区发现了一种"外冷内热"的"可燃冰"，它是一种和水结合在一起的固体化合物，在低温和高压下呈稳定状态。"可燃冰"可作为一种尚待开发的新能源，当冰体融化时，它所释放的气体体积相当于原来固体化合物体积的几百倍。因此，科学家认为，"可燃冰"的开发和利用，对于解决日益紧张的能源问题，是开辟新的能源渠道的又一道新的曙光。据估计，可燃冰的蕴藏量比目前地球上的煤炭、石油、天然气蕴藏量还要多几百倍。

台风有害无益吗

　　台风（热带风暴）是一种灾害性天气，每年台风都给人类带来数以亿计的经济损失，许多人丧生于台风之中。因此，人们普遍认为，台风是有害无益的，至少也是害多益少的。其实这是一种常识错误。实际上，台风功大于过，益多于害。如果没有台风，人类将遭受更大的灾难。

　　首先，台风是世界重要的水资源之一。产生于低纬度热带海洋的台风，携带大量的雨水，给我国东南沿海地区、台湾、海南岛、日本、东南亚、印度、美国南部等地区带来丰富的雨量。台风带来的雨量占这些地区总降水量的1/4。如果没有台风，许多地区将遭受干旱，变为沙漠。

　　其次，台风是地球热平衡的重要因素，台风把赤道地区的大量热量带到较高纬度的地区，如果没有台风，热带会更热，寒带会更冷。我国著名的春城昆明四季如春，花城广州终年鲜花开放，与台风的作用关系甚大。

　　第三，台风使地球能量分配均匀。地球自身蕴藏着很大能量，它在太空中接受太阳传递来的能量（太阳能），并受到太阳等星体的引力。这些能量必须得到平衡，地球才能正常运转。台风的最大时速可达200公里左右，其能量相当于400颗2000吨级的氢弹爆炸时所放出的能量。这些能量由台风从低纬度迁移到高纬度，地球因此得到能量分配的平衡。

　　可见，台风既有造成灾害的一面，又有给人类带来恩惠的一面，尽管台风的功劳不被多数人所认识，但它功大于过终是客观事实。

气象、天气、气候是同码事吗

如果我突然问你"气象"、"天气"和"气候"的确切含义是什么，它们有什么区别？你能一下子回答出来吗？是的，这些词我们经常用到或听到，也知道它们有别，可确切地区分又并不那么容易。

气象，用通俗的话说，它是指发生在天空里的风、云、雨、雪、霰、雾、露、霜、雹、结冰、扬沙、浮尘、阴霾等一切大气的物理现象。

天气，是指影响人类活动瞬间气象特点的综合状况。例如，我们可以说："今天天气很好，风和日丽，晴空万里；昨天天气很坏，刮风又下雨，阴湿异常"等等。

气候，是指整个地球或其中某一个地区一年或一段时期（称为时段）的气象状况的多年特点。例如，我国的南海诸岛，一年四季无严寒，无明显四季之分，所以就可称它是属于"四季暖热的热带气候"。再如长江流域的大部分地区，春秋温和，盛夏炎热，冬季寒冷，我们称这里是"四季分明的温带气候"。

现在你明白了吗？它们之间互有区别，但又是互有联系、密切相关的。

"元旦"一定是1月1日吗

若问何时为元旦，相信绝大多数人会不假思索，异口同声："1月1日"。若问元旦是否一定是1月1日，或许好多人会觉得好笑："这还用问吗？"

人人都知道，每年岁首的第一天称为"元旦"，但未必所有的人都知道，由于各个国家、地区、民族所使用的历法或习俗不同，所定"元旦"的具体日期也不同。

你是否知道，在公历的每个月中，世界上几乎都有部分人在欢度他们自己的"元旦"。

欧美的大多数国家都以1月1日为元旦；而瑞士的土著居民以1月13日为元旦；泰国以4月13日的"宋干节"为元旦，印度以11月3日为元旦；孟加拉国、巴基斯坦的元旦在3月中旬；缅甸以泼水节的最后一天即4月16日为元旦；菲律宾以民族英雄何塞·黎萨尔就义的纪念日（12月30日）为元旦。穆斯林使用太阳历法，以7月16日为元旦；埃塞俄比亚历法一年有13个月，以9月12日为元旦。

更有趣的是，刚果把一年中第一次下雨的日子作为元旦；埃及人把六月份夏至时天狼星和太阳一同升起这一天作为元旦；叙利亚的农村乡民把9月份里月亮圆的第一天作为元旦；乌干达人住在炎热的非洲，一年只有干、湿两季之分，他们把一"季"——6个月作为一"年"，因此，在通常的一年中，他们竟然有两个元旦。

还有：非洲的埃塞俄比亚，把元旦定在9月12日，这正是丰收的季节，人们带一捆干柴，垒成柴山，由长者点燃，然后围着火堆跳起欢快的丰收舞。

印度尼西亚的凯拉比特族人，把候鸟看成是神鸟，一直以候鸟的来去作为历法的依据，候鸟飞回来的第一天，就是他们的元旦。

居住在寒带的爱斯基摩人，把雪花开始飘落的那一天当作元旦。人们只要看到雪花，就会不约而同地穿红挂绿奔向街头，热烈欢呼元旦的来临。

　　历法习俗不相同，元旦何其多！

"星期"与"礼拜"一样吗

在口语和日常生活中，常常听到不少人把"星期三"说成"礼拜三"，把"星期六"说成"礼拜六"。所以许多人以为，"星期"与"礼拜"是同一回事。

其实这种说法并不正确。"星期"源于科学，"礼拜"源于宗教，两者不是一码事。

"星期"是公历中一种记日方法。这种记日法由来很早，公元前古罗马就已使用了。它是以月相的变化来定的。天空中要算月相的变化最为明显，从朔日到上弦、望、下弦差不多都是7天。古罗马人就用月相的变化作为记日法，每一变化作为一个周期。所以产生七天为一周期的记法。公元3世纪，这种记日法传入西方各国，公元4世纪我国也采用这种方法。古代还把它与星宿联系起来，一周7天与日、月、水星、金星、火星、木星、土星这7个星对应起来，七天中的每一天为一个星的日期，因此有"星期"之称。这种习惯一直延续至今，并成为国际惯例。

至于"礼拜"，那完全是宗教的产物。基督教徒相信上帝创造了世界和耶稣七天复活之说，因此规定每7天举行一次参拜上帝的宗教仪式，这一天被称为"礼拜日"。一星期也就相应地称为一"礼拜"。

由此看来，不难理解，虽然"星期"和"礼拜"都是七天，但把"星期一"、"星期二"、"星期三"……称为"礼拜一"、"礼拜二"、"礼拜三"……却是完全错误的。

"闰六月"夏天就会较长吗

小王是个大胖子,特别怕热,一到夏天,就终日汗流浃背,煞是不好受。一次,他在跟朋友聊天中说:"去年有13个月,从7月2日起多了一个'闰六月',夏天长了一个月,日子太难熬了。今年可好,夏季没有闰月,夏天会比去年短一些。"

像小王一样认为"闰六月"夏天就会较长的人,恐怕为数不少。但这种认识是个常识错误,说明对历法还不大了解。

我们知道,地球上春夏秋冬的变化,主要是由于地球绕太阳公转日照系数的变化而造成的。根据一年之内地球与太阳所处的实际相对位置,我们的祖先制定了"冬至"、"夏至"等24个节气。我们所使用的公历也是根据地球绕太阳公转来制定的,所以公历与24个节气密切相关。比如,"清明"大多在每年的4月5日,此时春风和畅;大暑都在每年的7月23日左右,这段时间气候最热。

农历与公历不同。农历主要是根据月相的变化来制定的。"从初一到十五,十五的月儿圆。"农历本来与太阳没有直接的联系,只是为了使一年的平均时间与地球绕太阳公转一周的时间接近些,才用了设置"闰月"的方法。根据农历上的规定,闰月可以加在2月至11月之间。但不管怎么加,24个节气没有变,每年的日照系数也没有变。所以说,农历设置"闰月"与气候并没有必然的联系。"闰六月"未必夏天就会变长。同理,"闰二月"、"闰十一月"冬天也未必就会长些。

农历就是"阴历"吗

周镇宏 科学小品

农历是我们生活在中原一带的祖先创造的一种历法，它现在仍被广大农民所使用。

不少人以为农历就是阴历，公历就是阳历。其实，农历不是真正的阴历，它应该是"阴阳历"。

要弄清这个问题，首先要知道什么是阳历，什么是阴历。

阳历是根据太阳来确定的。它将地球绕太阳公转一周的时间作为一个计算时间的单位——年。地球的公转周期是365.2422天，即365天5小时48分46秒，为使用方便，将365天作为一年。为了解决余下的5小时48分46秒，就在每4年添加大约多出的1天，而这一年就是366天，称为"闰年"。

阴历是以月亮来确定的。月亮圆缺变化的周期是29.53天，以这段时间作为计算时间的单位——月。一个月大约30天，小月29天，由于季节变化周期比月亮圆缺变化的12次多一些，于是将12个月当作一年。阴历年是354天或355天。

这样，阴历年和阳历年就相差10～11天，3年后就会相差1个月，阳历年由于以太阳为依据，所以与季节冷暖变化周期吻合。为了使历法不至于与天气冷暖季节递更的周期脱节，于是在阴历年每3年添上一个闰月。这就是农历的置闰法，我国在2600年前已经校正为19年7闰了。这样，农历实际上就是阴历和阳历的结合——阴阳历。

节气是阴历的吗

一年24个节气是我国劳动人民的创造，它对指导农业生产十分有用。因为我国很早就确定了24个节气，而且我国以前使用的是阴历，阳历是后来从外国引进的，所以许多人以为节气是阴历的。这是一个常识的错误。

我们知道，阴历是以月亮的圆缺变化为依据的，它与气候无关；而阳历是以地球绕太阳公转为依据的，因此它与气候有直接关系。节气是将地球绕太阳公转轨道分为24等份，地球在轨道上每前进15度就是一个节气。因此节气和公历一样，是以地球公转为依据的，也就是说，节气是阳历的。节气在阳历上有比较固定的日期，每年相差不了一两天，这也说明它是和阳历密切相关的。相反，节气在阴历上就很不固定，每年相差很大。如春分最早是二月初一，最迟是二月三十；秋分最早在八月初一，最迟在八月三十，前后都要相差一个月。

每个节气的确定都要经过精确计算。古代中国是由管天文的官员根据星象来推测地球在轨道上的位置，然后确定、公布在每年日历上，并添加在阴历日期旁边上的。现代天文学已经能够精确计算地球的位置，并精确到秒来确定节气的时间，而且能推算数百年以后节气的日期。

一个月只有两个节气吗

阳历一年12个月，24个节气，恰好每月两个节气，清清楚楚。那么阴历是不是一个月也只有两个节气呢？阴历每月有时29天，有时30天，因此你也许认为，阴历也是每月两个节气；或者你还懂得，如果遇到闰年13个月，还会出现一个月只有一个节气的时候。但是如果告诉你，阴历有时一个月会有了三节气，那你一定不会相信。

但这是事实。庚申年十一月（1980年12月～1981年1月）就有三个节气。

为什么会出现这种情况？原来，阳历1月初前后，地球与太阳距离最近，这时地球绕太阳运行的速度最快。同样经过15度，原来是15天多一点点的，这时却只有14.7天，这样三个节气之间就只有29.5天了。

这时，如果碰上阳历1月初前后的那个阴历月是30天，而恰好该月初一早晨有一个节气的话，就有可能在15日和30日又各有一个节气，于是一个阴历月就有了三个节气了。

但这样的机会是很少的。90多年前的丙戌年（即相当于1886年）正月有过一次"一月三节"之后，直至76年后才又有一次，那是辛丑年十二月（即1962年1月～2月）。而后在庚申年十一月（1980年12月～1981年1月）、甲子年十一月（1984年12月～1985年1月）又有两次。20世纪的最后，1999年11～12月，即阴历己卯年十月，又将有一次一月三节出现。请留意到时的日历。

四季的时间一样长吗

我国四季的划分，一般以节气作为界线。春季从春分（3月21日左右）到夏至（6月21日左右）；夏季从夏至到秋分（9月23日左右）；秋季从秋分到冬至（12月22日左右）；冬季从冬至到来年春分。一般人以为，这样把一年分为四季，每季的时间应一样长，其实并非如此。按照上面的划分，根据天文学对节气的确定（地球在绕太阳运行轨道上的位置），春季为92天19小时；夏季为93天15小时；秋季为89天19小时；冬季为89天。夏季比冬季要长4天15小时。这是为什么呢？

原来，天文学上是以地球在轨道上前进15度为一个节气的，这样每个季节在轨道上各占90度。但是地球绕太阳公转的轨道并不是一个圆，而是一个椭圆；太阳位于这个椭圆上的一个焦点上，而不是位于圆心上。这样，地球在轨道上运转，与太阳的距离就不是保持不变的，而是有远有近。当地球离太阳远些时，太阳对地球引力就小，这样地球公转的速度也慢些；相反，地球离太阳近时，所受的引力大，运行速度也快。夏季地球离太阳最远，所以运行速度最慢，要掠过90度，所需的时间也就长；冬季则相反，地球离太阳最近，运行速度最快所以冬季也就短些了。

每分钟都是60秒吗

如果问你，一分钟有多少秒，你一定会不假思索地回答：一分钟有60秒。如果再问你，是不是每分钟都是60秒。你也会肯定地回答：每分钟都是60秒。可是这个回答错了。1988年最后的一分钟，就是61秒而不是60秒。

为什么会出现这样的情况呢？其实不难理解，这是和"闰年"、"闰月"一样的道理。不过，闰年的出现，是因为地球公转周期与我们计算时间的单位不是恰好为一个整数，其尾数积累起来，每4年增加一天；而"闰秒"，则是由地球自转周期不均匀所致。

原来，地球并不是一个以固定速度旋转的刚性实体。大气层、海洋和液态内核都有相对于地球整体的"独立运动"，这些运动造成的摩擦力，会干扰地球的自转。它有时会推动地球加速，有时又使地球减速。而我们现在是以原子钟计时的，原子钟以石英晶体振动频率为计时单位，它是恒定的。因此，如果不及时调整，就会使地球自转与原子钟确定的时间发生偏离。天长日久，这种偏离就会大到足以使时间紊乱的地步。因此国际时间局规定：每当地球转速变化的积累接近1秒时，就要在这一年的国际标准时间6月30日或12月31日的最后1分钟的末尾增加或减去这一秒。增加的称为"闰秒"，减去的称为"跳秒"。

近几十年来，地球运转有减慢的趋势。20世纪80年代以来，已经出现过5次"闰秒"。国际标准时间1988年12月31日最后一分钟是61秒，换成我国北京时间为1989年元旦上午7点的最后一分钟是61秒。"闰秒"时，如接收天文台播发的短波时号，将会有61个"滴答"的响声。

每一天都存在过吗

这个问题似乎问得很奇怪,历史上的每一天,当然都曾经存在过。但是公元1582年10月5日到10月14日一共10天,却的的确确是不存在的。这究竟是怎么回事呢?原来,这10天被罗马教皇格里高利一笔勾销了。

现在世界上通行的历法是公元纪年的公历,这种历法原是罗马统帅儒略·凯撒于公元前46年创立的,称为儒略历。但儒略历并不和地球公转的周期完全吻合,每隔400年就要产生3天的误差,因此到1582年已误差10天了。这样一来,节气、日期就出现混乱,严重干扰了农业生产。如果让这种状况继续下去,2000年后,连春、夏、秋、冬都要向前移动一个月。

看到了问题的严重性,罗马教皇格里高利十三世,特别为此召开了有关文学家和僧侣参加的讨论会,研究对策。会上,教皇采纳了医生格里奥提出的历法,规定每4年一闰,能被4除尽的年为闰年,但逢百年要被400除尽的才是闰年,闰年在2月份多1天。并且宣布1582年10月4日的后一天为10月15日,以消除以前积累下来的误差10天。这样,1582年10月5日至10月14日这10天就成了历史上不存在的10天。虽然这是教皇的一纸诏书下令取消的,但由于后来实行的历法更为科学,所以这一取消是合理的。现在人们使用的公历(阳历),就是"格里高利公历"。

物质只有三态吗

若问物质有多少种状态,可能许多人会不假思索地回答:"物质有固、液、气三态"。

确实,在地球上,物质存在的主要状态是固态,液态和气态。但在整个宇宙中,这三种状态的物质占所有物质的总量还不够四分之一呢!

在宇宙中,物质的状态除了上面的三态之外,还有另外的四态:等离子态、超固态(又叫中子态)、反物质态(又叫超离子态)和辐射场态。因此,宇宙中的物质一共有七种存在形态。

物质的第四种状态是等离子态。在高温下,原子被电离,物质成为自由电子和离子的混合物,由于电子和离子多带有等量异号电荷而呈现出电中性。平常人们见到的闪电、霓虹灯和水银灯中的气体,就都属于等离子态。

物质的第五种状态是超固态。在高压环境下,电子和质子结合而成为中子。处于这种中子态的物质的密度大得十分惊人。例如,由中子态物质组成的中子星密度约为10174克/米,这个密度是水的密度的1014倍,约为地球密度的2×1013倍,也就是说,1立方厘米的中子态物质的质量约为1亿吨。如果把地球压缩,最后压缩到使其密度等于中子星的密度时,它的直径大约只剩下200米。

物质的第六种状态是反物质态。反物质态是由反粒子构成的一种物质状态。在物理学中,质子、中子、电子、介子、超子等叫做粒子,而与它们分别对应的反质子、反中子、正电子、反超子等,则称为反粒子。

物质的第七种状态是辐射场态。平常我们说,真空是空的,是一无所有的,这并不准确。其实,真空并不空,真空中充满了各种各样的热辐射,即充满了各种波长的电磁波,这就是物质的辐射场态。

电风扇能使空气变凉吗

盛夏酷暑，房子里热得像个蒸笼，一开风扇，顿觉清凉舒适。许多人以为，是电风扇使空气变凉了。

事实上，电风扇绝不能降低气温，反而，电风扇工作而产生的热量，或多或少还会增加室内的温度。那么，电风扇为什么能使人感到凉快呢？这是因为，人体排出的汗在流通空气中比在静止空气中蒸发得更快。电风扇使空气流通，使人排出的汗水迅速蒸发，所以给人带来凉快的感觉。

水蒸汽看得见吗

周镇宏 科学小品

小龙和哥哥在伙房里煮东西。闻到食物的香味了，小龙忙揭开了锅，顿时湿热之气扑面而来。小龙对哥哥说："看，那么多水蒸汽！"哥哥纠正说："你这句话有问题。水蒸汽是看不见的。"小龙不服气："那白色的热气不就是水蒸汽吗？"

许多人会像小龙一样，认为水开时冒出的白色的热气就是水蒸汽。其实不对。

水蒸汽和其他气体一样，是肉眼看不到的，而且也不是湿的。假如你用水壶煮水，水煮开后，壶嘴上根本看不见水蒸汽。水蒸汽遇到冷空气会凝结成微小的水滴并形成看得见的白雾，但这些白雾已经不再是"水蒸汽"了。

推铅球的最佳角度是 45°吗

根据物体作斜上抛运动的公式可知，当抛射角为 45°时，抛射的距离最远。因此许多人都以为，推铅球、投标枪、掷铁饼等运动，也是以抛射角 45°为最佳，其实不然。

铅球密度大、为球体，推铅球时铅球在运动中一般不自旋，而且空气阻力也可忽略不计。按理说，投掷角应是 45°最为适宜。但铅球在出手时，由于运动员的身高及手臂向前上方伸出，使铅球在离开手掌作抛射运动时的高度，与落地点有一定的落差，这就使最佳出手角度发生了变化。根据计算，推铅球时最佳出手角度为 42°。

投标枪时与推铅球不同。标枪是呈圆柱形，它不像铅球那样可以当作一个质点，它是一个刚体。因此，标枪在运动过程中，要受外力矩的作用，而且它所受的空气阻力也不能忽略不计，计算结果是滑翔标枪的抛射角以 30°左右为宜。

铁饼密度较大，所受空气阻力较小，但铁饼在运动中有明显的自旋，同时也受外力矩的影响。根据计算，铁饼的投掷角度以 35°左右为佳。

显像管会爆炸伤人吗

说显像管会爆炸伤人似乎是有道理的。这是因为,显像管的内部是抽成真空的,在大气压力下,它要承受很大的压力。据测定,一个12英寸的显像管,就要承受2吨的压力。有人做过这样的试验,一只没有防爆措施的显像管,用直径40mm的钢球,从1米多高处斜向突然敲击玻璃屏幕中心,显像管就会发生爆裂,其玻璃碎片能飞溅出7米。

然而,电视机的显像管是采取周密的防爆措施的,包括将屏幕玻璃做成圆弧形,屏幕四角用圆弧过渡,使各处受力均匀,整个玻璃外壳做得较厚,特别是对着观众的屏幕前面的玻璃最厚;在显像管屏幕侧边受力最大的部位,捆扎上一圈防爆钢带,钢带对玻璃的固紧力达几百公斤。对于后面一个措施,有人测试过,显像管抽成真空后,在大气压力的作用下,屏幕中心的玻璃会往里被压进几十微米。当加上防爆钢带后,屏幕中心的玻璃会往外鼓出几十微米。由此可见,防爆钢带可以抵消大气压力的作用,起到很好的防爆作用。而且这时即使用爆力将显像管屏幕击碎。玻璃片也不会飞溅出来。

由于采取有效的防爆措施,显像管是不会爆炸伤人的,你尽可放心地观看电视节目。

金属会"疲劳"吗

"疲劳破坏"这颗工程界的克星,曾在工程史写下触目惊心的记录:19世纪末,被誉为"空中王子"的德国齐柏林飞船,在飞越大西洋时,因设计欠妥,曲轴产生共振而疲劳破断,飞船夭折;20世纪40年代,雄伟壮观的美国塔科马悬桥,在遇到一次风力并不很大的阵风时,主构件产生共振而疲劳损坏,桥梁突然断塌……

这些惨剧应归于金属"疲劳"吗?

其实,"疲劳破坏"源于早期人们对这种破坏形式的错误理解,虽然到现代这种破坏的机理已经被科学地揭示出来,但这个术语却因循下来。

人们从事体力或脑力劳动,时间久了会感到疲劳,是因为肌体工作过度,二氧化碳和乳酸等代谢产物在血液中积累,肌体力量受这些化学物质的干扰而削弱,使人产生疲劳感。

金属"疲劳破坏"并非因受力久了发生"疲劳"而破坏,只有当金属承受交变载荷时,所产生的交变应力引起金属内部产生肉眼看不见的微观裂纹,在交变应力的反复作用下,裂纹逐渐扩展成宏观裂缝,随着交变载荷的继续作用,裂缝扩大,削弱该处截面积,当受到突然的超载撞击或振动时,就在该截面处产生脆性断裂。这个过程关键在于交变载荷的频率和强度,先决条件是承受交变载荷。回形针可以较长时间吊住一个重物不断裂,却经不住来回几次弯折,就是疲劳破坏的简单例子。

香与臭"势不两立"吗

幽香给人愉快的感觉，恶臭则令人作呕。古语云："熏莸不同器"，说的就是香的东西和臭的东西是势不两立的。一般人都认为，香就是香，臭就是臭，它们之间是没有调和余地的。

其实，香和臭并非如此截然不同，它们存在着辩证关系。在某种情况下，香可以变为臭，臭也可以变为香。

食物里所含的蛋白质，在人体肠道里经过细菌的分解，能产生一种叫吲哚的物质。粪便的臭味主要就是由它产生的。但吲哚在浓度较高时呈恶臭，其稀薄的溶液却发出像素馨花和茉莉花一样的清香。许多化妆品就是加入少量的吲哚，才变得幽香宜人。

还有一种名贵的香料叫龙涎香，它是抹香鲸肠胃里的分泌物。奇怪的是，刚从抹香鲸肠胃里取出时是奇臭无比的，但经火燃烧，却能发出比鹿香更为幽雅、浓郁的香味，是配制高级化妆品不可缺少的香料。

另有一种叫异戊酸的有机化合物，它的臭味是令人作呕的。可是把它放在酒精中，经过缩合脱水之后，就能够制戒令人感到非常愉快的苹果香精。用它在房间里喷上一点点，整个房间就会充满水果的芬芳气味。

"J粒子"即"丁粒子"吗

1974年下半年,以美籍华裔科学家丁肇中为首的科研小组,在探索基本粒子电磁流性质的实验中取得重大突破,发现了一个全新的基本粒子。这个基本粒子后来被丁肇中和他的同事们命名为"J粒子"。

由于这一贡献,丁肇中荣获了1976年度的诺贝尔物理学奖。自此,"J粒子"与丁肇中的名字紧紧地联系在一起,《丁肇中与"J粒子"》之类的科普文章亦频频见诸报端。

或许是由于英文字母"J"与丁肇中的"丁"在外形上很相似的缘故,外界许多人认为:丁肇中把新粒子命名为"J粒子",是为了使他自己的中文姓氏"丁"长留科学史,"丁粒子"即"J粒子"也。报刊杂志上发表的许多文章也作如是说,有些文章还由此而大谈"爱国主义"。

其实,这完全是一种误解。

丁肇中小组把新粒子命名为"J"的初衷,是想用它来纪念他们在探索电磁流性质方面花了10年工夫获得的这项重大发现,而在物理学的文献中,习惯上都是用"J"来表示电磁流。因此,他们就用"J"来标记命名新发现的粒子。可见,"J粒子"的命名与丁肇中的姓"丁"并没有什么关系。

至于"J"与"丁"的形似,那完全是一种戏剧性的巧合罢了。

顺便指出,J粒子实质上是一种逊原子物质形态。在一些物理学文献中,这种逊原子物质形态也被称为"ψ粒子"或"ψ/J粒子"。那是因为,美国科学家伯顿·里克特也独立地几乎与丁肇中小组同时发现了这一新粒子,并把它命名为"ψ粒子"。伯顿·里克特也因这一发现而与丁肇中共享1976年诺贝尔物理学奖。

"六〇六"经过"六〇六次试验"吗

"药物'六〇六'的命名来自试制失败了605次,第606次才成功……"诸如此类的说法,到处可见。

例如,《创造发明之路》(湖北科学技术出版社出版)一书在"不怕挫折"一文中,作者论证"失败是成功之母"时,援引欧立希发明"六〇六"的例子说:"欧立希在发明砷凡纳明时,经过了605次失败……终于在第606次获得成功。人们为了纪念此事,特地将砷凡纳明命名为'六〇六'。"

又如,《青年自学漫谈》(江苏人民出版社出版)一书,也将"六〇六"的命名说成是"欧立希试验了606次才成功。"

更有甚者,在目前的小学课本中也还保留类似这样的文字。

其实这种"六〇六次试验"之说,与历史事实并不符。

"六〇六"是德国科学家保尔·欧立希于1911年发明的治疗梅毒的药物"砷凡纳明",之所以将其命名为"六〇六",完全是因为它属砷的六〇六号化合物,而与发明前做了多少次试验无关。如果要说欧立希等人当时试验失败的次数,那远远超过了605次。因为他们在筛选砷苯化合物时,共花费了四年多的时间。

早在解放前,"六〇六试验"之说就已经传播甚广了。就连1947年出版的旧版《辞海》,也在"六〇六"的条目下这么写道:"艾氏首先发明砷之一种化合物,复经改良,有六百零六次之多,均证明有杀灭梅毒螺旋菌之神效,故命名为六〇六。"这里提到的"艾氏",就是德国细菌学家、免疫学家保尔·欧立希(Paul EhrlIch,1854～1915年)。

与"六〇六"名称的误传很类似的,还有关于"六六六"和"二百二十"的命名问题。请看这些说法:

"农药'六六六'是六百六十五次失败后的成功之果……"

"汞溴红'二百二十'是经过二百二十次试验才制成的……"

但事实上,"六六六"即氯环乙烷,其分子式为 $C_6H_6Cl_6$,由于它含六个碳原子、六个氢原子和六个氯原子,故简称为"六六六"。至于"二百二十",不过是一种注有"220"编号的红药水,"220"只不过是化学反应标记,并无其他意思。

摄氏温标是摄尔修首创的吗

对温度和温度计的研究，从伽利略的时代起就很活跃。但是，科学家们各使各的温度表。到了18世纪初叶，要求统一温度表刻度的呼声高涨起来，并相继作了几种尝试。

最初的温度表是德国气象机械制造者 G·D·华伦海（1686～1736年）于1714年前想出来的。日本取华伦海的中国译名的第一个字，称作华氏温度表。他把氯化铵、水、冰的混合物的温度作为最低温度，定为零度，把冰溶解的温度定为32度，把口腔的温度定为96度。后来，人们用这种温度表测出水的沸点为212度，于是，沸点212度和冰点32度就被用作温度的起止点。华氏温度表主要在英美国家使用。

接着，法国的米尔（1683～1757年）于1730年发表了把水的冰点定为零度，沸点定为80度的温度表。这种温度称为列氏温度表。80这个数字是这样产生的：使用酒精的温度表，把冰点时的酒精体积定为1000，那么沸点就是1080。

目前，除英美以外，世界广泛使用的是摄氏温度表。这种温度表的命名是取瑞典人摄尔修（1701～1744年）的中国译名的第一个字。摄尔修于1742年提出把水的冰点至沸点之间分成100份的温度表。不过，这种划分在当时与目前使用的正相反，是把冰点定为100度，把沸点定为零度。

但是，似乎很快就是有人感觉到，这样用起来很不方便。据考证，J·D·克利斯（1683～1755年），很快就于第二年，即1743年把刻度颠倒了过来。接着因提出二名分类法而闻名于世的博物学家林耐（1707～1778年）也于1745年使用了把刻表颠倒过来的寒暑表。林耐本人在信中说："是我第一个设计以冰点为零度，以沸点为100度的温度表的。"

也有人说，1710年时就有人想出了这种刻度的温度表，并于1737年开始使用。由于这个原因，特别是英美国家不承认摄尔修是摄氏温度表的发明人。摄氏温度表的记号写作℃。一般人都认为，这个C字是摄尔修的英文字头，但英美国家却说，这是Centi grade（百分度）的字头。解释有分歧不好，因此到1948年，英美国家也作出妥协，从此统一解释为是摄尔修的字头。

从1967年起，又把水的三态（水、冰和水蒸汽）的平均温度，改定为0.01度，取代了以冰点为零度。但是，这实际上与原来的刻度表并没有什么区别。

富尔顿真是汽船的发明人吗

1807年8月17日，罗伯特·富尔顿（1765～1815年）制造的蒸汽船克拉蒙特号静静地航行在纽约港外。在长40.5米的船体的两侧，有两个轮子迅速地划着水，从烟囱里冒着浓浓的黑烟，以每小时八公里的速度溯赫德森河而上。站在岸上的数千名观众大为吃惊，呆呆地看着。其中，也有直到前一天还认为富尔顿是发了疯的人。

克拉蒙特号用了32个小时，抵达了距纽约240公里的上游的奥尔巴尼。这次试航的成功，使人们深深地认识到，汽船的力量是巨大的。从此揭开了汽船时代的序幕。

许多人认为，克拉蒙特号是世界上第一艘汽船，因而相信，建造这艘船的富尔顿是汽船的发明人。然而，这是错误的。在1807年以前，建造以蒸汽为动力的船舶，并使之在水上航行的人，英、法、美三国加起来有近10人。

克拉蒙特号只不过是集先驱者经验的大成，因此，它的船体大，性能好。同先驱者们的时代相比，到克拉蒙特号出现时，经济已很繁荣，人们易于认识汽船的优越性。再加上富尔顿出色的宣传，因此取得了巨大的成功。

那么，汽船的真正发明人是谁呢？这是一个难以解答的问题，至今还没有定论。但是，可能性最大的恐怕是美国的约翰·菲奇（1743～1798年）。

菲奇没有受过学校教育，曾当过钟表匠和测量员，在各地流浪。以后，他在特拉华河边的沃辛斯塔定居下来，开始研究汽船。他费尽心血，于1787年夏天建成了一艘独木舟式的靠划水前进的船只。这艘船的两侧前后各装有三只一组的长桨，用蒸汽机使它交替划动。

菲奇又经过反复改良，建造了新的大型汽船，并征集了投资者，在特拉华河上开辟了定期航线。1790年夏天，这艘船往返于费城和巴林顿之间，载运了相当多地乘客。它比克拉蒙特号取得成功早17年，船的速度平均每小时

12公里，比克拉蒙特号快。但是，这条定期航线后来因出现很大的赤字而停航，投资者对汽船的前景感到绝望，撤回了资金。菲奇在贫困中虽然仍在继续研究，但无成果，最后服安眠药自杀了。

史蒂芬孙真是蒸汽机车的发明人吗

要问谁是蒸汽机车的发明人,恐怕大多数人都会说,是英国的乔治·史蒂芬孙(1781～1846年)。但是,正像汽船的发明人不是富尔顿一样,最先制造蒸汽机车的人并不是史蒂芬孙。的确,史蒂芬孙对蒸汽机车进行了各种各样的改革,奠定了现代机车的基础,并参与了斯托克顿——达林顿之间的铁路(1825年通车)和利物浦——曼彻斯特铁路(1840年通车)的建设,为铁路事业的迅猛发展铺平了道路。在这个意义上,把他称作铁路之父是对的,但是,他并不是蒸汽机车的发明人。

蒸汽机车的发明人是英国人理查德·德来维西克(1771～1833年)。但是,虽然他是一位天才的发明家,一个接一个的设想像泉水似的涌流出来,然而,他没能静下心来,搞成一个有成就的发明,而且,缺乏运用自己的发明的才能。因此,他不能像史蒂芬孙那样留名后世。

德来维西克同史蒂芬孙一样,都是矿山的蒸汽机泵技师,积累了丰富的经验。他为了把蒸汽机用于交通工具,最终把瓦特没有着手利用的高压蒸汽利用起来。

经过一番苦心钻研,他于1801年完成了能够在道路上行驶的载人蒸汽机车。在那年圣诞节的晚上,载着几位朋友,在上行的坡道上行驶了约半英里。但是,这台蒸汽机车在几天以后,因操作失误而烧毁了。

1803年,德来维西克制造了第二台蒸汽机车,并在伦敦公开展出,引起了很大的轰动。但由于驾驶失误,撞坏了人家的墙根,运行表演就此结束。

第二年,他为南威尔士炼钢业者建造的蒸汽机车,行驶在有刻纹的钢轨上,牵引着载有25吨货物的四辆货车,以时速四英里的速度行驶了近10英里。这比史蒂芬孙的第一辆机车布卢赫尔号早九年。

1808年,他又制造了新的蒸汽机车,在伦敦行驶在直径约30米的圆形轨道上,获得了很高的声誉。有几千人乘坐这辆蒸汽机车,票价为一先令。

但有一天，机车翻倒摔坏。从此，蒸汽机车被视为危险物，无人问津。

　　此后，德来维西克到了南美，在秘鲁的矿从事安装蒸汽机的工作，但都失败了，最后是在靠救济金维持生活的情况下死去。

伽利略在斜塔上做过落体实验吗

在各种科普著作和科学史读物中，人们常常看到这样一则"科学故事"：

"在很长一个时期，希腊大哲学家、'学问之神'亚里士多德的学说在学术界具有绝对权威。人们都得用他的理论来衡量事物的是非和正误。意大利科学家伽利略率先反抗这种风潮，提出了以观察和实验为基础进行判断的科学方法。作为反抗的手段之一，他选择了亚里士多德的'物体越重下落越快'的论断，对其进行反驳，揭露其错误。"

"1590年的一天，伽利略在比萨斜塔的七层阳台上（高30多米），把轻重不同的两个金属球同时抛下。比萨大学的教授和学生聚集在塔下，注视着实验。谁都认为会像亚里士多德所说的那样，重的先落地。但没有料到，两个球却同时落地。这使在场的人都大吃一惊"。

这是一个很著名的故事，但事实上并没有这回事，纯系传说。

如果真有这件事，那肯定会引起很大轰动，但是，查遍当时的报刊杂志和所有文献，也找不到有关的记载。就连伽利略本人的著作，也根本没有提及。

其实，伽利略根本就没有必要特意做实验。他仅仅通过推理就能巧妙地证明了亚里士多德的学说是错误的。如果假定物体越重落得越快，那么，用绳子把重的物体和轻的物体紧紧地拴在一起让它落下又会怎样呢？即使重物体想要快速落下，但由于后面有慢的轻物体拽着它，也会比单独落下时慢吧。但是，要是考虑到在重物体的基础上又增加了轻物体的重量的事实，那么，变得更重的物体岂不应该比单独落下时更快吗？从同一个假设中得出了两个完全矛盾的结论。这就证明，开始时的假设是错误的。因此，重的物体和轻的物体也是以同样的速度下落的。

经查证，荷兰人西蒙·斯台（Simon Steyin，1548～1620年）倒是于1587年在比萨斜塔上做过落体实验。英国斯蒂芬·F·梅森著的《自然科学史》，明确指出，"西蒙·斯台做了一项实验，否定了亚里士多德的重物体比轻物体坠落得快的见解，这一实验曾经被错误地说成是伽利略做的。"

伽利略进行公开实验的说法是他晚年时的学生韦韦亚尼写的《伽利略传》（1654年出版）中首次提到的，但这总像是韦韦亚尼过于尊敬老师，有意无意地把别人的功绩算到了伽利略头上。

少年瓦特真的从开水壶的蒸汽想到了蒸汽机吗

在英国的产业革命中，詹姆斯·瓦特（1736～1819 年）在科学技术方面做出了重要的贡献，他的名字永远放射着光辉。经常有人说，瓦特是蒸汽机的发明人，但这是一个很大的错误。在瓦特之前，就有很多人在研究利用蒸汽的动力机械，其中，托马斯·纽可门（1663～1729 年）发明的机械远在瓦特的蒸汽机问世 50 多年前，就已被广泛地用来抽出矿山的地下水。

瓦特与茶壶的传说长期以来广为流传。但是，这个传说是从距离瓦特少年时代 50 多年后开始传出来的。一天晚上，少年瓦特同伯母的女儿缪亚赫德一起喝茶。当时，外祖母对少年的态度不满，指责他说，"詹姆斯！我没有见过你这样的懒虫。在这一小时里，你一声不吭，在那里摆弄壶盖，一会儿打开，一会儿盖上，把茶碗和勺子罩在蒸汽上，一会看蒸汽的喷出情况，一会儿又在数勺子上的蒸汽凝结成的水滴。在这些事上白白地浪费时间，你不感到羞耻吗？你念点书，干点活不好吗？"

据其他的故事说，瓦特当时发现，当他把壶嘴堵住，不让蒸汽跑掉时，蒸汽却把壶盖冲开了。

瓦特由此领悟到，蒸汽中潜藏着多么巨大的力量，他反复研究，要把这种力量很好地利用起来，最后终于发明了出色的蒸汽机。

但是，这并不符合历史事实。瓦特开始接触蒸汽机是在 1763 年，他受委托修理安装在格拉斯哥大学的一台出了故障的纽可门蒸汽机模型。由于那次他轻易地排除了故障，从此，他对蒸汽机有了兴趣，开始研制效率更高的机器。尔后，经过辛勤的劳动，造出了优秀的蒸汽机，从而奠定了产业革命和今天的物质文明的基础。

单纯地认识到蒸汽的巨大力量并不能促使他完成这样巨大的事业。瓦特少年时代的故事也许实际上存在，但那只是出于少年单纯的好奇心，这同后来瓦特的工作没有本质的联系。这样认为可能是妥当的。

有趣的是，关于蒸汽机的研究者，伍斯特伯爵二世（真名叫爱德华·萨默塞特，1601～1667 年）和托马斯·纽可门，也有与此完全相同的故事。

诺贝尔真的反对研制杀人武器吗

周镇宏 科学小品

"诺贝尔发明安全的黄色炸药，为社会作出了贡献，他自己也成了富翁。但与他的意愿相反，黄色炸药被用于战争，因此他非常伤心。为了有所补救，消除战争，带来和平，他在遗书中决定献出自己的全部财产，设立诺贝尔奖金。"

上述所说，其中有两个大错误。一是黄色炸药被作为武器的问题，二是"违背诺贝尔意愿"的问题。

艾尔弗雷德·诺贝尔（1833~1896年）从他父亲那代起，就参与了火药的研制生产，先是制造液体炸药硝化甘油。但是，这种炸药一晃动或者一受到冲击就爆炸，极端危险。实际上，诺贝尔工厂经常发生爆炸，1864年，诺贝尔的弟弟埃米尔·诺贝尔被炸死，1866年上半年，澳大利亚、美国和德国等地的一些工厂和仓库相继因发生大爆炸而化为乌有，整个世界为之震惊。

为了把事业继续下去，诺贝尔被迫设法生产更为安全的炸药。因此，他费尽心血，终于发明了使硝化甘油渗进硅藻土的炸药，并于1867年获得专利权，这就是黄色炸药。这种炸药，不管怎么晃动、冲击，还是用火点燃，都不发生反应，不使用雷管（雷管也是诺贝尔发明的）引爆，就不会发生爆炸。所以，这种炸药大受土木建筑、矿山等方面的欢迎，诺贝尔立刻成了世界上屈指可数的富翁。

但是，反应如此迟钝的炸药，即使想用于武器也用不上。充其量也只能用来爆破炮台和据点。

自此以后，诺贝尔便积极地致力于研制军用火药。1887年发明的无烟火药——混合无烟火药，可以普遍用于枪炮、鱼雷、炸弹等。诺贝尔不顾一切地生产这种优良的军用火药，向世界各国出售。

这种行为完全与和平主义背道而驰，但诺贝尔本人却没有意识到这一点。他终生诅咒战争，渴望和平是真的。但是，他认为，要实现这一点，只靠缩减军备和缔结不战条约是没有多大效果的。

诺贝尔曾说道:"我想制造一种具有摧毁一切的可怕威力的物质或机械。这样,交战双方的军队就可以在瞬息之间同归于尽。文明国家便会由于极端恐怖而不再打仗,并解散军队。"

就是说,诺贝尔的想法中有一种类似于以毒攻毒的理论,即越是研制杀伤效果大的武器,就越能导致和平。直到今天,这种论点仍为世界上军事强国的政府所称道。

生肖只有十二属吗

所谓十二生肖，或称"十二属相"，就是指我国古代术数家们以十二地支来配记人的出生年的十二种动物。其实，在我国古代生肖的历史上，还有"生肖三十六"之说。

据梁代萧文休著《王行大义》记载。我国古代原先并非是十二地支配十二种动物的"十二生肖"，而是十二地支配以三十六种动物，每一地支配以三种动物，并按阳气盛衰之象，分成朝、昼、暮，称为"三十六生肖"或"三十六属相"。即：子：朝燕、昼鼠、暮伏翼；丑：朝牛、昼蟹、暮鳖；寅：朝狸、昼豹、暮虎；卯：朝猬、昼兔、暮貉；辰：朝龙、昼蛟、暮鱼；巳：朝鳝、昼蚯蚓、暮蛇；午：朝鹿、昼马、暮獐；未：朝羊、昼鹰、暮雁；申：朝猫、昼猿、暮猴；酉：朝雉、昼鸡、暮乌；戌：朝狗、昼狼、暮豺；亥：朝豕、昼玃、暮猪。

外国没有十二生肖吗

鼠、牛、虎、兔、龙、蛇、马、羊、猴、鸡、狗、猪，以十二种动物来代表年份的十二生肖，是中国特有的吗？有人认为，十二生肖配十二地支，而以天干地支记年，是中国特有的，所以十二生肖也只有中国才有。其实不然。

朝鲜、越南、日本等国也有十二生肖，这可能是直接从中国传去的。但印度、墨西哥也有十二生肖，它们究竟与中国的十二生肖有什么联系，却还是一个不解之谜。

远在大洋彼岸的墨西哥的十二生肖中，有虎、兔、龙、猴、狗、猪与我国相同，其余六种动物都不相同。印度的十二生肖来源甚久远。在《阿婆缚纱》和《行林钞》中，有12位神将各驾一兽：招杜罗驾鼠，毗羯罗驾牛，宫毗罗驾狮，伐折罗驾兔，迷企罗驾龙，安底罗驾蛇，安弥罗驾马，珊底罗驾羊，因达罗驾猴，波夷罗驾金翅鸟，摩虎罗驾狗，和真达罗驾猪。印度的这十二生肖除了把虎换为狮、把鸡换为金翅鸟外，其余10种完全和我国十二生肖相同。这些相同之处，相信并非偶然的巧合，而有着一定的联系。但这究竟是一种怎么样的联系，还是一个尚未揭晓的谜。

"泰山"是"山"吗

小张和小李正在耍贫嘴：

"你真是'有眼不识泰山'。"小张说。

"你也未必真正识'泰山'。我问你，'有眼不识泰山'中的'泰山'指的是什么？"小李以攻为守。

"这还用问？指东岳泰山呗！"小张脱口而出。

"哈哈！你老弟错啦！这里所讲的'泰山'是人不是山。"

"这……从何说起？"小张满眼茫然。

小张确实说错了。他像许多人一样，犯了一个常识错误。许多人想当然地认为，"有眼不识泰山"中的"泰山"，是指山东省境内的东岳泰山，甚至有些词典也这样解释。但其实不然。

"有眼不识泰山"中的"泰山"原来是个人名。此人是鲁班的弟子，人很聪明，点子也多，干活喜欢别出心裁。有一次，他不听师傅的话，自作主张，结果误了事，惹怒了鲁班，被撵出了"班门"。事过一年之后，鲁班发现集市上有一种精巧的竹制器皿很受欢迎，十分畅销。一打听，这些竹制品原来竟是被他撵走的徒弟泰山所制！于是，鲁班颇为后悔，自愧地感叹道："我真是有眼不识泰山"！

这个记载，道出了"有眼不识泰山"这一成语的由来和真正内涵。

压力锅是"高压锅"吗

人们习惯把压力锅叫"高压锅"。其实，压力锅是一种低压锅。因为压力锅的正常工作气压一般只有一公斤（指每平方厘米所承受的压力），少数为1.3公斤。现在市场上销售的这种压力锅，烹鱼10分钟，炖猪肘子只需20分钟，如再提高压力和温度，不仅不安全，而且会把食物炖成烂酱，所以已不必将锅设计成高压的锅了。

泡浸过的衣物较易洗吗

一些人喜欢将衣服或难洗的窗帘、蚊帐、被单等泡浸一夜后再洗,认为如此才能事半功倍,洗得干净。事实正相反,据专家研究,衣服纤维中的污秽,在14分钟内会渗透在水中,在这段时间洗衣服,会将污秽洗净。过了这段时间,水中的污秽又会被纤维吸收。所以专家建议,要洗衣服最好不要浸泡太久。

化纤织物无须防霉蛀吗

棉、丝、毛、麻等天然纤维会因保管不善而发生霉变或虫蛀，这是常识，而一般人认为尼龙、的确良、人造丝等纤织物不会发霉、虫蛀，其实这是一种误解。

化学纤维通常包括人造纤维和合成纤维两种。人造纤维是以木材、稻草、芦苇等富含天然纤维的原料经过化学处理，使纤维素溶解后重新组合，经过纺制而成的。重要的产品有粘胶纤维、醋酸纤维、铜氨纤维等。人造棉、人造丝就是这类化纤。人造纤维的化学结构和天然纤维一样，因此其织物和天然纤维一样会受霉菌和蛀虫袭害。

合成纤维是由石油、天然气、煤中提炼出来的苯、苯酚、乙烯、丙烯、乙炔等高分子合成物经过裂变而成。尼龙、的确良、腈纶、丙纶等属于这一类。合成纤维化学成分稳定，它本身一般不会霉变，也不怕虫蛀。但为了改善合成纤维的性质，其织物一般与天然纤维混纺而成，如毛涤、棉涤、毛腈、混纺等。这样，混纺织物中的天然纤维会发生霉变虫蛀，因此保管时也要防霉防蛀。即使是纯合成纤维织物，如果沾染上油污、食物、血迹等，也可能发生霉变虫蛀。

保管化纤织物与保管天然纤维物基本相同，除应洗净、晾干外，在箱柜中放入适当的防霉防蛀物很有必要。不过樟脑丸是精萘制品，它能溶解合成纤维，所以不能直接与合成纤维织物接触，应用白纸包好再放衣柜角落，并尽量和合成纤维织物保持一定距离。

本国邮票只能在本国使用吗

本国邮票只能在本国使用，这是人人知晓的常识，毋庸置疑。但很少有人知道在特定条件下，本国邮票也可以在外国使用。那就是被称为PAQUEBOT的海员信函。

远洋轮上的海员，常年航行于茫茫大海。生活单调，乡思绵绵，欲作家书以寄愁情，却无鸿雁传递。即便中途靠港，语言隔阂，邮票不明，仍是困难重重。因此，万国邮联特许远洋轮上的海员在途经各国港口时，可到当地指定邮局寄信，并且允许贴用船舶登记国的邮票。当地邮局收信后，以当地当天邮戳销票，准予寄发。比如我国船员在驶往欧洲途中经过新加坡、开罗等地，均可上岸到指定邮局，贴我国邮票寄信回国，还允许寄往任何第三国。这类信件有个明显的标志：信封上加盖PAQUEBOT字样。PAQUEBOT是法文，原意为"大型客轮"，在此可释为"从远洋轮上寄发的海员信函"。海员信函，只准海员本人寄发，船上旅客无此特权。

海员信函的出现，引来了一个有趣现象：甲国邮票可在乙国使用，并且还可寄往丙国、丁国。这下，可引起邮迷们如痴如醉。孜孜以求者大有人在，不过成绩卓著者却不多见。至今还没有一位集邮者拿出一部洋洋大观的海员信函专集在国际邮展上获高级别的奖牌——着实不易啊！

收集PAQUEBOT专集的人大致有两类，第一，从世界各港贴本国邮票寄回本国；第二，贴本国邮票寄往世界各地，不过，这更困难了。您如果对此有兴趣，而且又有亲友在远洋轮上当海员，那不妨一试，但要想集藏丰富则绝非易事。

最后，您可能会问：海员信函的邮资如何计算？万国邮联规定：按船舶登记国的国际邮资计算。假定您那当海员的亲友从开罗寄信给您，那么按照我国现行标准，贴上一元六角邮票，数天后，一封国际航空信便会送至您手上，告知一路平安。

"草木无情"吗

人们总认为世界上只有人和少数高等动物是有感情的,而草木等植物则是完全没有感情的,这种观念正面临着一门全新的科学——植物心理学的挑战。

科学家发现,植物也有"心理活动"。当外界发生与植物有关的变化时,尽管植物从表面上看来没有发生变化,其内部却发生了相应的变化,这种变化可由仪器显示出来。例如当划亮一根火柴作烧灼植物的动作时,尽管火柴的火焰还没有接触到叶子,但与植物相连的仪器却显示一条与人恐慌时相同的变化曲线。在一株植物前面处死小虾,当小虾挣扎着死去时,仪器记录到植物的生物电发生激烈的变化——它"看"到小虾之死并感到恐惧!

植物之间还会互相传递信息。当一棵杨树被害虫侵害时,它会发出一些化学物质,"告诉"周围的植物:我受到敌人攻击了,你们快做御敌准备。于是周围的同类立即使叶子中的成分发生改变,在嫩叶中增加对害虫有毒的物质,从而有效地降低损害程度。

植物也有"精神生活"呢!它们喜欢听优美的古典音乐和轻音乐,长期欣赏这些音乐会生长得更旺盛。相反,嘈杂的声音,激烈的摇滚乐则使它们委靡不振,健康受损。

植物还有"语言",它们会根据诸如干渴需要补充水分等不同的生理需求发出不同的声音。这种微弱的声音已被仪器检测到。

植物并非无情。研究植物的心理、感情将给我们显示一个全新的植物世界,会给农林业带来无可估量的贡献。

"含羞草"真的怕"羞"吗

含羞草,有的人称之为"怕羞草"。当人们接触到它的叶子时,它便像"羞答答"的少女,赶紧把叶子收拢起来。因此人们称之为"含羞草"。

其实,含羞草并非真的害羞。它一遇到触动就把叶子合拢起来,是其适应环境的一种特殊本领。每逢暴风雨洗刷过后,含羞草却安然无恙。这全靠它们的这种本领。

含羞草之所以遇触动能合拢,是因为其叶子有特别组织和结构。它的叶柄基部,有一个叫做"叶褥"的特殊组织。这组织是薄壁细胞,其中充满水分。当叶子受碰而发生震动时,叶褥下部细胞组织内的水分,就流返到上部和两侧,致使叶柄下垂,出现叶子合拢的现象。

花都长在枝上吗

通常我们所看到的花,都是长在植物的枝茎上或叶腋上的,但也有极少数植物的花是长在叶片上的。

有一种叫做青荚叶的植物,它的花是长在叶面上的。这种植物高 1～3 米,是一种雌雄异株的小灌木。它的茎、叶呈翠绿色,叶片卵形,边缘有细齿。初夏时分,数朵嫩绿色的小花簇生在叶片中央。待到秋日,叶片上就有墨色的小核果结出。从形态结构来看,青荚叶的花都生在叶片的中脉上,连接花与枝条的叶脉较粗,而且是由两条黏合而成的。其中一条是真正的叶脉,一条则是从叶脉中抽出的花梗同叶脉合并而成。

除青荚叶外,还有为数不多的植物的花也长在叶上,如中药百部、草药叶下珠等。凡叶上开花的植物,其花一般都很小,花色不艳丽,有的还是雌雄异株,需靠昆虫来为其传粉。

青荚叶、百部等花开在叶面上,有的则是花长在叶背上。如草药叶下珠,它的小花成排长在羽状复叶主脉的背后。它结出的果实像一颗颗小珠子,排列在羽状复叶下面,故称之为"叶下珠"。

珊瑚是植物吗

人们爱把珊瑚当作植物，其实是误解，珊瑚是一种动物。

珊瑚又名珊瑚虫。它或呈筒形单体，或由众多单体构成树枝形群体。单体珊瑚虫没有肛门，只有一张嘴，嘴呈卵形或裂缝形，用周围的触手捕捉食物，或通过触手的振动将水流引入腔肠中，以消化水中的微生物。珊瑚虫有若干消化腔，同时又是排泄腔，雌雄异体。

珊瑚虫的身长不过几毫米，柔软得如同胶质。它们相互连接成共同的生活群体，并用自身排出的石灰质构成一根根细小的管子连接在一起。组成自身的骨骼。我们平常所见的珊瑚实际上就是珊瑚虫坏死后遗留的骨骼。我国南海有无数的珊瑚和珊瑚礁，几乎全是它们构筑成的，其工程量足以同举世闻名的万里长城相媲美。珊瑚的骨架，质地坚硬，色泽艳美，成为千姿百态的观赏品，世界上最著名的珊瑚要数地中海的红珊瑚和我国南海的白珊瑚及台湾省的桃色珊瑚了。我国早在汉代就把珊瑚作为贡品，专程将它从市海送往长安，供宫廷观赏。

文竹是观叶植物吗

文竹以其青翠欲滴，轻盈潇洒，文雅娴静而深得人们喜爱，是室内优良的观赏植物。因此许多人都以为，它那云层般的层层翠绿，是它的叶子，因而把文竹列为"观叶植物"。其实，从植物的形态结构来看，文竹不能算是观叶植物。

文竹原产于南非，它生长在山林底层和原野的灌木丛中。为适应当地炎热的气候，减少水分的蒸发，经过长期的变化，它的叶子已经退化变态。主茎上经常可见的刺，翠绿丛中棕色细小的鳞片状物，就是它退化了的叶子。叶子退化了，其光合作用的功能就由茎来取代。于是出现了一分再分繁茂无比的幼枝，柔软且富含叶绿素，犹如层层绿云。所以，文竹供人们观赏的，并不是它的叶子，而是它变态了的茎。

微生物都是微小的吗

微生物是生物的一大类,整个生物界就是由微生物、植物和动物构成的。微生物包括细菌、放线菌、霉菌、酵母菌、螺旋体、立克次体、支原体、衣原体、病毒、单细胞动物和单细胞藻类。微生物是分布最广的生物。空气、土壤、水、各种有机物及生物体的内部和表面,都有微生物存在。微生物结构简单,单细胞或多细胞,有的甚至没有完整的细胞结构,其繁衍的方式也是原始的。

顾名思义,微生物就是微小的生物。但是如果认为凡是微生物都是微小的,甚至都要用显微镜才能看清,那就错了。不错,大部分微生物都是微小的。如细菌中的球菌直径仅为 0.5～2 微米(1 微米＝1/1000 毫米)、杆菌长度为 1～5 微米;病毒直径 10～450 毫微米(1 毫微米＝1/100 微米),必须用电子显微镜才能看清,但也有不少微生物是肉眼看得见的,如毒菌、红藻等。而真菌类微生物更有许多是大个子的,如我们常吃的香菇、蘑菇、木耳,药用的马勃、灵芝等,都是真菌,它们也属于微生物家族。生物学家曾在捷克发现一种巨蕈,它的直径竟有 4 米多,重 100 多公斤,简直是庞然大物了,但它也是真菌族微生物。

动物没有思维吗

传统的生物学、心理学告诉人们，思维是人类独有的心理活动，动物是没有思维的。动物的许多行为，只是建立在条件反射的基础上的。"鹦鹉学舌"这个成语，说的就是动物（鹦鹉）即使会讲话，也仅仅是由于条件反射，根本不理解所讲的话的意义。

但是，这种观念现在正逐步被更正。1978年，美国帕杜大学女心理学家爱伦·皮鲁伯格对一头名叫爱列克斯的13个月龄的非洲灰鹦鹉进行了专门训练。结果，爱列克斯不但能正确地说出纸、木片、钥匙等23种物种的名称，而且还会辨认和说出五种不同颜色，以及三角形、矩形等四种形状，数出5以内的数。不仅如此，令人惊讶的是，这只鹦鹉在看到一本蓝色封面的笔记本时，竟会使用自己已经学过的"蓝色"和"皮革"两个单词，组合成"蓝色皮革"这样一个新词！心理学家认为，辨认和识记具体的物体，是较低级的能力，多数动物有这种本领。而辨识颜色和形态并运用这样的抽象词语，则属于较高级的能力。至于组合新词，则需要具有一定的推理思维能力。可见，鹦鹉学舌并非完全是条件反射。

美国斯坦福大学动物学家彭妮，训练出一头会用聋哑人手语表达丰富内容的猩猩柯柯。它能在理解抽象词语的基础上，和人类及其他同类进行交谈、辨认印刷字、吸收新知识、创造新词语，甚至还能运用一些复杂的概念。另一位叫厄尔·默奇森的美国人还训练出一条会讲话的海豚。

动物行为学家发现，许多动物会巧妙地撒谎。有的猩猩会欺骗同类，使同类为寻找食物而走错方向，自己却朝早已知道的地方取得食物。有一只狗在断了腿时受到主人的特别照顾，当痊愈之后还伪装瘸腿以博取主人的同情。有的动物还会"罢工"、"闹待遇"。

目前对于动物思维的研究正在深入，它不但有助于正确认识动物，而且能更好地利用动物来为人类服务。更为重要的是，它对动物的思想、行为、信息交流手段等研究，对生物进化、心理学、教育学以及管理科学的研究，都有着十分深远的意义。

血都是红色的吗

若提出一个问题:"动物的血都是红色的吗?"或许不少人都觉得可笑:"那当然,这还用问吗?"

其实动物的血确有多种颜色,有的动物的血还会变色哩!

河蚌的血是无色的。乌贼、虾等的血是青色的。蚯蚓的血是玫瑰色的。

当动物的血液里含有血蓝蛋白时,它的血呈蓝色。如牡蛎、螃蟹、蛤等。

当动物的血液里含血绿蛋白对,它的血呈绿色。如海蛸、蜘蛛……

鸡、鹅、鸭、狗、猪、牛、羊等的血液,由于血中含有血红蛋白,所以,它们的血呈红色。人的血也是红色的。当血液里的血红蛋白与氧结合,血呈现鲜红色(即动脉血);与二氧化碳结合,血呈暗红色(即静脉血)。

扇鳃虫的血更奇特。它生活在深海中的岩石上,由于血中血色蛋白不同,其血多变,有时变为红色,有时变为绿色。

鱼儿都离不开水吗

"鱼儿离不开水，瓜儿离不开秧……"这曾是一首流行全国的歌曲。然而，在无奇不有的大千世界之中，有不少的鱼在没有水的环境中，也照样能够生存，有的还能活数年之久呢。

据巴拿马一位生物学家的研究和考察，单是在热带鱼中，就有 20 多种鱼，既能在水中呼吸，也能在空气中呼吸。

亚洲的一些"鳃鱼"，可以离开水生活相当一段时间。例如，泰国的斗鱼，我国圆尾斗鱼和歧尾斗鱼等，都是如此。

在非洲的淡水湖和流经刚果、赞比亚境内的河流中，有一种肺鱼，它们有肺也有鳃，当河流干涸后，这种鱼便用干泥和皮肤的黏液组成一个保护囊。它们在囊中生活的时间可达四年之久。

多瑙河沿岸海湾里有一种泥鳅，则是用肠呼吸。每当遇到干旱时，这种泥鳅就钻入泥里，不再活动，一遇水又活跃起来。

更有趣的是，在东南亚的沼泽区里，有一种鱼会上树，因而得名为"上树鱼"。我国安徽省祁门县的溪水中，还有一种鱼既会爬树，又能捕食小鸟。

"始祖鸟"是鸟类的祖先吗

"始祖鸟"是迄今为止一切教科书和生物学专著所公认的鸟类的祖先。1862年,在德国巴伐利省索伦霍芬附近距今约1.5亿年的侏罗纪晚期石灰岩中,发现了始祖鸟的化石。根据化石推断,始祖鸟大小和现代乌鸦相仿,披有羽毛。在它身上还存在许多爬行动物的痕迹,如其尾甚长,有20个尾椎;前肢虽已成翼,但还有3个分开的指骨,指端具爪,颌上具有牙齿等。所以它被认为是爬行动物进化到鸟类的中间类型,100多年来一直被人们认为是鸟的祖先。然而目前,这种论断已被否定。

提出疑问的原因首先是与大陆漂移说有关的发现。生物学家早就对生活在南极洲的一种叫海洋鳘的候鸟的奇异迁徙路线感到困惑。这种候鸟每年春天就成群结队地往北迁徙,但飞行路线相当奇特。它们先飞到非洲西南部,然后折向西北,到南美洲西海岸,继而又顺东北方向,折回非洲北部,最后于当年4月底飞抵北极圈内的斯匹次卑尔根群岛度夏和繁殖。它们不辞辛劳,采取一个"之"字形的飞行路线,全程3万余公里。为什么它们不选择一条节约时间和能量、比较笔直的路线来呢?迁徙这个谜,如果用大陆漂移说来解释,是令人信服的。因为把现在的各大洲按照大陆漂移理论恢复漂移前的原始板块,就会发现海洋鳘的迁徙路线被拉直了。这一事实说明,海洋鳘是按照大陆漂移前的直线飞行的,只不过它们并不知道地球已经几度沧海桑田的变化,仍然执迷不悟地"走老路"而已。然而这就带来一个动摇始祖鸟地位的问题:古大陆的解体和漂移是发生在比侏罗纪更早5000万年的三叠纪末期,这即是说,海洋鳘的祖先在三叠纪末期以前,就已具有很强的飞行能力,能够作长途飞行,从南到北横贯地球迁徙,而比它迟了至少5000万年的始祖鸟,其飞行能力却远远不及它。因此,鸟类的祖先不可能是始祖鸟,而应追溯到更早的年代,始祖鸟充其量是鸟类的一个旁支罢了。

现在这一推论已得到化石的证实。1986年夏天,美国得克萨斯大学古生物学家森戈·查特杰带领的一个野外调查队,在得克萨斯州西部波斯特城附近发现了生活在据今 2.25 亿年前的鸟类化石。这种鸟类化石要比始祖鸟化石还早 700 万年。这次发现的化石至少有两个个体,一个是成年个体,另一个则是雏鸟。新发现的化石在许多方面和始祖鸟相似,却又比始祖鸟接近鸟类。从化石可看出,它们也有乌鸦大小,长着一条长的骨质尾巴,颌上有牙齿,骨盆和后肢比较强壮,类似小恐龙,还有带爪的指。与始祖鸟不同的是它们颌骨后方的牙齿已经退化,这说明它们比始祖鸟更为进步。科学家认为,这种鸟虽然不能进行长距离的飞行,但已能很容易地在树间飞行。在此之后又经过 2500 万年出现像海洋䴉这样能够长途迁徙的候鸟,也就不难理解了。

　　始祖鸟还是鸟类的祖先吗?不是的。看来始祖鸟这一美称,要让给美国得克萨斯州新发现的新鸟类化石了。

仙鹤是长寿动物吗

在我国民族的传统意识中，仙鹤是一种象征长寿的动物。人们常把松树和仙鹤画在一起，称之为"千年鹤，万年松"。"松鹤长寿图"通常是敬献给耆耋翁妪以贺寿的礼物。

然而，"千年鹤"的说法是没有科学根据的。鸟类学家指出，包括丹顶鹤在内的多种鹤，一般寿命约20～30岁，即使是鹤类王国的"寿星"——苏联西伯利亚地区的一种灰顶鹤，平均寿命也只有43岁。鹤的寿命，在鸟类中算是比较长的，但在动物界，比鹤长寿的动物比比皆是。因此把鹤当成长寿动物，仅仅是传统习惯，并非真实。

孔雀开屏是为了"比美"吗

动物园里，美丽的孔雀是最受人欢迎的动物之一。观赏孔雀，人们总希望它能开屏。那绿如翡翠或白如瑞雪的尾羽挺立张开，真是美不胜收。但是孔雀并不是每日每时都开屏的。有些游客喜欢穿得大红大绿地走近孔雀，认为穿得漂亮可以让孔雀开屏。而实际上，确实偶尔也有孔雀看到游客穿着色彩艳丽的衣服而开屏的，于是"孔雀开屏是要和人们比美"的说法就不胫而走了。

动物学家认为，孔雀开屏并不是为了和人比美，而是为了繁衍后代的一种求偶行为。孔雀开屏最频繁的时候是在它们的繁殖季节，这时雄孔雀为了博得雌孔雀欢心，就频频展示它漂亮的尾羽。我们知道，在动物界，求偶是经过竞争的，这种竞争有许多方式。例如表现自己的漂亮、强壮、有能力，有时还要通过争个你死我活才能决出胜负。雌性往往要挑选最美丽、最强壮或最有能力的雄性作为配偶。从进化论的观点看，这种求偶的竞争有利于让最优秀的个体得以遗传，从而对整个总群的生存发展有利。孔雀开屏正是一种求偶现象，开不开屏是受体内性激素的刺激。随着繁殖季节的过去，这种开屏的现象就逐渐减少了。

但是，有时孔雀在受到惊吓或遇到敌害时，尾羽也会竖起，就如开屏一样。这种现象同带小鸡的母鸡与敌害搏斗时或公鸡相斗羽毛竖起一样，是一种防御反应。动物学家认为，游客大红大绿的服装，大声谈笑哗闹，会刺激孔雀，使它受到惊吓，引起"开屏"，但这只不过是一种防御动作。

可见，孔雀开屏是为了与人比美是没有科学根据的，只是人们的一种主观猜测。

寒号鸟是鸟吗

"哆啰啰，哆啰啰，寒风冷死我，明天就垒窝"。许多人在小学时都读过《寒号鸟》这个寓言故事，得过且过，懒惰成性的寒号鸟，最终冻死在寒风冷雨之中。寒号鸟是鸟吗？

不，寒号鸟不是鸟，它像蝙蝠一样，是一种哺乳动物，学名叫橙足鼯鼠，和老鼠是近亲。寒号鸟身长50厘米左右，毛色灰褐，长尾大眼，耳廓很大，四肢有钩爪，可以爬树攀岩。寒号鸟特殊之处，是四肢和胸腹部之间长着肉膜，展开了犹如翅膀，因此有"鸟"之称。但它的肉翅不能像鸟那样扇动空气获得升力而使其飞翔，它只能在树间由高向低滑翔，当它纵身一跳，伸开四肢时，肉翅和身体就构成一个正方形，徐徐从较高处滑翔到较低处，可以"飞"一二十米。

寒号鸟生活在山林中，喜吃坚果、树籽、嫩叶、甲虫等，其粪便叫五灵脂，是一种活血祛瘀、行气止痛的中药。

熊猫吃素不吃荤吗

大熊猫是我国"国宝"级珍贵动物,也是世界濒危动物保护的重点。熊猫毛色以白为主,四肢、肩部、耳、眼窝黑色,体肥胖,动作笨拙可爱,憨态十足,深受全世界人民的喜爱。

许多人都认为,熊猫是吃素不吃荤的,甚至一些科普文章、科学小品、寓言等,都认为熊猫只吃箭竹等素食,不吃肉、动物等,这是极大的误解。

不错,熊猫是以箭竹等竹类为主食的,但以素食为主与不吃荤食是两码事。就像人们以饭为主食,而又吃鱼肉一样。其实熊猫应属杂食性动物。《辞海》上说,熊猫又称为猫熊,哺乳纲熊猫科。"喜食竹类植物,有时亦食小动物。"熊猫吃的小动物,以昆虫蚯蚓等为多。据报道,几年前我国一个大熊猫自然保护区发生箭竹大量死亡,使熊猫主食锐减,科学家为了把这里的大熊猫搬迁到其他地方,专门用烤得香喷喷的肉来诱捕大熊猫。在动物园里,为了使大熊猫发育健壮,经常给它们增加鸡蛋、骨粉、鱼粉等动物性饲料。如果大熊猫只吃素的话,它们是不会接受这些荤食的。

可见,大熊猫虽然是以竹类植物为主食,但它们不像牛、马、羊等食草动物那样完全吃素。它们是杂食性动物,也吃荤,只不过不像虎、狮、狼等专食动物的肉食类动物那样。它们虽不具备凶猛的捕食能力,但也的的确确吃小动物。

Ⅳ 科苑风铃

本部分文章多为作者以前曾发表过的,散落于报刊杂志间的科学散文。

"赛先生",拜托了

物以类聚,人以群分,人口的分类何其多元——可按阶级、按种族、按国籍,按性别……划而分之。但若以与"烟"的关系而论,我们这个星球上的50多亿芸芸众生,恐怕只能分为两大群——"主动吸烟者"和"被动吸烟者"。

主动吸烟也好,被动吸烟也好,都难以幸免"烟害"。从这个意义上说,"吸烟问题"可谓"匹夫有责",能说一句"与我无关"者恐怕绝无仅有。正因此,笔者也来饶舌一番。

有一则小幽默很可以说明嗜烟者"烟意识"之深入骨髓。

"医生:除非你戒烟,否则我无能为力。

病人:我宁愿少活几年,戒烟的罪我受不了。

医生:你想吸烟时,可买根冰棍顶替试试。

病人:试过了,但无论如何也点不着!"

看来,对这样的瘾君子,劝他戒烟恐怕是徒劳的。

有一段对话,可姑且称为"烟害悖论":

A:科学家说,被动吸烟比主动吸烟受害更甚,"烟民"害己害人,缺德!

B:哈!你老兄又没本事叫全人类在某个早晨同时戒烟,如果我戒了,就从主动吸烟者升格为被动吸烟者,岂不受害更深?再说,全民戒烟,国家财政能不吃紧?

看来,道德评判在烟民的"歪理"面前也显得苍白无力。

是戒烟宣传不深入人心吗?不。吸烟之害,证据昭然;宣传戒烟,也非一日。就连烟草商也不得不加入戒烟宣传的行列。请看香烟盒上的各种"戒烟警语":"戒烟将使你呼吸更顺畅"(芬兰);"吸烟是致癌的罪魁"(阿曼);"吸烟的孕妇:你在残害胎儿"(美国);"吸烟使你的健康濒临危险"(奥地利);"吸烟等于慢性自杀"(澳大利亚)……。至于此起彼伏的"戒烟周"、

"禁烟月"、"世界无烟日"……就更声势浩大了。

然而，可悲可叹！人类不得不面对着一个尴尬的事实，烟民队伍在声讨声中不仅未见土崩瓦解，而且日趋低龄化！

原因可以说上十条八条：社会的，文化的，心理的，个人意志的……但人们往往忽视或低估了另一个因素——香烟本身的物质"魅力"。烟民们之所以迷醉于香烟而难以自拔，与其说是香烟中生物碱的作用，毋宁说是强烈的"异香"产生的吸引力。到目前为止，研究人员已从卷烟的烟叶中找到近千种挥发性成分。香烟点燃后，由于糖、氨基酸、纤维素、木质等不挥发性成分的热分解物向烟中转移，致使烟中的化合物迅速增加到 4720 种。其中酮类 521 种，脂类 474 种，醇类 379 种，酚类 282 种，羧酸 227 种……最多的为碳水化合物，多达 755 种。这些物质复杂的组合，产生出迷人的强烈"异香"，竟使烟民们明知其有害仍对其如痴似醉。也正是这种"异香"，征服了全球各个角落一代又一代的人，使香烟成为世界性的嗜好品而经久不衰。你说，这种物质"魅力"厉害不厉害？

那么，人类就只能做这种危险"魅力"的奴隶，"吸"（主动的或被动的或两者兼有的）以待毙吗？

不。以敝人之见，根除烟害的希望在于"赛先生"——科学。

"赛先生"在这方面已经略有作为：

——"戒烟香烟"问世。已由保加利亚投产的这种"烟"，其外观与普通香烟一样，但烟丝中不含尼古丁，而是用经过处理的药用植物制成。它的烟叶倒是芳香，但吸过它后就不再想吸普通香烟了。

——"戒烟烟具"显奇。日本生产的"戒烟烟斗"，形状与一般烟斗无异，但里面装的不是烟丝，而是各种味道的香料，如薄荷味、咖啡味等。将它叼在嘴上，可以过"烟瘾"解除手和嘴的"寂寞"。联邦德国还推出一种"戒烟烟灰缸，"每当烟头丢进去，烟缸就会发出阵阵咳嗽声，并散发一种消除烟瘾的气体，引起吸烟者的顾虑，促进戒烟。

——"无烟香烟"造福烟民。这种烟有烟形、烟味而无烟雾和焦油。其一头有一个碳块热源，当吸烟者抽烟时，热空气通过烟草，进入装有精烁烟草的香囊，再先后进入两个过滤嘴，吸烟者可饱尝烟味，但烟草并没有燃烧，不会有烟灰和烟蒂。

——"滤气烟灰缸"消除公害。为了减轻和消除公共场所的"吸烟公害",美国加利福尼亚有一名叫约翰·奥尔的科技人员,发明了一种带滤气器的烟灰缸。这种烟灰缸能过滤吸收香烟燃烧时所散发出来的有害烟雾,从而减少吸烟所引起的环境污染。

当然,"赛先生"的这些作为,还属"初级阶段",他任重而道远!这里,笔者对"赛先生"还寄有一厚望——化"烟害"为"烟利"。这不算苛求。烟叶中既然有上百种药物作用,有近千种挥发性成分,它们之于人体,总不会每一种都是致癌元凶吧?总该还是有的利有的害吧。"赛先生"若能抑其害扬其利,使吸烟成为像养颜、美容、进补之类的善举,使烟草业归属"福利行业",使烟民们吸烟于己有益,于人无碍,岂不妙哉!

"赛先生",拜托了!

(原载1989年4月4日《现代人报》)

打个洞眼灌聪明

人类从刀耕火种、穴居野处发展到航天登月、遨游太空，从原始社会发展到电脑时代，无不依靠自身的聪明才智。千百年来，人类一方面梦想把自身的智能和力量赋予机器，另一方面又憧憬着通过人工方法提高自身的智能。无数美妙的神话故事，鲜明地反映出我们的祖先有三大心愿："牛不吃草劲更足"；"腾云驾雾游四方"；"打个洞眼灌聪明"。"铁牛"和众多的农业机械化、自动化设备的出现，了却了人类的第一个心愿。人造卫星、宇宙飞船等各种飞行器的问世又使人类的第二桩心愿如愿以偿。至于第三个心愿——人工输入聪明才智，目前虽未完全实现，但也已经曙光在望，指日可待了。

脑科学研究者认为，人的聪明即记忆力和智力除了受先天遗传的影响之外，完全可能用人工方法"输入"。其中有三条途径被认为是可行和有效的。

第一条途径是人工合成具有记忆力和智力的物质，把它们移植到大脑中去。从脑化学的观点看来，人的记忆力和智力只不过是脑细胞呈一种化学物质的特性，此种物质的主要成分是多肽。多肽由若干氨基酸分子有序排列组合而成，每一种排列次序和组合形式代表一种记忆力和智力。如果把这种物质转移，记忆力和智力也就随之转移。美国贝勒大学医学院的科学家做过一个有趣的实验。他们长期训练大鼠使其害怕黑暗，然后将其杀死，从鼠脑中提取出一种化学物质，注射到未受训练的大鼠脑中，便能使大鼠极度害怕黑暗达一周之久；注射入金鱼体内，金鱼在白昼时便留在露天处而不敢到隐蔽、黑暗的地方觅食。其他实验还发现，给没有色彩意识的动物注入具有色彩印象的脑组织后，这些动物对色彩就变得非常敏感。一系列的实验使科学家们深信：聪明可以人工输入。假若从老一代专家、学者、大师的遗脑中提取记忆物质，或干脆人工合成具有某种记忆力和智力的蛋白质，注入青少年的大脑，实在是一条"输入聪明"的捷径！

第二条途径是补充神经活动所需的传递信息的载体。这些载体包括乙酰胆碱、多巴胺、5—羟色胺等。补充的有效方法之一是服用药物。据科学杂志透露，目前国外已推出两种"聪明药物"：一种是美国新泽西州普林斯顿艾尔斯特实验室研制的"长春西汀"，一种是匈牙利的"记忆灵"。经美国、意大利、联邦德国和日本等国家的医院临床实践，此类"聪明药物"确有恢复或增强记忆、提高智力的明显效果。

第三条途径是寻找"益智菜单"，细水长流"灌聪明"。你可不要低估一日三餐对聪明才智的影响和作用：人脑中能量载体和神经元信息传递载体的构成物质，是由食物提供和输送的，多吃含有这些载体成分的食物，对增进聪明大有裨益。例如，乙酰胆碱是一种促进神经介质传递信息和贮存信息的物质，它由进入血液的胆碱到达大脑之后与脑中的醋酸盐结合而成，而胆碱的载体是卵磷脂，其食物来源是大豆、鱼、肉类等，尤以蛋白中含量最高。已有证据表明，在身体缺乏胆碱的情况下，多吃蛋黄等有助于记忆和思维。美国营养学研究所所长柯甘通过长期跟踪研究发现，一张科学的"益智菜单"可使少儿的智商提高 35 分。美国儿童行为研究所所长林姆兰的研究和试验也表明，用益智菜单指导少年儿童的日常饮食，可使他们的学习成绩大为提高。

如果说"输入聪明"的第一、第二条途径还有赖于科学家们继续努力的话，那么第三条途径对一般的家庭和公众来说，应该是现实可行的了。可是在一般民众的日常生活，哪些食物才是益智的呢？柯甘和林姆兰在他们合著的《食物使孩子更聪明》一书中，就列举了能促进聪明的 50 种益智食物。

一日三餐，餐餐"输入聪明"，孩子的未来定会获益匪浅。

（原载《家庭》1988 年第 2 期）

电子游戏与"蛋壳文化"

现在很多母亲们都有个雄心勃勃的计划,就是攒下一笔款,买一部电子游戏机和一部微电脑,在自己家里营造一个"电子游乐房",让小孩在尽情的电子(脑)游戏中发展智力。

这种"电子(脑)游戏=益智"的公式,是有好多家长认同的。你听:"我那小调皮一玩起电子游戏,连自己姓甚名谁都忘了。""我那小鬼一沾上电脑,连下课放学铃声都听不到。"……言语之间流露出欣赏与得意。

殊不知,小孩过分迷恋电子(脑)游戏,未必是个好兆头。

初中女生莉莉是个出名的"电子游戏迷"。一天,她正在如痴如醉地玩一套叫"凄惨的斗争"的电子游戏,游戏机发出一阵阵急促的闪光。突然,莉莉"扑"地一声跌倒在地,全身抽搐,口吐白沫。经医生诊断,她得了"电子游戏癫痫症"。

据医学家们分析,电子游戏机那急促的闪光刺激容易使人脑里的许多神经细胞同时"着火",产生强大而杂乱的脑电流,从而引起上述症状。而且,它发出的噪声危害也不能轻视。现今一些电子游戏机发出的噪声达到90分贝以上,长期受这种强噪声的刺激,会造成许多不良影响,如听觉疲劳,听力下降,耳鸣耳痛,头昏脑涨,神经紧张等。

日本研究儿童精神保健问题的松本教授,在对日本西南部764名小学生的家长进行调查之后还发现,每天在家中玩电子游戏机的孩子,其性格会发生怪异,身体健康会受到损害。他说,每星期玩两三次电子游戏的儿童很容易感到疲倦,经常咳嗽,动不动就发脾气,做出眨眼或其他怪动作。而那些每天都玩电子游戏的儿童,大多肩膀僵直,握拳无力,腕部肿胀,无精打采。

另据《医生周刊》报道:丹麦大约有5000名少年儿童因玩电子(脑)游戏而导致智力受损甚至精神错乱。他们有的迷醉于电子(脑)游戏而不能自拔,不愿与别人交往,有的一玩就是十几个钟头,把同学和朋友忘得一干二净；有的甚至在生活中也不由自主地使用电子（脑）游戏语言，竟然不能辨别游戏世界与现实世界，最后不得不住院接受精神病治疗。如此"玩"法，谈何"益智"？

在一些发达国家，已出现一种被社会学者称之为"蛋壳文化"令人担忧的现象：一些少年儿童终日处于一种封闭式的现代视听玩乐。囿于狭小的天地，明显减少了人与人、人与社会、人与大自然的直接沟通和联系。很少和同学、朋友、家人交流思想和表达欲望；对人际关系之间所需的友爱、理解、帮助表示出淡漠、陌生；不善于处理与长辈、朋友、同学的关系；对社会缺乏责任感，以致形成了孤僻、古怪、不近人情的性格。在西方一些国家已经开始流行的"电子（脑）游戏痴狂症"，就是这种"蛋壳文化"的产物之一。这种症状的患者大多是少年儿童，父母给他们买了电子游戏机或微电脑，他们便迷上了这个"伙伴"，从此不再与同龄孩子来往，很少参加电子（脑）游戏之外的活动。日长月久，这些孩子甚连学校的功课都觉得无趣。有的孩子干脆只说电脑语言，即使睡梦中双手也像在键盘上般的敲个不停，医生们认为，电子游戏机和电脑，毕竟只是机器，不通人性，过早或过度地让孩子与之结伴，会使孩子丧失与人相处的能力和兴趣，养成变态性格，产生发展障碍。

虽说就我们的国情而言，电子游戏机和电脑还未普遍进入千家万户，"蛋壳文化"还未成为一种严重的社会现象，"电子（脑）游戏痴狂症"还未成为一种常见病，提出上述的忧虑和问题可能"超前"了一些，但也绝非无的放矢。我国的玩具市场经历了"魔方"、"变形金刚"等舶来品的两次大冲击之后，现正经受着"家用电子游戏机"的冲击。据有关部门统计，在一些大城市，家用电子游戏机在玩具产品中的年销量已排在第一位。仅北京西单商场，家用电子游戏机的月销售额就达 40 万元之巨，且有愈演愈烈之势。

让少年儿童适当玩玩电子游戏机和电脑，无疑是一种益智活动。但物极必反，假若孩子过度迷恋此道，副作用是不可轻视的。发达国家在这方面的"前车之鉴"值得我们记取。

（原载《家庭》1990 年第 8 期）

同是天涯"试管人"

蛇年之夏，英国剑桥曼彻斯特的布恩村打破了往日的宁静，一个史无前例的大型儿童聚会正在这里举行，650 名 2 岁到 10 岁的儿童欢聚一堂，这些来自各地，长相各异的儿童有一个共同点——大家都是经由试管胚胎培育诞生的试管婴儿。

同是天涯"试管人"，相逢何必曾相识！

这场举世瞩目的试管婴儿大聚会，是为庆祝"布恩医学研究室"成立十周年而举办的。世界上第一个试管婴儿——露易丝·布朗就是这家研究室的杰作。10 个春秋过去了，该研究室创造的试管婴儿已有 1300 个，约占全世界试管婴儿总数的 1/10。全球试管婴儿的"大姐姐"——已过了 10 周岁生日的露易丝·布朗在聚会当天就以自己举世无双的独特身份发言说："我所有的朋友都知道我是个试管婴儿，但没有人因此而取笑我。身为试管婴儿，还有另一个好处，我觉得我在全世界各地好像有千万个兄弟姐妹。"试管婴儿技术的两位创始人之一罗伯特·爱德华教授在这次聚会上发表了讲话，呼吁世界各有关组织对试管婴儿技术研究给予支持。

这次聚会结束时，人们向天空放了约 1300 个气球，以表示对布恩医学研究室创造的 1300 位试管婴儿的健康成长的祝福。

这场不寻常的试管婴儿大聚会，又一次引发了人们对试管婴儿技术的议论。世界各国和社会各界评说纷纭，舆论并不一致。

应该肯定的是，试管婴儿技术确实给不孕夫妇带来了福音，可解决他们"无后"的痛苦和忧愁，享受到天伦之乐。而且，由于试管婴儿在妊娠早期是在母体之外度过的，人们可以对胚胎进行详细的观察和分析，以便确定发育是否正常，可否移入母体孕育。还可用胚胎分割法将胚胎割成两半，将一半用于遗传学及病理学分析，当确定其没有遗传性疾病或其他异常后，再将另一半移植入母体继续发育。此外，由于一些遗传性疾病与性别有关，可以通过对试管中的胚胎进行性别鉴定使某一种性别的胎儿继续发育,保证优生。

但是,试管婴儿技术作为人工授精技术的一种,除了会出现人工授精技术所出现的问题之外,还会出现其特有的3个严重问题。

一是容易导致一胎多生。这方面已有不少的例子。意大利一位37岁的妇女在都灵大学附属第二产科医院1胎就生出4个试管受精婴儿,并且全部成活。美国马宝郡惩教所官员雷蒙和他的妻子米雪花了4000美元进行试管婴儿手术,医生取出米雪15个卵子与雷蒙的精子受精,7个小时后,医生证明有7个卵子是良好的。为了确保至少成活1个,医生把这7个受精卵全部移入米雪体内,10个月后,米雪顺利产下3男2女,这是历史上第一例1胎5婴的试管婴儿。在最近,又有消息传来:一对在西班牙格拉纳达健康中心接受试管婴儿手术的夫妇又得了1胎4婴。由于试管婴儿很容易1胎多生,西方某些国家的商人已在筹建"婴儿工厂",准备从事婴儿的"批量生产"和投机买卖。许多社会学者对此甚从关注,担心人口贩子粗制滥造人类婴儿影响人类素质。

二是"试管婴儿"难题。有个很能说明问题的例子。住在美国加利福尼亚州的马里奥·里奥斯和他的妻子埃尔莎,几年前来到澳大利亚的维多利亚女王医学中心,留下了两个授了精的卵子冷冻起来,准备以后埃尔莎再来这里时移植体内。但不幸的是,这对夫妇后来在智利的一次飞机事故中遇难身亡。他们留下了100万美元的遗产。现在,这两个已成为"孤儿"的试管婴儿(受精卵子)成了一个很棘手的难题,他们的生长发育是需要母体的,而失去了父母的"试管婴儿"还能否存在和生长?今后移植给谁?他们还有没有权利继承遗产?对此,宗教界和法律界人士众说纷纭。澳大利亚圣公会主张"立即废弃、终止试管孤儿的生命",天主教虽然不赞成搞试管婴儿,但认为"道德上的责任应使试管孤儿活下去。"法律界也有两种意见:一种认为试管孤儿是由父亲的精子和母亲的卵子合法结合而成,因此他们有权继承父母遗产;另一种认为,如果这两个试管孤儿不移植到另一位妇女体内,他们是不能生长发育的,因此他们不能继承遗产,否则会引起道德、法律、伦理上的混乱。现在,争论还在进行,试管孤儿命运未卜。

三是如果太多的人提出申请应用试管婴儿技术,并且要求利用这种技术选择孩子的性别的话,那就又会破坏人口生态平衡。

此外，随着试管婴儿研究的深入，在技术上有可能成功地进行卵与卵授精、单性生殖以及人的复制等，这也将给社会伦理道德提出新的挑战。

(原载《家庭》1990年第3期)

科技"变色龙"

一袭华裳,日变三色,这对女士们来说,实在是令人神往的美事。如今,领导生活新潮流的时髦女士,已经开始领略变色服装的奇趣了。

冬天的傍晚,一位美丽的女郎,穿着一件原本白色的上衣出了门,一碰到室外寒冷的空气,白上衣立即变成较保暖的黑白花色;上了车,黑色部分又渐渐淡化,步入迪斯科舞厅,暖洋洋的热气又使这件上衣变成火辣辣的红色;女郎兴致勃勃跳起激烈的迪斯科,她的上衣顷刻间变得更加鲜红夺目……这种变色服装已成为台湾女郎的一大时髦。

在1988年的游泳季节,美国的泳池畔或海滩上,一种被称为"变色龙"的泳衣更是大行其道。这种新式泳衣是美国新泽西州工程师史伯特的最新发明。它的材料中含有"液态胆固醇晶体",对温度变化反应十分敏感,可以随着人体温度的升降而改变颜色。当穿着者的体温有所变动时,胆固醇晶体的分子受温度的影响而作旋转运动,使投射到布料上的光线以不同的"光谱组合"反射出去,从而使布料的色彩发生变化。

变色服装是目前新崛起的"变色科技"的产物。所谓变色科技,说起来原理也很简单,就是利用物理的或化学的方法,使颜料的分子结构及排列随着温度的变化而改变,从而反射不同的光,造成色彩的变化。

变色科技的应用使人们的生活平添许多奇姿异彩。假若你收到一张国外友人寄来的空白圣诞卡,你不用奇怪,只需用手在这空白卡上抚摩几下,祝福的语句和签名就会浮现出来。假若你有一只用变色科技原理制造出来的杯子,那么当你用它装热茶或冷水时,杯壁上就会出现"您好"、"祝您快乐"之类的字样,令你心情愉快。其中的奥妙在于,设计师在字样上涂了一层不透明的颜色,使字样在平时隐蔽起来,而当温度变化时,涂有颜料的字样就显现了。

对于少年儿童来说,变色科技更是大受欢迎的良朋益友。在最近的台湾市面上，变色飞车、变色贴纸、变色布娃娃……各种各样的变色玩具充斥柜台，备受小朋友们的垂青。令少年儿童流连忘返的电子游戏，由于引进了变色科技，更是魅力倍增，日本电器公司最近推出一种33英寸的可用于玩电子游戏的新型电视机，它可以变换512种不同色彩。由于其荧屏大，影像鲜艳清晰而且色彩变化多达几百种，因而更具刺激性，更有"玩头"。

饮食行业中也有变色科技的用武之地。在畅销欧美的一些变色产品中，就有一种"酒的温度计"。外国人吃饭时讲究喝饭前酒和饭后酒，各种场合也有不同的酒招待，每一种酒有不同的"适饮温度"，过去一般都是凭经验和感觉掌握，有了这种以不同颜色来显示酒温的"酒的温度计"就可直观、方便地显示酒的冷热，太冷可暂离冰箱，过热可稍加冷冻。

变色科技还可助交通安全一臂之力。德国奥伯尔豪森一家工厂不久前生产了一种新的自行车涂漆，用它来喷涂自行车，每逢阴天气温下降，车身的颜色就自动由黑变白，使来往的机动车辆司机易于发现，减少车祸。

变色科技的应用，还将赋予一些传统材料以新的功能。美国罗德艾兰大学华裔化学家朱成阳，就巧妙地应用变色科技，发明了一种能导电的变色塑料。只要在这种塑料板上加上不同的电压，无色的塑料即可变成绿色、蓝色或紫色。变色塑料可用于许多新的领域：将它夹在玻璃中间，并在玻璃上印刷导电栅网，可制成超薄型电视机；用它制造发光屏，容易做得很柔软而便于折叠；用它做广告牌，更能以其变化的色彩吸引大众；用它制造挡风变色玻璃和建设玻璃，有助于调控室内温度。在国外，许多企业家已将变色科技当作攻占市场的法宝，不少"夕阳产品"由于引入变色科技而起死回生。

顺便告诉读者，变色科技产品在我国大陆的市场上也已初露头角。最近，广州市面就已出现一种变色陶瓷水杯，把温水倒入这种杯子，杯身表面的颜色就会变浅，上面的字样逐渐隐去，浮现出其他的画面来。

（原载《家庭》1989年第4期）

太空夏令营

宇宙飞船在航行中出现了严重故障，灾难性的危险近在眉睫！

"航天飞机！我们发现 A 区 8 号出现故障，你们注意到了吗？"地面控制室主任发问。

"注意到了！正在分析原因，排除故障！"……

对话越来越紧张。对话内容的技术术语越来越多。各种控制仪器发出令人不安的信号……

"哈哈哈……"突然响起的笑声使严峻紧张的气氛荡然无存。原来，这是一群参加"太空夏令营"的少年学生在进行宇宙飞船的模拟飞行！来自美国四十多个州的孩子们，此刻正在美国阿拉巴马州"太空和火箭中心"里欢度着奇趣无穷的太空夏令营生活呢！

美国太空总署为了激发少年学生对太空科技的兴趣，指导他们学习基本的太空知识，并让他们有机会使用真正的太空仪器，不惜耗费巨资举办太空夏令营，让全美国的少年学生自由报名参加。

太空夏令营的活动从每年的 3 月中旬起至 9 月初止，每年举办二十五期，每期时间一周。太空营分为初级部和高级部两类：初级部学员的年龄在十一岁至十三岁之间，或者是就读小学五年级到初中一年级的学生；高级部学员的年龄为十四岁至十六岁，或者是就读初中二年级到高中一年级的学生。

在为期一周的太空营生活中，学员们穿上宇航服，接受太空人模拟训练，学习如何在重力只有地球六分之一的月球表面走路，并使用太空人受训时所用的特别装备。他们在大游泳池内学习如何适应太空的无重力环境，操作太空船，驾驶控制台电脑仪器。此外，飞行中的分工合作和紧急情况处理等训练，也是太空营精彩活动的一部分。

太空营的活动安排得很紧凑，第一天是理论学习，学生们坐在电子计算机前，通过荧光屏熟悉各种宇航仪器及其作用，电子计算机随时回答学生提出的各种问题。第二天开始练习"飞行"。学生们坐在能产生失重效应的"宇宙飞船"内"飞向月球"。这种失重效应是在一座特制的游泳池中，利用水对人体和物体的浮力而产生的，其效果与真正他空间失重一样。以后的几天，学生们就在"宇宙飞船"的驾驶舱内，利用一架立体图像荧光屏观察宇宙空间和各种星球。他们的"航行"生活与真正的宇航生活一模一样。

举办太空夏令营的构想，最先是由"火箭之父"布劳恩提出的。他原是德国的火箭专家，第二次世界大战后移居美国，主持美国太空时代初期的"水星计划"、"双子星计划"和"阿波罗登月计划"。1976年他提出举办太空营的设想，并得到美国太空总署的大力支持。太空与火箭中心利用历年来约四百万张门票收入举办了太空夏令营。该中心准备了模拟室、飞船船舱，美国太空总署捐赠了各种太空飞行器械。中心大楼的广场上陈列着"阿特拉斯大力神"、"红石"和"土星"等火箭推进器。所有这些有趣而又有教育作用的太空设备都为太空夏令营开放。太空夏令营自1980年起举办，参加的学生非常踊跃。1984年太空营活动只能接收一千四百位学生，而报名却多达一万一千人。据太空营负责人说，以后太空营的面积将要扩大十倍，让所有报名的学生都能参加。

从早从小培养宇航员，对于提高宇航员队伍的素质是十分有益的。现在的宇航员，年龄大多在三十五岁以上，他们在地球上已经生活了几十年，形成的生活习惯和所受到的教育，已使他们对地球和宇宙的认识很难突破而产生新的思想。而少年儿童则刚刚认识世界，受传统观念影响较少，对新事物特别敏感，让他们及早参与宇航活动，将来成人后，可能会提出现在成年宇航员所想象不到的全新见解。最近，美国宇航局发言人表示，以后的航天飞行，将考虑吸收小宇航员参加。

实践表明，举办太空夏令营是一个非凡的创举。参加过夏令营的少年学生，谈话中充满着种种宇航技术术语。他们既是幻想家，又是实践家；既有理想主义，又有现实主义。一位十三岁的太空夏令营学员杰西克说："总有一天人们会登上金星或土星，可能我赶不上这一天，但我肯定能做一些有利于这一目标的事。"一个十三岁的孩子能说出"可能我赶不上这一天"这样的话，说明他既有实感又有想象力。当今一代孩子并没看到阿波罗登月的热闹场面，但他们懂得宇宙航行的美好远景，他们知道太空探险需要时间，他们也准备去贡献自己的力量来推进这一壮丽事业。

(原载 1986 年 8 月 15 日《南方周末》)

人体的极限

侠客是否真的能够"掌劈巨岩"、"飞檐走壁"？

体育竞技项目的纪录有没有顶点和极限？

饿得饥肠辘辘、冻得半死不活的登山队员还有多大的忍耐能力？

人体潜能是否有限？

许许多多诸如此类的问题，都涉及到令人感兴趣的人体潜能的极限问题，对这一课题的探索和研究，已经发展成一门新的学科——人体极限学。

在现实生活中，会不会有"神功"、"奇力"者？古代的项羽"力拔山兮气盖世"；南朝的麦铁杖"夜行五百里"；现代著名作家秦牧曾访问过一位肩挑五百斤重担，一气健步十几里的农民……如何看待这些"奇迹"呢？人体极限学的专家们认为，人体的构造强度约有10倍的安全系数，能经受10倍于日常压力的负荷，个别体质极好者，其体力和耐力比常人大几倍是完全可能的。"奇迹"来自特殊的体质和特殊的训练。

人体极限学还研究另种奇怪的现象：人在特殊情况下尤其是在危急境遇中，往往能产生自己也难以置信的力量。不久前国外曾经报道，有位老妇人从着火的房子中搬出一只大木箱，火扑灭后，她想把木箱搬回去，尽管用尽全力，木箱却纹丝未动，后来几位年轻力壮的消防队员合力抬箱，才勉强把它抬回屋里。如何解释这样的"奇迹"呢？科学家们认为至少有两方面的原因：一是激素因素，在突然刺激下，肾上腺素及乙酰胆碱等内分泌物会剧增，使人体爆发出巨大的生物化学能和生物电能。二是神经脉冲因素，当新的脉冲迅速地不断传来时，肌肉收缩发生叠加作用，产生的力就大大超过单个脉冲所产生的力。

在一届届举世瞩目的奥运会上，各个体育项目的世界纪录不断刷新。行家、教练们对运动员潜能极限的估计不断为事实打破。这使人体极限学家们乐观地认为，人的生理能耐大有发掘的潜力，"极限"似乎应该是动态的、发展的。就说马拉松赛跑吧，第一届奥运会时只有几个人能坚持到底，最快纪录是三小时，现在纪录已缩短了约 50 分钟。如果把首届马拉松冠军放到 1980 年纽约马拉松赛，只能得第 3000 名，而且落后于几百名妇女。可见人的潜能确有开发的余地。

但人体毕竟是血肉之躯，人的潜能毕竟要受到人体结构和能量转换的制约，极限总是存在的。一旦超越科学规定的限度，就会导致荒诞的谬误。在武侠小说、武侠电影中，作者、编导尽管可以通过虚构和特技塑造"飞檐走壁"的侠客，但在现实生活中，即使是跳高世界冠军，要在无助跑情况下原地一跃就跳上宫阙高楼，也只能是一种美好的愿望而已。

人体极限学作为探索人体"迷宫"的学科之一，已经引起人们的高度重视和浓厚的兴趣，近些年来，国外有关的研究活动颇为活跃。一个引人注目的动向是，许多国家都在组织多个学科的研究人员，对人在疲劳、饥饿、酷热、严寒、高压等环境下的"忍耐极限"进行综合性研究。气候酷热的吉布提共和国不久前曾进行过一次实验研究，让一组被试验者在 50℃ 的日热下负重急行军几个小时，结果无一死亡。该国科学家通过试验研究和预测认为，只要有间歇地让皮肤外露，保证排汗，人便能够忍受 65℃ 的高温环境。法国最近也组织一支小分队，前往加拿大巴芬岛以北的浮冰地带，在 $-47℃$ 的低温下进行徒步试验。结果表明，虽有许多人被冻伤，但所有队员全部生还。看来，人的"忍耐极限"远远超过人们自己的估计和想象。深入地研究人体的这些极限，对于人类更深刻地认识自己，对于开发人的各种潜力，无疑具有重大的意义。

人类最熟悉的莫过于人体，但是人类了解还很有限的也正是人体。人体极限学目前还处于初创阶段，其理论体系还远未完善，许多说法还停留在假说阶段，不少问题，例如人体结构与人体极限的定量关系问题、人体内能量转换的机制问题等，都还有争议。所有这些，都还有待于科学工作者们去研究，去探索。

(原载 1986 年 5 月 11 日《南方周末》)

漫话地球"星伤"

周镇宏 科学小品

《南方日报》原编者按：本月14日，本报第三版刊登了新华通讯社发的《一小行星可能撞击地球》的消息，翌日，又续发两条消息，说明前一条消息编译有误，小行星早已离地球2亿公里，不会与地球相撞。这里，我们刊出我省著名科普学家周镇宏14日晚应本报之约写的一篇文章，这篇文章谈了小行星（不单是这一颗）与地球撞击的可能性，但也告诉人们不必杞人忧天。

据报道，不久前结束的美国地球物理学联合会秋季会议"爆"出一个语惊世人的预言：一颗直径约1000米的小行星可能撞击地球，使地球上一半以上的人口惨遭劫难这种可能性经传播媒介广为报道，引起街谈巷议，世人关注。许多人对带来"世界末日"的"星伤"忧心忡忡。

其实，诸如此类的预言并不鲜见。留意的读者或许还记得，早在1985年，许多报刊也曾报道过英国玛丽皇后学院天文学家威廉斯"通过精确计算"而作出预言：一颗被命名为"1983TB"的小行星可能于2115年与地球相撞，它那每小时8万英里的高速所引起的冲击力，将给地球带来相当于几百颗氢弹爆炸那样难以想象的灾难。

应该说，地球"星伤"现象不是无稽之谈。在太阳系中有千千万万颗彗星和小行星，它们处于不同层次，按各自的轨道运行；但一旦发生某种天文扰动，它们也会"越轨"运行，从而可能与地球撞击，有的还会给大地带来难以修复的"星伤"。事实上，我们现今居住的地球早已"星伤"累累。据统计，每年大约有25颗较大的陨星坠入地球的大气层，在地球表面留下它们的痕迹。美国亚利桑那州有一个周长5公里的圆形深坑，就是天外星球碎片撞击地球留下的"星伤"。撞击之时，该地区地动山摇，尘埃遮天蔽日，昏天黑地，动植物大批灭绝。科学家们还认为，称霸地球一亿年之久的恐龙，就是由于远古时代地球受到"星伤"而灭绝的。

但就概率而言，给整个人类造成重大灾难"星伤"发生的可能性毕竟很小。众所周知，地球被厚厚的大气层保护着，一般的小行星向地球袭来，在穿越大气层时因摩擦发生燃烧，落到地球上就只剩下小陨石了。据统计，直径大于10公里的小行星袭击地球的概率微乎其微，大约要上亿年才发生一次。这次报道的小行星直径仅1公里，撞到偌大的地球上，也只是"芝麻打西瓜"了。

当然，科学家关于地球可能发生"星伤"灾难的预言不会是毫无根据的。但预言毕竟只是预言而已，任何预言或预测，都还有一个可信度和准确性问题。支配天体运动的因素是异常复杂的。首先，小行星的运行轨道常常受到天文扰动而改变，以它过去的或现在的运行情况来预测其以后的行动，其准确性受到许多不确定的未知因素的限制。其次，任何计算手段包括计算机在内，都有赖于数学模型，而任何数学模型都只能是近似的。那么，计算小行星运行情况的数字模型是否包容了影响小行星运动的所有变量？它在多大程度上接近于小行星的实际运行情况？笔者存有很大疑问。

做最坏的设想，即使小行星真的向地球袭来，已进入航天登月的太空时代的人类也不会坐以待毙。科学家们已经指出，通过发射特殊的火箭、原子弹等技术手段，都可以使"灾星"改变轨道，避免它与地球相撞。

科学家的研究是超前的，他们的忧虑也是超前的。作为社会公众，大可不必谈"星伤"而色变。

（原载1989年12月21日《南方日报》）

厨房革命

周镇宏 科学小品

彩电、录像机、组合音响等家用电器的大众化和普及化,给普通百姓的家庭带来了现代科学技术的气息;声、光、画的美妙组合和无穷变幻,使千家万户厅堂生辉,平添乐趣。但人们并未心满意足,因为还有那家庭的重要一隅——厨房,在呼唤着科学女神更多的垂青。

当初电饭煲、电磁炉进入厨房,也曾引起一阵喝彩和颂扬之声,但它们对于厨房的改造,对于人类烹调方式的变革,作用毕竟很有限。相比之下,近年来许多高科技现代厨具的出现,将给厨房带来革命性的变化。

古往今来,人类的烹调总离不开明火,离不开通过空气来加热锅鼎等炊具,而新近出现的电磁灶和微波炉,恰好在这个问题上彻底地改变了传统的烹调方式。

电磁灶被人誉为"烹调之神"。它没有"灶口",看不到火焰,也没有电阻丝,不像传统的电炉。它从外表看只有一块玻璃瓷板和一片"纸",金属容器放在纸上,食物就煮熟了,但纸并不会燃烧。这种灶是运用电磁感应原理制造的。它通过高频交变电磁原件和钢铁类导磁金属制成的锅体构成高频交变电磁回路,在锅底产生涡流,把电磁能转变为热能。也就是说,电磁灶是使烹调器具本身产生热量,而不像传统的燃烧燃料的炉灶或电炉那样要通过空气传导和辐射才使锅体发热。所以,电磁灶无明火,无烟尘,无音噪,高效节能。据计算,电磁灶的热效率在83%以上,而一般电炉热效率只是56%,煤气炉的热效率只有50%左右。

微波炉是另一种"反传统"的炊具。它利用频率极高的电磁波——微波来传递能量和加热食物。据说,当初曾有一位研制雷达的工程师,有一天突然发现口袋里的巧克力莫名其妙地融化了,这位有心人追根溯源,弄清了缘由——雷达发出的微波加热了巧克力,这导致了微波炉的发明。微波为什么能使食物发热呢?原来,任何食物都含有一定的水分,水分子是一种极性分子，它在高频的微波作用下高速旋转，通过摩擦，微波的能量转变为热能，食物发热了。用微波炉烹调时，微波穿透食物直达内部，从内部先热起来，因此绝对不会造成食物外熟内生的现象。先进的微波炉还配有微电脑控制烹调过程，不同的食物使用不同的程序，妙处更是不言而喻。

炉灶在变革，作为炊具主角之一的"锅"的家族，也新秀迭出，标新立异。法国发明了一种不粘底的烧菜锅，其锅底掺入一种特殊成分的金属，可耐高温，煎、炒、烹、炸都不会沾上油渍，烧完菜用水一冲，用布一抹，即洁净如新，联邦德国生产了一种保鲜锅，采用罐头原理和抽真空装置，在食物煮熟后，打开抽真空开关，使锅内保持真空，于是食物就如罐头中的食品一样处在真空状态，保鲜不变质，瑞士还发明了一种不用外来热源就能加热食物的新型"自热锅"，需要加热食物时，只需按动一下锅盖上的开关，锅夹层里的硅和二氧化锰即刻发生化学反应产生热能，硅和二氧化锰用完了还可填补。

除了变革传统炊具之外，科学家还把脑筋动到厨房里的水龙头上。英国一家公司已于今年3月推出一种全自动光电式水龙头，它配有光电反应器、独特给水器、电磁阀反水压开关、微电脑等部件，能自动给水，伸手水来，收手水停，人们用水时无须接触水龙头开关，可以防止细菌感染，确保双手洁净卫生。据说，这种厨房用的水龙头问世以来，声誉鹊起。

即将来临的厨房革命将是"全方位"的。它绝不仅仅是厨具、炊具和厨房内部设施的改革，而是很有可能从整体上改变"厨房"的概念。随着"人口爆炸"，我们居住的地球迟早会人满为患。在那些人口高度密集的都市，住宅"袖珍化"已是大势所趋，在这种形势下，可移动的"折叠式厨房"已经应运而生。最近，瑞士埃尔格内部设备公司就已研制出这种"厨房"。它合拢时宛如一只柜子，但却装有一般厨房的所有设备和炊具。它的上半部分，像一只小格橱，左右可放盆碗杯碟和各种器皿，中间装有带真空咖啡壶的全自动快速咖啡蒸煮器，"厨房"的下部包括两只烹调用的电气灶盘，一个带有洗涤池的自动洗碗机，一个带有制冰机的冰箱和存放其他厨具的格橱。这种"折叠式厨房"除了适用于居住拥挤的用户外，还适用于博览会、商品交易会、飞机上的小餐厅、酒会、地下室，以及在野外作业的工作组等。

"民以食为天",厨房与人类的家庭生活息息相关,"厨房革命"对人类行为及生活方式的影响将是深远的。

(原载《家庭》1989 年第 11 期)

"特异"钟表

钟表计时，历史悠久。"一寸光阴一寸金"，古人们最早用于计时的方法，是在地上直立一根8尺竿子，以竿子的日影长度来计量光阴的"尺寸"，这就是最早的"钟表"。

人类在不断进化，钟表也从原始走入现代。各种各样的机械钟表、石英钟表、电子钟表，记录着人类文明的进程。

如今，人类已经不满足把钟表仅仅作为计时器使用了。突飞猛进的现代科学技术，特别是高技术，赋予了钟表许许多多计时以外的"特异功能"和崭新用途。

现在，让我们跨越时空，到高技术产品市场的钟表专柜去开开眼界——

"喂喂！我是莉莉……"奇怪，"钟表专柜"的女售货员怎么对着手表自言自语？原来，她是在对这种"对讲手表"进行售前检查。卡西欧计算机公司研制出的这种手表，能用电波传送声音。它内装调频传送器，只要抬起手腕，对着它轻声说话，就可把声音传送出去，供其他场所的人们用调频收音机收听，也可供两人异地对话。在电源不便的地方开会，戴着这样一块手表登台讲话，只需配一个收音机，就可代替会场麦克风。

你再看那"小猫"，那"小鸟"，还会"喵呜、喵呜"地叫。玩具干嘛摆到钟表专柜来啦？原来那是制成摆饰品的"语言闹钟"，从外状看有"猫"形的、"木偶"形的、"鸟"形的、"虎"形的、"太空人"形的和"金字塔"形的等等，色彩和造型都煞是引人。每到特定的时间，如早晨或整点，它们都会用语言发出报时声，比如"喵呜、喵呜，现在是××时间××点"；或者"天亮了，天亮了"这种闹钟的发声部件只是几块硅片，造价并不昂贵。

还有一种手表号称"问不倒"，这手表为什么叫"问不倒"？难道它是"百事通"？不错，这种表能起咨询作用。它没有一般电子表常见的按钮，却有一个微型受话器，内部装有一套独特的微小软件系统，能根据主人的口音，回答主人发出的询问。例如，对今天是几号、某客户的电话号码、公司的银行账号、世界不同时区的日期和时间之类的问题，只要事先存入有关信息，手表就能有问必答。如果不是手表主人的声音，不论你怎么问，显示器都不予理睬。因此，用这种手表存贮资料，不仅用起来得心应手，而且具有保密性。

"起床啰，懒鬼！"这亲切娇嗔的声音，不是妻子在催促丈夫，而是"智能钟"在"例行公事"。我国台湾省岂筌公司发明的这种智能钟，具有闹铃、录音、留言、促销商品等多重功能，可用来定时提醒开会、服药、会客、赴约等。它作为留言机，可录下主人所讲的话，供办公室或家庭留言使用。在商业部门，还可给它增设重复播放功能，使其反复不断地重新播出录进去的信息，用以介绍产品性能，达到促销的目的。

"SOS"？这不是呼救信号的缩写吗？怎么印到手表的外壳上来呢？别奇怪，这种手表就叫"呼救手表"，喜欢冒险旅行的人可能会对它感兴趣。它是制造世界上第一只手表的瑞士格伦兴手表厂最近推出的。当主人在海上或其他危险环境发生紧急事件时，只要拔出天线，它就会立即发出紧急呼救信号，传送距离可达20公里。

"计生牌"？难道手表与计划生育也有关系？不错，这种手表叫"避孕手表"，不久前由日内瓦一家公司推出。女士们戴上这种手表，就可从表上的显示知道月经周期、排卵期、避孕安全期和怀孕危险期等情况。原理说来也简单，此种表具有"传感"性能。例如，妇女在排卵时，其手指，手腕等处的体表温度下降，皮肤相应变凉，因此，具有传感功能的避孕手表就立即作出反应，显示"排卵"信号。这种手表最近已由联合国世界卫生组织鉴定通过，即将推广。

高技术"钟表专柜"琳琅满目，而我们时间有限，只能"走马观表"，本文结束前再扫描它几眼：

——这是"翻译手表"，香港乐声电子有限公司创制。表内有2600个词汇，可用于英文与德文、英文与西班牙文的互译。

——那是"气象手表"，美国产。除能报时外，还能作出天气预报，显示当天的气温、湿度等。

——这种略显笨大的手表可接收电文。由电话机打出电话，通过转播，能以电文形式显示在接电话人佩戴的这种手表上。

——那带有奥运会标志的叫"测脉体育表",既可用于精确计时,记录赛况和成绩,又能准确测出运动员参赛或训练前后的脉搏次数并进行统计运算。
……

(原载《家庭》1990 年第 9 期)

蔬菜家族新一代

俗云："三天不吃青，两眼冒金星"。纵观天下，恐怕没有哪个人能离得开蔬菜。

但50亿张嘴巴吃菜，既要吃够，又要吃好，可不容易了！

蔬菜的生产栽培方法，有传统的土栽法和现代的水栽法。这两种方法都受到土地、水域的局限，而且难以避免农药污染。因此，另辟蹊径已成为近年来科学家们的研究课题。蔬菜"立体生产"的"气栽法"应运而生。一些科技发达国家正在利用此法兴建"蔬菜工厂"。

日本的日立制作所、日本新技术开发集团建立的蔬菜工厂不久前已经投产。这些蔬菜工厂不需要土壤，也不需要阳光，完全在人工控制环境条件下利用空气栽植蔬菜。在气栽系统中，用高压钠灯和金属卤化灯的混合光线取代太阳光，从工厂的房顶给蔬菜以明亮均匀、覆盖面广、漫射性大的照射；用空调设备调控生产基地的温度和湿度；用二氧化碳供气装置保证蔬菜进行光合作用之需；蔬菜生产必需的营养，由喷射系统向蔬菜根部喷射营养液。营养液的浓度、pH值及供液循环速度由自动调节系统控制，保证蔬菜处于最佳生产状态。这样的蔬菜生产十分迅速，色拉菜从种植起30天左右就可收获，只需正常栽培时间的1/3左右。而且受自然季节的限制，可以全年连续生产。更重要的是，可在有限的空间中进行"立体生产"，以满足城市居民和环境恶劣地区的居民吃菜之需。

如今，人们对蔬菜瓜果已不仅仅满足于鲜嫩和无农药污染，而且要求精巧美观。"微型蔬果"的出现，正是反映了人类的这种苛求。蔬果专家、美国星轨农场场主韦伯早在3年前就致力于开发、种植、推广各种各样的"微型蔬果"。他在接受记者采访时宣称："蔬果不应只是用来满足肚子，还应求得视觉享受，让人欣赏它小巧玲珑的美丽外表。"现在，韦伯已成功地栽培出小如手指的黄瓜。比手掌还小的扁南瓜，玻璃球儿大小的胡萝卜和比花生米略大的茄子、微型蚕豆和灯笼辣椒等。这些"微型蔬果"残渣少、味道好，现已成为蔬果市场的宠儿。

科学家们还应用基因工程技术，对蔬果施行"调色术"，开发出一代"蔬果贵族"——彩色蔬果。

俗语说："秀色可餐"。高明的厨师总是把餐桌装点得五颜六色，令人望而生津。过去，菜肴的颜色只能来自两个方面：一是天然色素，即作为食品的动植物本身所固有的颜色，如熟虾的绛红、猪肝的赭红，西红柿的鲜红。韭菜的碧绿，茄瓜的紫色等等，二是人工合成色素，以煤焦油为原料，用化学方法制成，又称煤焦色素或苯胺色素，如用于酒、汽水、冰棍、糕点、糖果调色的胭脂红、苋菜红、日落黄、柠檬黄等。天然色素营养价值颇高，对人体无害，可是要用技术方法提取它，成本甚高。而人工合成色素则大多有一定的毒性，有害人体，不可滥用。因此，开发彩色蔬果的意义不言而喻。

如今，彩色蔬果已经被人们摆上餐桌。美国康乃尔大学研究中心的科研人员，利用基因工程技术把胡萝卜素移入花椰菜，使无色的花椰菜变成美丽的橙黄色。这种橙黄色花椰菜，不仅具有普通花椰菜低热量、高食用纤维、富含维生素C和钾、铁等矿物质的优点，还另有色彩艳丽、逗人喜爱的长处。花椰菜是甘蓝科植物，含有天然抗癌剂，移入胡萝卜素后，由于胡萝卜素在人体中能转变成维生素A，因而橙黄色花椰菜较之一般花椰菜更具抗癌作用。

当然，彩色蔬果不止橙黄色花椰菜一种：美国罗切斯特和托利多等地的农业研究所也在开发彩色蔬果方面取得突破，他们已经成功地把白萝卜变成白皮红心，使萝卜内的红色从外到心，逐渐加深。这种萝卜纵切成条片状摆在碟子上，看上去赏心悦目。南瓜本来皮皱肉黄。经过基因工程技术的改造，也能变得皮表光滑，肉黄中带红，而且清甜可口。

奇哉！妙哉！蔬菜家族的新一代！

（原载《家庭》1990年第7期）

人造食品假乱真

周镇宏 科学小品

"民以食为天"。生活在高科技时代的现代人，对"食"的要求可谓"芝麻开花节节高"，既要讲究营养，又要美味可口，不仅要求无副作用，而且希望价格低廉。

可是，地球上有50亿张以"食"为"天"的嘴，50亿张嘴每人啃一口，可以啃掉大半个喜马拉雅山。地球上哪有那么多天然美味的食品去填50亿张"无底洞"呢？

严峻的供求矛盾摆在人类面前，"食品革命"势在必行。

于是，高科技"人造食品"应运而生，风靡全球。

漫步于当今的国外市场，你可以看到琳琅满目的人造食品"以假乱真"，"以假胜真"。美国市场上销售的火腿、腌猪肉、牛排和香肠，有许多就是用植物人工合成的。就连水果店的水果，也有不少是可以乱真的"假果"。比如，美国马萨诸塞工艺学院就推出一种"人造菠萝"，它采用的原料是白糖、海藻、动物胶、果胶、香料和食品色，味道一样鲜美，而且维生素的含量比真的还要高。在这以后，他们又推出了"人造香蕉"、"人造苹果"、"人造樱桃"等等，这"水果"从外观到味道，都与真的无异。

日本市场上的人造食品种类更多。其中甚至有"人造鲑鱼"和"人造鱼翅"。人造鲑鱼子的味道可与天然鲑鱼子媲美，非但不含胆固醇，而且长期不变色，售价便宜。人造鱼翅是用鱼肉和从海藻中取出来的物质，再加上其他的营养成分制成的，其味道酷似真鱼翅，但烹饪比真鱼翅方便得多。此外，从小麦中提取的植物蛋白加上其他材料制成的粒状人造肉松。纤维状人造肉、炸肉饼、咸牛肉罐头等，也很受日本市民欢迎，成为人们餐桌上的家常菜。

开拓组织蛋白的生产，是制造各种"人造肉"的重要途径。组织蛋白又叫"膨化蛋白"，它以大豆为原料，可制成形同鸡脯肉而且有咀嚼感的蛋白食品。1公斤组织蛋白用水浸泡后营养价值可相当于3.5公斤瘦猪肉。组织蛋白不仅可以与各种食物混在一起制馅、制菜，还可以加工咸肉干，价格仅为牛肉干的1/4。而且，组织蛋白不含胆固醇，是患有心血管病者的理想保健品。

以大豆粉为主要原料，还可以制成各种比大豆更为珍贵的如下植物类食品：

——人造咖啡。它以大豆粉为主。再加上麦粉、无花果粉和咖啡油焙炒而成，造价低廉。

——人造花生。它为美国食品科学家首创，其主要成分是大豆粉和麦芽，配以氢化大豆油、糖、酪胺酸钠、花生香精和色素。这样制成的"花生"，营养价值比普通花生贵得多，而且富含铁、钙、镁、锌、铜、钠、磷等人体需要的矿物质。

——人造蘑菇。它由脱脂大豆粉、大豆卵磷脂以及一种新型香精制成，其色泽、组织形态、味道等方面十分接近天然蘑菇片，食用时投入沸水中烧煮15至20分钟即可。

食品科技发展到今天，不仅一般的食品可以人造，稀贵的海鲜也可以人造了。

螃蟹是公认的美味海鲜，但因其生产的局限性大、产量低、价钱高，许多人无法一饱口福。日本的科技人员用海杂鱼肉、面粉、鸡蛋、盐、酒和色素等原料，加上用蟹壳熬成的浓汁搅拌均匀，再用塑形机压制成"人造蟹肉"，其色泽、肉质、味道与真蟹肉不相上下，价格却只有天然蟹肉的1/7左右。

大虾是蛋白质丰富的海味。美国专家研制的人造虾，以海杂鱼肉为主要原料，配以面粉、盐、浓缩虾油和色素，用机器压成虾状，简直可以以假乱真。

现在我国上海、福建等地的科技人员，已成功地推出了一种"人造海蜇皮"。它是由褐藻酸钠为主料制成的，其内含人体所需的蛋白质、钙、磷、铁、碘等成分，食之清脆并带有韧性，酷似天然海蜇皮。

看来，人造食品占领餐桌已是大势所趋。

也许有人说，人造食品毕竟是"人造"的，总是不地道。但美国"食品安全与应用营养中心"主任桑福特·米勒最近接受记者采访时却满怀信心地宣称：不久将可用改造细菌遗传因子的方法，人工合成色、香、味及营养成分都与天然食物无异的一代崭新食物。可以预期，高科技将给人类带来一场"食品革命"。

（原载《家庭》1989 年第 8 期）

"迷你"科技

在上海书店，人们可以看到，一部三大册，4900多页，3.25千克重的《辞海》被浓缩成几十克重的可随身携带的"笔记本"。

在天津无线电技术研究所，技术人员变魔术般地把100多册砖头厚的书贮存入一块十几厘米见方的特制干版。

一张邮票大小的底片可以"吃"下大16开、厚500页的图书；四盘精致的"胶卷"竟能将美国国会图书馆的5000多万册图书全部缩摄在内，让人一手"提"走"图书馆"。

这乃是"缩微科技"的神奇魔力。

"缩微科技"的用武之地不仅仅在图书馆。目前，科学家们正在利用微电子技术和超精密加工技术去"缩"小机器设备的尺寸，使其微型化。

假如你有幸周游列国，逛一逛各个国家的市场，就能目睹许多"迷你型"科技产品的奇姿异彩。而在这里，我们只能进行文字"陈列"：

——"迷你型"照相机。它的机身只有102×28×16毫米，放在手掌中也不会被人发觉。当机壳关闭时，完全看不见镜头。使用时把机身向左右拉开才露出镜头。拍摄后将机身左右并拢，胶卷即自动卷过，如需再拍可重新将机身拉开。其镜头焦距为15毫米，最近拍摄距离为0.2米，快门速度分11档，底片成像面积8×11毫米。这种照相机目前已在西德上市。

——"迷你型"录音录像机。日本生产的一种录音机，重量只有250克，录音时间最长可达两个小时。它的特点是结构紧凑，只用一个开关便可以控制录音、播放、停止等程序。日本的胜利电器公司还推出一种据称是世界上最小的录像机，它的体积仅为一般录像机的1/3，录像磁带盒比香烟盒略大一些，录像时耗电量仅为4.8瓦。这种"迷你型"录像机还有一个很重要的特点：其录像磁带盒尽管已缩小到通用磁带盒的1/3，但能够通过一个配件在已经普及的"VHS"式录像机上使用。

——"迷你型"气象台。这是美国研制的一种电脑气象仪，长12.4厘米，宽10厘米，高6.8厘米。由于它体积小，重量轻，因此被誉为世界上第一座"迷你型气象台"。别看它只有那么一丁点儿大，功能却不简单，只多在其仪表盘上按下电钮，便能立即显示出气温、气压、空气温度等气象数据。

——"迷你型"发动机。这种发动机已经批量生产。其最主要的特点是体积小——只有半个火柴盒的大小，转速快——每分钟可达1万多转。它使用1.2伏电压的电源，功率为70毫瓦，适用于带动微型机械。最先因它而得益的是牙科医师，因为只要在其轴上装配上磨牙的小钻头，便可轻巧地为患者作磨牙手术，病人来不及痛苦，牙已经磨好了。雕刻艺术家和工艺美术家也很乐意用它打磨、加工各种质地坚硬而又非常精细的艺术品。在精密仪器方面，它的用途就更广泛了。

"迷你型"焊机。这是一种大小如袖珍字典，重量只有1公斤左右的焊机，但它的火焰温度却能达到摄氏300度上下，比气焊枪的火焰温度还要高得多。

"迷你型"复印机。日本佳能公司生产的CP－100复印机于今年2月15日问世，整机重量不足1公斤。复印时，首先把复印机放在原稿上横向缓缓移动，"读取"原稿，继而再将复印机移到复印纸上，将已"读取"的内容印出。除了使用通常的复印纸外，该机在有机玻璃、聚乙烯薄膜或彩带上都能复印，而且"读取"一次后，可以重复印出数次。

当然，"迷你型"科技产品远远不止这些，在这尺幅之纸，是不可能将其一一罗列的。

"迷你型"的机器设备有许多一般的机器高级备所没有的优势，许多很特殊的场合，都是"迷你型"机器大显身手的地方。比如，人体内一些令外科医生感到棘手的手术，可以通过遥控的方法让微型的机器人进入人的腹腔内去完成；用微型电动机可以制作大屏幕电视及其他工业产品；微型机器人还可以到行星上去考察，到核潜艇内人无法进入的区域排除故障等。

世界上许多发达国家都很重视发展"缩微科技"，把开发"迷你型"科技产品作为国际经济竞争的手段。特别是具有"收缩文化"传统的日本人，更是一直崇尚"迷你化"，在产品的"缩微"上下工夫。日本是个很"善于收缩"的民族。当初，中国的团房扇传播入日本后，他们将团扇"缩小"成折扇，向东南亚广为推销，即为一例。有趣的是，日本人还独创了文学体裁上的"俳句",使其成为世界上最短的诗歌体裁,比中国的五言绝句还要"迷你"。近些年,日本又在先进科技与"收缩文化"传统相结合的思想指导下,大力开发"迷你型"产品,以开拓国际市场。在日本,有一个世间少见的"微型世界展览馆"。它所展出的上万件产品,有许多是不借助放大镜就无法欣赏的。其"迷你化"程度之高由此可窥一斑。"迷你型"产品"走红",反映了现代化科学技术发展的一种趋势。当今,科学技术设备和产品,正在从过去以钢铁、造船为代表的重、厚、长、大的特点向"极"、"超"、"省"的特点过渡。"极"为极限技术,专向各种界限挑战;"超"为超常技术,以超越传统的常识和常规为己任;"省"即省资源、省能源。"迷你"化,正是顺应了当今的科学潮流。

(原载《家庭》1989 年第 10 期)

香味，妙哉

西德一位气味学家曾做过这样一个实验：先对被试验的人制造一定的心理压力，然后把他们分成两组，一组仍置身于紧张的气氛中，而另一组则安排在有苹果香味的房间里。结果，前者神经依然很紧张，而后者却非常平静。

这个实验的结果，正是实验者所预期的。科学研究早就表明，空气中的气味，对人的身心都有重要影响，香味不仅会影响人的精神，控制人的情绪，减轻人的痛苦，还能支配人的行为。因此，人们对妙用香味越来越感兴趣。

在家居里放一瓶气味芬芳的空气清新剂，不仅可以增加生活的情调，还对松弛神经有帮助。香气治疗师安·沃尔伍德说："利用香味令生活过得更舒服惬意，是一件非常容易的事情。其实亦用不着花费金钱去买那些空气清新剂，只要用一块棉花，蘸上需要用的香料，放在灯泡或冷气机前，香气自然便会沁出，令清香满室。"

在意大利，一些公司的经理非常迷信香料，他们用薰衣草精油和薄荷的香味来刺激职工。结果表明，使用香料之后，这些公司职工的工作效率比过去提高了15％。

在英国，更有一些香气治疗师，专门协助病人以不同的香味来纠正不适毛病。为了减轻病人的心理压力，消除他们的恐惧感，西德一家香料公司正在研制一种能代替医院用的消毒药水的香料。

香味还可减轻人们的失眠之苦。失眠时，打开香水瓶的瓶盖，逸出的香气可以使人昏昏欲睡，其效果可与安眠药相媲美。日本的许多经理人员深知此道，他们在午休时，常把香水擦在鼻孔边，使自己能在繁忙的工作之后小憩一下。

香味的种种功能和作用已使企业家们对其刮目相看，于是，不少香味产品应运而用。这其中，香味纺织品捷足先登。日本纺织业者最近推出的香味领带颇受欢迎。香味领带是在布料纤维间嵌入细微的香囊，因而芳香迷人。

据百货公司说，具有法国名牌艾慕思及迪奥香水味的最为畅销。日本的纺织公司已于 1987 年 4 月初开始出售带有茉莉香味和药草香味的纤维原料，这种材料是在直径为 0.01 毫米的微型胶囊中装入香料，用粘结剂将其与纤维粘结在一起，利用穿用时的摩擦散发出香味。起初，其用途只限于织制羊毛衫、运动衫等服装，后来扩展到用于织制长统袜、短裤和睡衣等。

目前，世界上的香料、香水已多达几千种，可谓种类繁多。在不同的生活环境放出不同的香味，是有不同作用的。以住宅而言，什么房间、角落应该发出什么香气才合适呢？气味专家的研究认为：

客厅——适宜用柠檬和由加利树香味，它能提高你的警觉，使你绝对不会对着电视机打瞌睡。

浴室、洗手间——最好能放出菊花香味，它能为你解除一天的疲劳。

厨房———一种白芷花的香味，能够刺激你把家务做得更快。

卧室——最适宜放一撮薰衣草在床边。它也可以用来做枕头，令你睡得更安稳；如果卧室的主人正在热恋中，可以选用玫瑰花香，它能增加喜悦的心情。

小孩的睡房——用茉莉花香，可使小顽皮安静下来，乖乖入睡。

此外，在枕头、手巾、被单上略洒你喜欢的香水，可饱尝清新气息；在洗头最后一次过清水时，在清水中滴入几滴香水，可令你秀发清新。临出门前十分钟搽香水是最佳时机，这样可使香水中的化学成分获得最好的效果。

香味，妙哉！芬芳的香味将给你带来芬芳的生活！

（原载 1989 年第 6 期《家庭》）

三道屏障，层层设防

苏联切尔诺贝利核电站发生灾变事故已经一个多月了，但迄今仍是人们议论的重要话题。这场事故的发生，再度引起了人们对核电站安全问题的关注。许多人都想知道：我国正在建设中的核电站的安全性到底怎样？

据专家们分析，苏联切尔诺贝利核电站发生灾变与该核电站设计上的"先天不足"关系甚大。它的反应堆是用石墨作慢化剂的压力管式石墨沸水堆，其总体设计有几个重大缺点。首先，缺少一个把反应堆厂房包起来的安全壳，一旦发生事故，无法封锁放射性物质。其次，没有设置能收附泄漏放射性物质的安全喷淋，不能阻止放射性气体向外逸散。此外，由于石墨本身可以燃烧，在反应堆运行期间石墨还吸收一部分辐射能量，以潜能形式保存起来，一旦空气进入堆芯，高温下的那两千多吨石墨就会燃烧，其后果不堪设想。

然而，我国正在建设中的秦山核电站以及筹建中的大亚湾核电站，反应堆的堆型都与切尔诺贝利核电站不同。它采用的世界上最成熟的压水堆。这种反应堆以水为慢化剂和冷却剂，体积小，结构简单紧凑置于能承受一百五十个大气压的高压容器里，整个堆芯浸在水中，没有石墨类的可燃物质。

为了有效地防止放射性逸出，我国的压水堆核电站还设置了三道屏障。据核电工程专家欧阳予、蔡剑平同志介绍，第一道屏障是烧结的二氧化铀芯块及密封的锆合金包壳构成的核燃料元件；第二道屏障是压力容器和相关的管道、设备构成的压力边界，这是密封系统；第三道屏障是密封的预应力混凝土安全壳，可有效地封闭放射性物质。有了这些安全设施，一旦发生意外，如冷却剂回路受损、冷却水得不到循环等而造成堆芯温度升高，安全系统就会自动向反应堆内注入含硼水，迫使反应堆冷却；同时自动关闭通往安全壳外的管道阀门，以防放射性物质外逸。如果事故严重，安全壳内压力升到一定限值，安全系统还会自动地喷射含硼冷却水，使冲出反应堆的蒸汽冷凝、降低压力，同时使放射性物质被吸收。这样就把事故限制在安全壳内，因此放射性物质越过三道屏障扩散到环境造成危害的可能性是很小很小的。

  当然，世界上不存在绝对万无一失的技术设备，要核电站不出问题，关键在于精心设计，在建造、安装、调试、启动、运行各阶段都严格执行安全规程，把好质量关，消除隐患，加强对工作人员的严格培训和考核等。

（原载 1986 年 7 月 11 日《南方周末》）

科学执法

科学的巨浪，猛烈地冲击着人类社会的各个领域。毫无疑问，未来的执法者将以更先进的科学技术武装起来，以对付形形色色的罪犯——

家中服刑两全其美

当今，不少西方国家的监狱人满为患。最近，英国一些律师和刑事专家提出了一种新设想：将来的监狱只收禁重犯，而其他轻罪犯人可在家中服刑，监狱则通过电子仪器对这些犯人进行监视。方法是，在犯人的手腕或脚踝"锁"上一个6英寸大小的电子收发器，这个仪器随时向监狱官员报告犯人的动向。如获批准，犯人可在这种电子仪器的监视下，从事某些工作，挣钱偿还他们犯罪所造成的损失。

现在关押一个犯人，平均每周要花费250英镑，而让犯人在家中服刑，每周只需花费4英镑；而犯人在家服刑，得以和家人、亲友接触，可减轻心理上的压力，有利于他们改过自新。

据报道，此种家中服刑法已在一些国家开始试行。作为首创国的英国，正在制订全面实施计划。

监狱上天下海　罪犯插翅难逃

未来学家预测，将来的大多数监狱，很可能建在离地球千里之遥的太空，或建在海洋深处，既使罪犯插翅难逃，又可让他们参加开发太空和海洋的工作。

将来，监狱的结构也需变革。例如，用有机玻璃代替砖瓦，加多一些天窗，这样犯人不会觉得自己是被困的野兽而滋长新的反抗情绪。此外，牢房涂上柔和的颜色,对犯人能起镇静和稳定情绪的作用,可防止生性凶残的犯人再次行凶作恶。

21世纪是机器人大显身手的时代。美国的登宇活动机器人公司,已经决定制造1000个机器人供监狱守卫之用。这些机器人能利用身上的红外线和超声波应器追踪逃犯。有些机器人还可装上电视摄影器,随时可拍摄犯人行凶闹事的情形。

文明控制食物灭罪

对罪犯的控制方法,反映了不同时代的科学水平和文明程度。今天,对罪犯的控制和监管,将日益趋于科学化、文明化和人情味。

目前,美国科学家正在研制一种"电子刺激器",它能激起人们不同的情绪,如惊恐、激动、痛感、宁静等等,可用于监视和控制犯人。科学家还致力于某些脑物质的人工制造和植入,试图调整不同犯人的精神状态。专家们发现。在一个人的脑内,神经导素塞罗多宁的含量多少,与一个人侵犯行为关系颇大。利用移植器把塞罗多宁注入犯人体内,可以达到控制犯人的侵犯行为的目的。这种方法,目前正在美国监狱有限的范围内试用。

脑化学的研究成果还表明,一个人的犯罪行为与饮食也有关系。有些人在饮食中过多摄入某种物质,会出现过敏,好动和其他怪异举动,诱发犯罪动机。因此,科学家们正在努力研制各种"灭罪餐",对犯人进行"食物治疗"例如,将一种能降低性欲而又无明显副作用的药物,掺入"灭罪餐",用于治疗强奸犯,据说效果相当显著。

"超级警察"大显神通

随着尖端科技日益发展,各种犯罪活动及其手法越来越复杂,其中将包括电脑诈骗等利用新科技手法的犯罪活动。所以警察用的装备也必须不断更新。目前已出现一种叫"电子阻击枪"的武器,它只给罪犯以电的攻击,而不会造成永久性损伤。将来还会出现激光枪,光电枪和新式侦察工具等。目前,美国已有几个城市利用"机器人警察"进行日常警务活动和交通管制。这些用电脑和金属武装起来的"铁警察",勇猛无比,常常受命执行危险性较大的工作。比如，当发生劫持人质事件时，"铁警察"便被派去与劫持者交涉，警方不必担心会丢掉一条人命。平时，"铁警察"们还会到酒吧等公共场所做宣传工作。它们模拟醉汉做一些翻滚动作，以此警告人们不要酒后开车。据说，许多讨厌警察的人，却很乐意听从这些"铁警察"的劝告。因为警察常常板着脸孔，盛气凌人，而机器人警察却态度温和，语气客观，人们容易接受其劝告。

在交通工具方面，将来会出现"空中吊船"和"喷气飞车"，使警察能直升天空，在密集的人群或发生突发事件处的上空执行任务。还有，未来的警车上将配设各种电脑装置，可随时检索各种有关资料。

21世纪，警察的工作范围和职能，将大为扩大。专家们称未来的警察是看管社会的"超级警察"。

(原载《黄金时代》1988年第2期)